北京外国语大学国际中国文化研究院

国际中国文化研究

梁燕 主编

第二辑

国际文化出版公司

·北京·2022·

图书在版编目（CIP）数据

国际中国文化研究. 第二辑 / 梁燕主编. -- 北京：
国际文化出版公司, 2022.3
ISBN 978-7-5125-1250-4

Ⅰ.①国… Ⅱ.①梁… Ⅲ.①中华文化—文集 Ⅳ.
①K203-53

中国版本图书馆CIP数据核字(2021)第229130号

国际中国文化研究（第二辑）

主　　编　梁　燕
责任编辑　侯娟雅
出版发行　国际文化出版公司
经　　销　全国新华书店
印　　刷　广东虎彩云印刷有限公司
开　　本　710毫米×1000毫米　　16开
　　　　　19印张　　　　　　272千字
版　　次　2022年3月第1版
印　　次　2022年3月第1次印刷
书　　号　ISBN 978-7-5125-1250-4
定　　价　68.00元

国际文化出版公司
地　　址：北京朝阳区东土城路乙9号　　邮　　编：100013
总 编 室：(010) 64271551　　　　传　　真：(010) 64271578
销售热线：(010) 64271187　　　　传　　真：(010) 64271187-800
E-mail：icpc@95777.sina.net

目 录

海外中国戏曲、话剧研究

域外汉学、中国学研究

经典翻译

"圆明园研究"专栏

毕业生学位论文选登

Contents

Selected IICS Dissertation Excerpts

海外中国戏曲、话剧研究

美国汉学家 H.H.哈特《西厢记》译介研究

季淑凤①

摘要：在英语汉学界，美国汉学家亨利·哈特首次译介了《西厢记》（1936 年）。他的中国典籍译介与研究成果丰硕。哈特译本集中体现了他对《西厢记》及中国戏曲的研究。哈特采取深度译介的策略，不仅对《西厢记》文本进行深度翻译，传递原文的戏曲与文学特质，更借助副文本，对《西厢记》进行更深入的全方位介绍。八十余年来，哈特《西厢记》译本受到汉学界的高度关注，得到较为广泛的评介，被权威中国文选转译、收录，并传播到四大洲的不同国家和地区，具有良好的国际传播效果。

关键词：哈特 《西厢记》 译介 传播

一、引言

《西厢记》融文学性、艺术性与思想性于一体，是元代戏剧大家王实甫的代表作，在中国戏曲史上具有重要地位，也是世界文艺中的瑰宝。正因如此，"国外学人对《西厢记》的翻译和研究都很重视"②，并取得了丰硕的成果。就英语世界的《西厢记》译介而言，全译性质的译本出现在 20 世纪 30 年代中期。一个是 1935 年中国戏剧翻译家熊式一（S. I. Hsiung，1902—1991）在英国、中国翻译出版的译本（*The Romance of the Western Chamber*），另一个则是1936 年美国汉学家 H. H. 哈特（Henry H. Hart，1886—1968）在美国、英国翻

---

① 季淑凤，北京外国语大学国际中国文化研究院比较文学与跨文化研究专业博士研究生、淮北师范大学外国语学院副教授。研究方向：英美汉学、翻译学。

② 王丽娜.《西厢记》的外文译本和满蒙文译本 [J].文学遗产，1981，2(3):148-154.

译出版的译本（*The West Chamber: A Medieval Drama*）。对于熊式一的戏剧翻译，学界的关注与研究颇多，对于哈特及其《西厢记》译介，学界的认知仅限于史料的记载，鲜有深入探讨。

早在 1981 年，王丽娜在《〈西厢记〉的外文译本和满蒙文译本》一文中，记述了哈特译本的出版概况。1997 年，林煌天在《中国翻译词典》"《西厢记》在欧美"词条中，简略提及"亨利·哈特翻译的英译本《西厢记：中世纪戏剧》，1936 年斯坦福大学出版社出版"①。2017 年，葛桂录在专著《20 世纪中国古代文学在英国的传播与影响》中再次记载了哈特《西厢记》译本，并重点强调"书中有译者注释及威廉斯（Edward Thomas Williams）所作序言"②。2019 年，郭亚文在《〈西厢记〉英译钩沉》一文中，从翻译史料梳理的角度，以整段 500 字的篇幅较为详细地描述了哈特译本的概貌，并指出意义在于"（这是）第一个完整翻译全书故事内容的译本"③。

虽然上述学者对哈特《西厢记》译本进行了初步记录，并尝试管窥其特征、意义，但是仍有诸多问题尚待深入探究。譬如，哈特其人、其著如何，持有何种中国戏曲观？哈特的汉学背景对《西厢记》的译本产生如何影响？八十余年来，哈特《西厢记》译本的国际传播、评价与接受状况如何？对此，笔者拟进行系统性的探索。

二、汉学家哈特：其人、其著及其中国戏曲观

哈特全名亨利·赫尔施·哈特（Henry Hersch Hart），1886 年 9 月 27 日生于旧金山（San Francisco），美国著名的历史学家、人类学家、汉学家。他于 1909 年毕业于加州大学伯克利分校（University of California, Berkeley），获得法律专业博士学位（Juris Doctor）。此后至 1919 年，哈特为职业律师，并

---

① 林煌天. 中国翻译词典 [M]. 武汉：湖北教育出版社，1997:751.

② 葛桂录. 20 世纪中国古代文学在英国的传播与影响 [M]. 郑州：大象出版社，2017:403.

③ 郭亚文.《西厢记》英译钩沉 [J]. 西北民族大学学报（哲学社会科学版），2019, 41(2):180-188.

于 1911—1916 年出任旧金山市助理检察官。哈特在法律学习之外，对外语学习与研究用功最勤，颇具语言天赋。他先后熟练掌握了汉语、日语、马来语、西班牙语、意大利语、法语、德语、希腊语、拉丁语、希伯来语，并可以认读塞尔维亚语、丹麦语、瑞典语、葡萄牙语与俄语。特别是他的汉语与日语，得到中国人与日本人的指导，故而极为熟稔。1919 年之后，他的个人兴趣转向中国大陆与香港、日本等地的东亚文化研究，并身体力行，多次前往远东各国游历，重点考察中国、日本、越南、马来西亚等国的语言、历史与文化。对于中国，哈特给予了热切关注和高度赞扬。他在文章中称中国为"中国母亲"（Mother China）并坦言："我坚信，如果文明是'集体的艺术'，那么，中国的文明远远超越了西方文明。"[①]

1937 年与 1939 年，哈特两度出任北京的华北协和华语学校（North China Union Language School）客座讲师。从 20 世纪 30 年代开始，哈特的中国文化译介与研究著作先后问世，主要汉学译著包括《中国集市：汉诗英译》（*A Chinese Market: Lyrics from the Chinese in English Verse*，1931 年）、《百姓》（*The Hundred Names*，1933 年）、《西厢记》《牡丹园》（*A Garden of Peonies*，1938 年）、《俗谚七百首》（*Seven Hundred Chinese Proverbs*，1940 年）、《卖炭翁及其他》（*The Charcoal Burner and Other Poems: Original Translations from the Poetry of the Chinese*，1974 年）。哈特的汉籍翻译，得到了他的汉语教师的帮助。民国时期驻美外交官孙碧奇（1908—1986）曾经教授哈特学习中文，他回忆道："高材生中有一位 Dr. Henry Hart，他后来从事翻译中国文学，在我的协助之下出版了《俗谚七百首》（谚语）、《百家姓》（诗选）、《牡丹园》（诗选）、《西厢记》（元曲）等书"[②]。在美国国内，哈特在中国文化研究之外，还在各大高校担任教职，先后在加州大学伯克利分校（1932—1960）、檀香山艺术学院（Honolulu Academy，1939 年）、堪萨斯州立大学（University of Kansas City，1953 年）、哈佛大学（Harvard University，1953 年）、哥伦比亚大学（Columbia University，1953 年）、旧金山州立学院（San Francisco State College，1953 年）

---

① HENRY H. HART. A Garden of Peonies[M]. Stanford: Stanford University Press, 1938: xii.

② 孙碧奇. 沧海浮生记 [M]. 台北：传记文学出版社，1973:23.

的客座讲师、教授，开设中国语言、文化、历史与艺术等相关课程。

哈特汉学工作的开展离不开他丰富的汉籍搜集与收藏。1946—1947 年间，哈特将毕生所藏汉籍文献精品捐赠给哈佛燕京图书馆，设立特藏室，以纪念其夫人。哈佛燕京图书馆首任馆长裘开明记载了哈特捐赠中文图书"共计 431 种 2956 册，主要是关于中国文学，尤其是小说和戏曲方面的文献"①。哈特藏书以中文普通古籍为主，兼及少量民国图书，这反映了他的治学领域和方向：一是中国古代女性著作，二是中国近代白话与通俗文学②。正是哈特对汉籍的广泛涉猎，使得他的中国文学文化译介与研究在诸多方面取得了开创性的成果。例如，唐代寒山、清代王士祯等诗人诗作经由哈特的译介，首次走向西方，进入域外读者的视野。哈特的其他少量汉学收藏现存于加州大学东湾分校图书馆（California State University, East Bay）。

1936 年，哈特的《西厢记》译著在美国斯坦福大学出版社（Stanford University Press）、英国牛津大学出版社（Oxford University Press）与伦敦米尔福德出版社（Humphrey Milford Press）三地同时出版发行。

哈特《西厢记》译本包括"前言"（Forward）、"译者序言"（Translator's Preface）、"译者导言"（Translator's Introduction）、"《西厢记》译本"（The West Chamber）、"译注"（Translator's Notes）与"参考文献"（Bibliography）共 6 部分。关于翻译《西厢记》的缘起，哈特认为主要出于两个方面的动机：第一，尽管英语汉学界关于中国戏曲的研究较为深入，但是，最伟大的中国戏曲作品却没有得到相应的英译。令人难以置信，汉学界关于中国古典戏曲研究的专著有数十种，但是供阅读与研究的英译剧本却十分罕见。常言道："百闻不如一见。"《西厢记》的英译，旨在让西方读者通过阅读英文译本，领略中国戏曲的结构、韵味与创作技法。对于读者而言，这比阅读中国戏曲研究的汉学著作更能获益。第二，已有的《西厢记》欧洲译本存在种种不足，并未展现真实的原著风味。文森佐·洪德豪森（Vincenz Hundhausen, 1878—1955）的德语译本（1926 年）改译过多，韵体太胜，插图泛滥，无法传递《西厢记》原著

---

① 程焕文. 裘开明年谱 [M]. 桂林：广西师范大学出版社，2008:363.

② 张徐芳. 哈佛燕京图书馆哈特藏书三次整理情况综述 [J].// 徐鸿. 天禄论丛：中国研究图书馆员学会学刊：第 8 卷. 桂林：广西师范大学出版社，2018:50-61.

神韵。法国汉学家儒莲（Stanislas Julien，1797—1873）完成于 1880 年的法语译本尚有可圈可点之处，然而，也存在僵硬、晦涩之处。儒莲身为 19 世纪的翻译家，遵从"翻译即叛逆"的原则，译本不忠实。儒莲虽然汉学成就瞩目，却未踏足中国，难以切身领略《西厢记》的精妙[1]。由此可见，哈特翻译《西厢记》的初衷是向英语世界介绍中国戏曲的经典之作，并传递其中的文学艺术特质。当然，哈特坚信自己的译本是英语世界第一个《西厢记》译本，这是他对早他一年出版的熊式一译本一无所知造成的。

哈特选取 1931 年上海出版的金圣叹批本《西厢记》作为翻译的底本，共包含 15 折，舍弃了"惊梦"一折。哈特认为，原著第 16 折作为结局，会出乎西方读者的意料，产生失落的阅读效果。借此，哈特译本的故事情节由大团圆转向了古典悲剧。译本 15 折译名如下：

Act One: Startled by Beauty　　　　　　　　　　（惊艳）

Act Two: Renting a Room　　　　　　　　　　　（借厢）

Act Three: An Exchange of Verses　　　　　　　（酬韵）

Act Four: Trouble During the Services　　　　　（闹斋）

Act Five: Alarm in the Temple　　　　　　　　（寺警）

Act Six: An Invitation to a Banquet　　　　　　（请宴）

Act Seven: Repudiation of the Marriage Contract　（赖婚）

Act Eight: The Heart of the Lute　　　　　　　（琴心）

Act Nine: Suspense　　　　　　　　　　　　（前侯）

Act Ten: Quarreling over a Letter　　　　　　　（闹简）

Act Eleven: A Deceiving Letter　　　　　　　　（赖简）

Act Twelve: A Second Promise　　　　　　　　（后侯）

Act Thirteen: The Fulfillment of a Promise　　　（酬简）

Act Fourteen: The Punishment of the Serving-Maid　（拷艳）

Act Fifteen: The Farewell Feast　　　　　　　　（哭宴）

---

[1]　HENRY H. HART. The West Chamber: A Medieval Drama[M]. Stanford: Stanford University Press, 1936: ix−x.

　　哈特《西厢记》译本的完成,离不开孙碧奇的全力支持。在众多中国古典戏曲中选定《西厢记》进行翻译,最初的建议来自孙碧奇。孙氏参与了《西厢记》翻译的整个过程,进行译文与原文的审读及校对,并为译注提供了有益的建议。

　　哈特对中国戏曲的认知与研究颇为深刻,他的中国戏曲观主要体现在中国戏曲的历史、理论、结构(形式)、演员、表演等方面的探究。

　　关于中国戏曲历史的考察,哈特深受王国维《宋元戏曲考》的影响,认同王氏将巫觋歌舞视为中国戏曲源头的观点,并指出中国与希腊的戏曲雏形均源自神话般的崇拜与表演。哈特认为,中国戏曲在周朝晚期已经颇具形态,在汉、魏晋时期取得长足的发展,至唐代已经体现出较强的文学属性。他重点研究了唐明皇作为“梨园鼻祖”对中国古典戏曲的推动作用。哈特通过具体戏曲的研究发现,元代是中国戏曲的黄金时期,不仅作品数量庞大、佳作频出,此时中国戏曲的文学性与艺术性逐渐成熟,尤其是戏曲结构与人物模式基本固定下来,内容更加贴近现实生活。明清两代的戏曲更加程式化,由小说改编的戏曲更多,继而体现出由文学向戏曲转变的倾向。哈特对中国戏曲历史的梳理与考察最显著的特点是持有中西比较戏剧的视野,将中国戏曲的发展放诸世界戏剧中进行宏观的双向阐发。譬如,在论及元杂剧内容是世俗性时,哈特以普劳图斯(Titus Maccius Plautus,公元前 254?—公元前 184)、莎士比亚(William Shakespeare,1564—1616)为参照,进行比读。同时,他关注到,民国初期戏曲在形式与内容方面受到了西方戏剧的影响而产生的现代性转型,肯定了胡适、郑振铎、宋春舫等放眼世界的戏剧理论家、剧作家的突出贡献[①]。

　　哈特提出“戏”是中国戏曲理论中的核心词。“戏”含有“讽喻、消遣、嘲弄、讥诮、诙谐”之意,是一切中国戏曲理念的基础,由此决定了中国戏曲“演剧”——或曰“饰演”——的性质,这与西方“戏剧”的概念不尽相同。因此,中国戏曲的演员必须以“非常”之态,演绎“非常”之事,言说“非常”之语。尽管如此,道德教化依旧是中国戏曲的关键内容。惩恶扬善、仁义精忠、舍生取义、人伦孝悌等儒家思想是中国戏曲创作的主流,并在演出中得以强化[②]。

---

①　HENRY H. HART.The West Chamber: A Medieval Drama[M]. Stanford: Stanford University Press, 1936: xvii–xxiv.

②　Ibid., xxiv-xxv.

通过比较，哈特发现，中国戏曲的结构与形式不完全遵守西方戏剧的"三一律"，在时间、地点与行动的安排更加自由、灵活。中国戏曲语言分为对话与宾白（韵白）。哈特重点挖掘了宾白在戏曲中的作用：介绍人物、推进剧情、引导观众。他考察音乐在中国戏曲中的演变与功用，注意到历代域外传至中国的乐器促进了戏曲表演，指出中国北方与南方戏曲音乐的差异与特征：前者深受中亚与鞑靼乐器的影响，豪放而高亢；后者则相对低回而婉转。在哈特笔下，中国戏曲并未如西方戏剧那般悲喜分明，而是悲喜交织，以喜悦的结尾更为常见。而且，中国戏曲有"文""武"之分，或有文武兼备的曲目。因为中国戏曲突出表演的特性，戏曲舞台继而受到哈特的高度重视。他系统分析了中国近代戏曲舞台的布置、道具、观众的观剧行为以及后台的作用①。

哈特对中国戏曲演员的认识比较深刻而全面。他认识到戏曲演员的出身卑微，演员的培养艰辛而苛刻，尤其是男旦的养成，需要付出加倍的辛苦（如跷功）。他指出，男女戏曲演员同台演出在清代雍正朝被禁止。至晚清民国，生、旦、净行当均由男演员饰演。哈特以梅兰芳为例，叙述一位中国戏曲演员从学戏、演出到成角儿的艰苦历程。他强调行头与超强的记忆力对一位戏曲演员的重要性②。

哈特坚信，经常在戏院看戏，是西方人更为广泛、深入了解中国宗教、历史与习俗的绝佳方式，远胜于书本知识的获取。笔者也相信，哈特在京期间曾频繁出入戏院。他对戏曲表演，尤其是京剧的演出，有着深刻的体认。比如他对不同脸谱、戏服所代表的人物形象有清晰的把握。他将忠义的红脸、耿直的黑脸、奸诈的白脸等脸谱寓意挖掘出来，并对京剧舞台的虚拟动作所代表的具体含义进行细致记录。他还指出，中国戏曲的表演形式广受少数民族与外国的影响，比如明代戏曲中有朝鲜的因素，清代戏曲深受作为统治阶层的满族文化的影响③。

---

① HENRY H. HART.The West Chamber: A Medieval Drama[M]. Stanford: Stanford University Press, 1936: xxv-xxxii.

② Ibid., xxxii-xxxv.

③ Ibid., xxxvi-xxxix.

三、深度译介：哈特《西厢记》译介策略

源自美国人类学家戈尔茨（Clifford Geertz，1926—2006）的"深度描写"概念（Thick Description），"深度翻译"（Thick Translation），或曰"深度译介"思想由美国学者阿皮亚（Kwame A. Appiah，1954—　）提出。他强调翻译中的"深度语境化"（Thicker Contextualization），文学翻译通过增加注释、评价，使得译文活跃于一个丰富的文化与语境之中。由此，原作的文化内涵得以传译，促进译语读者对原作更加深入的接受与更加深切的尊重①。由此可见，深度翻译不仅强调译文语言文字对原作的"深度"传达，而且重视文本以外的"副文本"（Para-text）对译文深度传达原意的辅助作用。文本的深度翻译重点在于"译"，而深度翻译中副文本的作用重点在于"介"。所以，"Thick Translation"作为翻译学术语，称其为"深度译介"更为恰当。

深度译介"将翻译同严谨的学术研究结合起来，实际上属于学术翻译的范畴，……其接受对象也是对原文及其背后的文化感兴趣的异域读者和研究人员"②。哈特《西厢记》译本体现了译者严谨的汉学学术背景与传播中国文化典籍的初衷，是典型深度译介的个案。哈特的《西厢记》译本在译文内"深度翻译"，在译文外"深度介绍"，有其代表性的深度译介策略。

1. 译文之内的深度翻译

文本内的深度译介涉及原作的"独有特征"（Realia）翻译。文学翻译中的独有特征关涉地理、民族（俗）、历史等内容的传译，当然，"文学"文体的特征也蕴含其中。保加利亚翻译理论家弗拉科夫（Sergeĭ Vlakhov）与弗罗林（Sider Florin）提出，文学翻译中独有特征的具体翻译方法包括音译、仿造、造词、归化、近似翻译与描述性翻译等③。在哈特的《西厢记》译文翻译中，他

---

① KWAME ANTHONY APPIAH. Thick Translation[J]. Callaloo，1993(4):808-819.

② 王雪明，杨子. 典籍英译中深度翻译的类型与功能[J]. 中国翻译，2012，33(3): 103-108.

③ MARK SHUTTLEWORTH, MOIRA COWIE. Dictionary of Translation Studies[M]. Shanghai: Shanghai Foreign Language Education Press，2004: 139-140.

综合运用各种翻译方法，实现了文本内的深度翻译。

《西厢记》作为元杂剧的代表之作，其戏曲特征是最显著的特征，情节、曲词、宾白、科介是剧本必不可少的构成元素。对于《西厢记》的戏剧特征，哈特忠实地加以翻译。故事的每一"折"，均译为"Act"（"幕"）。例如《请宴》一折开篇"（红娘上云）老夫人着俺请张生，须索早去者"[①]。哈特分别将科介译为"HUNG NIANG [enters]"、宾白译为"My lady has instructed me to give an invitation to Master Ch'ang. I must hasten to arrive early"[②]。唱词是《西厢记》文本的主体，由韵律复杂的词牌、曲牌统领，而且每一折须有一个宫调，一韵而终。在 20 世纪初叶美国"新诗运动"（New Poetry Movement）倡导无韵散体诗歌创作并引领英语诗坛风尚的情况下，对于韵体的唱词，哈特标新立异，毅然采用无韵散体进行翻译，摈弃以往注重格律的维多利亚诗风影响下的韵体诗歌翻译传统。由此产生的《西厢记》译本最大的特点是"散化自由诗体，体现的是一种典型的归化翻译"[③]。

第五折中的一段唱词与译文：

原文：	译文：
况是落红成阵，	The red blossoms have fallen in the gusts,
风飘万点正愁人。	And the wind which blows about the countless blossoms Saddens my heavy heart.
昨夜池塘梦晓，	Last night I was dreaming / When dawn came up by the pool.
今朝栏槛辞春。	This morning I bid fare / To the balustrade and to spring.
蝶粉乍沾飞絮雪，	The pale butterflies, / White as wool or snow.
燕泥已尽落花尘；	The plastered mud of the swallow's nest / Has

---

① 王实甫，金圣叹. 金圣叹批评本《西厢记》[M]. 南京：凤凰出版社，2011:86.

② HENRY H. HART.The West Chamber: A Medieval Drama[M]. Stanford: Stanford University Press, 1936: 86.

③ 李安光. 英语世界的元杂剧研究 [M]. 北京：中国社会科学出版社，2017:246.

fallen in decay.

系春情短柳丝长，	My love-dream of spring is short, The sprouting leaves of the willow are long.
隔花人远天涯近。	My beloved, separated from me by the flowers, Is far from me.
有几多六朝金粉	How many were they, / The beauties of the Six Dynasties
三楚精神[①]。	And the bright spirits of the Three Provinces of old![②]

该段曲词曲牌为"混江龙"，原文有韵。而哈特译文通篇无韵。其中常见的如"落红"（red blossoms have fallen）、"池塘"（the pool）、"絮雪"（wool or snow）等意象均得到忠实的直译。更多情况下，哈特以英语读者的阅读习惯与理解接受为考量对象，采用灵活的翻译方法。"风飘万点"中的"万点"为虚指约数，意为落红无数，哈特没有直译为"ten thousand blossoms"，而是创造性地译为"countless blossoms"（落红无尽），还原出落花纷繁的意境。"正愁人"原为触景生情、使人伤感之意。译者将"愁人"具象化，以西方常见的表达方式译为"Saddens my heavy heart"（使心情况重而悲伤），是近似翻译方法的具体运用。哈特的译文亦能仿照原文句式，还原句法结构。"系春心情短柳丝长"一句意在突出"短"与"长"的对比，译为两个"系—表"分句，将"short"（短）、"长"（long）置于两个分句的句末，强化了对比的作用。该句中也使用了描述性翻译的方法。如果直译"春情"，应为"love of spring"。哈特结合上下文，将"春情"描述性地译为"love-dream of spring"（春恋之梦），与语境颇为契合。末尾两句中，"六朝"与"三楚"分别为历史地理专有名词，前者忠实地译为"Six Dynasties"，而后者则意译为"旧时三省"（Three Provinces of old）。"金粉"则是民族、民俗的"独有特征"，意思为古时女性用

① 王实甫,金圣叹. 金圣叹批评本《西厢记》[M]. 南京:凤凰出版社,2011:73.

② HENRY H. HART.The West Chamber: A Medieval Drama[M]. Stanford: Stanford University Press, 1936: 45.

以高贵、绮丽妆饰的铅粉，此处喻指"六朝美人"。哈特深入挖掘其中内涵，译为"the beauties of the Six Dynasties"，也是深度翻译的一个代表性译例。

在第一折的另一首"混江龙"唱词中有"向诗书经传，蠹鱼似不出费钻研"[1]一句，原指张生苦读之艰，如同书虫一般深陷书籍之中。此句虽短，若要翻译得明了易懂又传达原文文化旨趣，则不易。哈特匠心独具，进行了阐释性的翻译。

Until now my whole life has been filled

With the Classics, the Commentaries, and the Odes.

I have burrowed into their depths

Like the bookworm,

Who bores into every corner,

But comes not out again. [2]

为了强调张生为读书所困，哈特增译了一句"至今，我的生活中满满都是（诗书经传）"（Until now my whole life has been filled），进行生动的描述刻画。"诗书"原指《诗经》与《书经》，又泛指一切古文典籍。"经传"则指代古代的经书与释经的著作文章。哈特译为"典籍"（the Classics）"评注"（the Commentaries）与"颂诗"（the Odes），极为贴切。"蠹鱼"乃是咬噬书籍的书虫。哈特将"蠹鱼"译为"bookworm"（书虫），不仅忠实，又巧用了英语中"bookworm"一词的双关意义：极爱读书之人，或书呆子。张生读书之苦如同书虫"费钻研"，译者通过形象的描述手法，以"深堕其中"（burrowed into their depths）、"钻入每个角落"（bores into every corner）的反复方式，将张生如书虫般苦读的"费钻研"形象展现在英语读者面前。原文共13个汉字，哈特共译出6行35个单词，属于深度翻译中的描述性翻译策略。

---

① 王实甫，金圣叹. 金圣叹批评本《西厢记》[M]. 南京：凤凰出版社，2011:37.

② HENRY H. HART.The West Chamber: A Medieval Drama[M]. Stanford: Stanford University Press, 1936: 6.

2. 译文之外的深度介绍

副文本是译文之外深度介绍最核心的形式。在翻译中,副文本的作用至关重要。副文本既是译本密不可分的有机组成部分,又是跨文化交流的重要载体和渠道。"译本中的前言、后记、序跋、注释等副文本元素更与译本不可分割"①。哈特为了让英语读者了解《西厢记》乃至中国戏曲而设计添加了大量副文本,包括封面、插图、前言、译者序言、译者导言、人物图谱、译注等内容。

首先,封面与插图直观显示了译本信息。封面分为外封与内封。外封底图为彩绘图画。从图画绘制角度来看,应该是出自西人之手,不似《西厢记》原著中的原版插图。封面底图为中国古代闺房圆月门中身着红衣的仕女,欢愉起舞,应为女主人公崔莺莺。封面左上侧印有 "The West Chamber" 黑色标题,其下标注译者 "HENRY H. HART",与右侧竖印 "《西厢记》" 相呼应。封面下缘注明英文 "CHINESE CLASSIC IN ENGLISH"("汉籍英译")。

哈特《西厢记》译本封面与内封

内封为白纸素底,由上而下,分别印有标题 "The West Chamber" 与副标题 "A MEDIEVAL DRAMA","西厢记" 三个汉字手书书法字体,以示中国文艺风韵。内封注明该译本 "由《中国集市》《百家姓》的译者哈特翻译、注释自中文原著"。内封底部标明前言由加州大学东方语言文学教授卫理明(Edward Thomas Williams,1854—1944)撰写。

---

① 耿强. 翻译中的副文本及研究:理论、方法、议题与批评 [J]. 外国语,2016,39(5):104−112.

哈特《西厢记》译本的封面在以东方情调的仕女彩图吸引英语读者的同时，主要传递了两个方面的信息：一是《西厢记》是中国著名典籍；二是该译本的译者与前言作者均为汉学名家，当为名家名译。

哈特《西厢记》插图

此外，哈特《西厢记》译本另附一幅折页插图，浅绿底色上以水墨画绘制老树一株，树下左为手持燃香的素衣仕女，右有一高足方几，几上香炉，香烟冉冉而起。这幅充满中国风情的仕女插图也并非《西厢记》原著插图的翻版，因为图中崔莺莺"的形象和我国民间流传的版本有所差别，可能带有译者自己的理解成分"①。

其次，引言类文献的背景介绍。威廉姆斯教授的前言主要对《西厢记》的中国戏曲史地位与当下意义进行叙述。他指出，哈特译介的《西厢记》是中国古典戏曲的经典之作，更是元杂剧的巅峰之作。创作于13世纪的《西厢记》，仍旧向20世纪初期的西人展示了中国社会生活的真实画面：宗教色彩、科举取士、婚配风俗等。威廉姆斯从跨文化角度肯定了哈特《西厢记》译介的价值："哈特英译了这部消遣性质的戏剧，对于我们（西方读者）大有裨益，该剧显示出，无论何时何地，青春与浪漫从来都是永恒的主题"②。

哈特的"译者序言"不但陈述了翻译的动机与底本选择，更向读者说明了译本的体例特色与译者的翻译原则。他明言，该译本出于方便普通读者与研究中国戏曲的专业读者的考虑，不设脚注，而加尾注。进一步告知读者，书末的参考书目，均为该译本翻译过程中参阅的资料，以示译者严谨的学术翻

---

① 张慧如. 英语世界的《西厢记》研究 [D]. 金华：浙江师范大学，2019:55.

② HENRY H. HART.The West Chamber: A Medieval Drama[M]. Stanford: Stanford University Press, 1936: vii−viii.

译取向。译者坦陈,译本属于"照直而译",间或漏译,皆因原文粗陋低俗或晦涩难懂①。

在"译者导言"中,哈特详述《西厢记》的成书源头与地位。他指出,中国"十大才子书"之中,经久不衰的两部戏曲是《琵琶记》与《西厢记》。《西厢记》源头是元稹的小说《会真记》。但是《西厢记》在大部分细节上不同于《会真记》,正如莎士比亚的戏剧创作也不同于他所取材的小说故事一样。中国戏曲历来不受中外学者重视,汉学著作中述及中国戏曲,除了节译之外,却无较多全译本。20世纪初期迎来了一丝曙光,中国戏曲逐渐进入学术视野。对于西方以中国研究为志业的学生而言,中国戏曲因其真实反映了历代中国社会生活的细节而理应被重视起来②。

再次,人物角色介绍。在《西厢记》的译文正文之前,以出场先后为序,哈特介绍剧中十余位主要人物角色的身份与关系,包括老夫人(Madame Chêng)、莺莺(Ying Ying)、张生(Ch'ang)、红娘(Hung Niang)等。译者对主要人物身份进行简单说明,如老夫人系"崔相国之遗孀"(widow of the Minister Ts'ui),红娘系"莺莺的丫鬟"(the servant of Ying Ying)。这对英语读者阅读理解《西厢记》译本具有指导和提示作用③。

最后,丰富的译注与参考文献。哈特《西厢记》译文之后附有丰富的译注与参考文献,这些附录文献可以视为深度介绍的一种有效手段。

哈特一共作出124条译注,分布于15折译文中,第一折注释最多,共有25条,第15折注释最少,计1条。主要涵盖《西厢记》中涉及的地理名词、历史人物、文化典故、神话传说、诗词意象、宗教信仰等内容。这些无法在译文进行深入阐释却极具中国文化色彩的内容,对于英语读者而言,是深入研读《西厢记》的重要途径。哈特对此在译注中做了详细说明。博陵、长安、洛阳、望夫山、武陵源等文化地理名称得到译者的详细解释,例如长安系唐代都城。武则天、玄奘、陈思王、孙飞虎、司马相如与卓文君、宋玉、高唐等历史人

---

① HENRY H. HART.The West Chamber: A Medieval Drama[M]. Stanford: Stanford University Press, 1936: ix−xi.

② Ibid., xv−xvii.

③ Ibid., 2.

物也得到相应的解释说明。哈特将更多的笔墨放诸与爱情相关的译注上。譬如"窃玉偷香"的历史典故、"牛郎织女"的神话故事等。哈特将前者注释为唐明皇与杨玉环（窃玉）、韩寿与贾午（偷香）的爱情佳话，点明"窃玉偷香"实乃"享受爱情的愉悦"[①]；哈特简述了牛郎与织女的坎坷爱情经历，指出他们每年有一次鹊桥相会的机会，暗指张生与崔莺莺波折的爱情经历[②]。

诚如哈特所言，他的参考文献远远超出了他译介《西厢记》底本的文献意义，而是一种汉学学术研究意义上对《西厢记》及中国戏曲的总体性研究资料的列举。哈特一共附录参考文献 109 条，其中英、法文文献 96 条，中文文献 16 条。外文文献多为汉学专著，内容不仅局限于戏曲，而且遍及中国文学、音乐、历史与文化。除了英国威廉姆·斯当东（William Stanton）的《中国戏剧》（*The Chinese Drama*，1899 年）、庄士敦（Jonston Reginald F.，1874—1938）的《中国戏剧》（*The Chinese Drama*，1921 年）、华裔学者朱家煊（Tchou Kia Kien）的《中国剧院》（*The Chinese Theatre*，1922 年）、阿灵敦（L. C. Arlington，1859—1942）的《中国戏剧》（*The Chinese Drama*，1930 年）、美国布斯·凯特（Buss Kate）的《中国戏剧研究》（*Studies in the Chinese Drama*，1922 年）、华裔译者梁社乾（George Kin Leung，1897—1977）的《梅兰芳》（*Mei Lan Fang*，1929 年）、法国巴赞（M. Bazin，1799—1863）的《中国戏剧选》（*Théâtre Chinois*，1838 年）等汉学界的扛鼎之作以外，哈特参考文献书目中不乏理雅各（James Legge，1815—1897）、翟理斯（Herbert A. Giles，1845—1935）等 19、20 世纪英语汉学泰斗的中国文化译介与研究著作。中文文献主要为《西厢记》与元曲的书目，分别是《元稹会真记》《董解元西厢》《徐啸天西厢记》《绣图第六才子》《元曲选》《元曲一百种》《六才子读法》《王国维宋元戏曲史》《顾曲杂谈》《藤花亭区曲话》《钱南扬宋元南戏百一录》，均为元曲典籍与研究著述。难能可贵的是，哈特还积极参阅中国学界最新的戏曲研究成果，注重世界汉学与中国国学之间的会通。他特别关注到当时北京学术名刊《燕京学报》（*Yenching Journal of Chinese Studies*）的戏曲考

[①] HENRY H. HART.The West Chamber: A Medieval Drama[M]. Stanford: Stanford University Press, 1936: 178.

[②] Ibid., 182.

论文章,着意将其中的谢婉莹《元代的戏曲》、顾敦鍒《明清戏曲的特色》与钱南扬《宋元南戏考》列在参考文献之中。

从译注与参考文献可以看出,哈特《西厢记》译本的深厚汉学底蕴与严谨不苟的治学态度。还可见哈特的中国戏曲译介与研究并非局限于艺术的范畴,而是将其置于中国传统文学文化的范围内,从中文比较文化的角度加以探究,是比较文学与跨文化研究的先行者与典范。

四、译介之后:哈特《西厢记》译本的传播与接受

八十余年来,哈特《西厢记》译本在国际社会取得了较好的传播效果,不仅得到学界的关注与评论,而且被不同的权威中国文集改编、收录,在四大洲的图书馆均有馆藏分布。

1937 年 6 月,美国汉学家施赖奥克(J. K. Shryock)在《美国东方学会会刊》(*Journal of the American Oriental Society*)撰文,对哈特《西厢记》进行专题评论。施赖奥克赞扬哈特翻译工作的成就,"译文通俗易懂,学术底蕴深厚"。对于哈特译本"导言"中援引王国维的论著,施氏极为赞同,因为他认为王国维是中国戏曲研究的权威。施赖奥克对哈特《西厢记》译本不吝赞美之词,誉其为"中国戏曲英译的最佳之作","哈特译介之功甚伟"[①]。《英国皇家亚洲学会会刊》(*The Journal of the Royal Asiatic Society of Great Britain and Ireland*)1938 年第 1 期刊登了华裔学者王雪莱(Shelley Wang,生卒年与中文名不详)的专题评论文章。在肯定哈特长篇的"导言"和丰赡的译注之后,论者主要提出三点商榷之处:哈特所言"才子书"书目,实则有不同版本;哈特选择以金圣叹批本《西厢记》作为翻译底本,选材欠妥;与熊式一译文及原文比读,哈特译文尚有误译之处[②]。与此同时,中国近代著名文化外译杂志《天下月刊》(*T'ien Hsia Monthly*)刊登了中国学者于乐天的评论文章。论者对

---

① SHRYOCK J K. Review on The West Chamber[J]. Journal of the American Oriental Society, 1937, 58(2): 205-206.

② SHELLEY WANG. Review on The West Chamber[J]. The Journal of the Royal Asiatic Society of Great Britain and Ireland, 1938, 70(1): 109-112.

哈特译本极为欣赏,认为译者的翻译工作十分出色,译文尽力忠实于原文。通过枚举译例,对熊式一、哈特译文进行对比分析,于乐天更倾向于向西方读者推荐哈特的翻译,因为哈特的译文更加流畅自然,契合西方读者的阅读习惯。他还指出哈特译文的若干不足与点睛之处,称赞其中某些译文远比原文更加优美。他总结道:整体而言,哈特《西厢记》译本是一部难得的佳作①。事实上,王雪莱与于乐天关于哈特《西厢记》译本中翻译方法的不同评价,批评折射出的正是海外华裔学者与中国学者在学术视野及翻译方法的不同:前者是在跨文化视域中,侧重文本的解读与阐释;后者则深受中国学术传统影响,偏于考据。尽管不同专家学者从不同角度和标准出发,对哈特《西厢记》的评价不一,但是,这恰恰说明,哈特译本的出现,在汉学界引起的关注和影响。

　　哈特《西厢记》译本不仅限于纸质文本的传播,而且作为具备表演属性的戏剧文学得到西方世界的认可,并被搬上舞台。1944年9月,《澳大利亚季刊》(*The Australian Quarterly*)"戏剧"专栏刊登了专题文章《悉尼戏剧》("Drama in Sydney"),重点推介了4部在悉尼上演的外国戏剧:独立剧院的《奥斯卡·王尔德》(*Oscar Wilde*)、皇家剧院的《仲夏夜之梦》(*A Midsummer Night's Dream*)与《空中恶作剧》(*Mischief in the Air*),以及悉尼大学剧社的《西厢记》(*The West Chamber*)。编者称赞,哈特的《西厢记》译本是当前最佳的中国戏曲英文译本,这个由美国教授完成的译本充满了才智与情感。供职于澳大利亚广播公司的琼·摩利根(Joan Morgan)不仅将哈特《西厢记》译本改编为广播剧,并根据舞台表演需要,抽取译本中崔莺莺、张生与红娘的主要故事,改编为舞台剧《鞑靼公主》(*Princess in Tartary*),由悉尼大学剧社的演员演出。该剧的演出获得巨大成功,并在"英国戏剧协会"(British Drama League)年度盛典中获奖②。

　　1972年,《西厢记》作为唯一一部中国戏曲入选美国《四部古典亚洲

---

①　YU Lo-t'ien. Review on The West Chamber[J]. T'ien Hsia Monthly, 1938, 6(1): 96-99.

②　LESLIE REES. Drama in Sydney[J]. The Australian Quarterly, 1944, 16(3): 123-125.

戏剧新译》(*Four Classical Asian Plays in Modern Translation*)。华裔汉学家丹尼尔·S. 杨(Daniel S. P. Yang)在其中的《西厢记》导读中点评哈特译本,称其底本选取金圣叹批评本,是 20 世纪的权威范本,而且译文忠实,可读性强。丹尼尔·S. 杨认为,元曲是具有文学价值的韵文,曲家多为擅长诗歌创作的诗人。尤其是元曲中的唱词,多谐韵。杨氏甚至批评,无韵体的元曲好比没有配乐演出的歌剧,是错误的。所以,元曲理应以韵体进行翻译,而哈特译本恰恰欠缺韵律①。《四部古典亚洲戏剧新译》中的《西厢记》译文出自哥伦比亚大学汉学家韦尔斯(Henry W. Wells)之手。哈佛大学汉学家伊维德(Wilt L. Idema,1944—)发现,韦尔斯的译文并非原著的直接翻译,而是 "哈特译文的改编版,其中所有的散体内容被转为无韵体,所有的唱词也都成了韵文"②。例如《请宴》一折中红娘的一段唱词:

原文:乌纱小帽耀人明,白襕净,角带傲黄鞓③。

哈　特:　His little cap of raven-black silk dazzles my eyes.

　　　　　His gown is of a blinding white,

　　　　　And ornaments of precious yellow stone

　　　　　Tinkle softly at his belt④.

韦尔斯:　His brilliant dazzles me! He wears a hat

　　　　　Of jet-black, shining silk. His scholar's gown

　　　　　Is white and gleaming. From his buckled belt

　　　　　Gold ornaments are hanging down⑤.

① VERA RUSHFORTH IRWIN. Four Classical Asian Plays in Modern Translation[M]. Baltimore: Penguin Books, 1972: 87−94.

② 奚如谷,伊维德,吴思远. 王实甫的《西厢记》在中国文学中的地位 [J]. 国际汉学,2015,2(2):121−130.

③ 王实甫,金圣叹. 金圣叹批评本《西厢记》[M]. 南京:凤凰出版社,2011:87.

④ HENRY H. HART.The West Chamber: A Medieval Drama[M]. Stanford: Stanford University Press, 1936: 68.

⑤ 同注①, 151.

原文中"明""净""鞓"押韵,唱词朗朗上口。哈特的译文属于散体无韵翻译。韦尔斯在哈特译文的基础上,进行改译,在保留哈特译文主要关键词的情况下,构建其四行译文的 ABAB 韵脚模式,"hat"与"belt"、"gown"与"down"押韵。而且,韦尔斯为了"凑韵",甚至调整了译文的语序。第一句"乌纱小帽耀人明",韦尔斯第一句译文"His brilliant dazzles me! He wears a hat"对应的是"耀人明,小帽",以便将"hat"置于句末,与第三句"belt"押韵。又通过"断行"的手法,将"乌纱"置于第二句译文句首,以便建构每行相应的音步(foot)。如果从韵体翻译而言,韦尔斯的译文是哈特译文的完善和升华。韦尔斯选择哈特而非熊式一译文作为底本进行改译,是对哈特译本的认可与肯定。

1974 年,美国著名汉学家、《诗经》译者威廉姆·麦克诺顿(William McNaughton,1933—)编选的《中国文选》(*Chinese Literature*: *An Anthology from the Earliest Times to the Present Day*)出版。该文选以朝代为序,遴选历代代表性的诗歌、小说、戏曲、散文编纂而成,以向西方读者展示中国文学发展脉络、深层次感知中国文学的审美特征为宗旨。《中国文选》以"选材紧致、导读精当"著称,是当时英语世界中国文学选集颇为有影响力的译文文集[①]。该文选的文学译文择取以英美经典译文为标准,汇编名家名译,诸如韦利(Arthur Waley,1888—1966)、庞德 (Ezra Pound,1885—1972) 英译的中国古诗、赛珍珠(Pearl S. Buck,1892—1973)翻译的《水浒传》、王际真(Chi-Chen Wang,1899—2001)选译的《红楼梦》等均为经典之作。《中国文选》第四部分为"元明戏曲与短篇小说",其中元杂剧仅有关汉卿的《蝴蝶梦》与王实甫的《西厢记》入选。《西厢记》的译文正选自哈特译本,哈特译文能够脱颖而出、得以入选《中国文选》,编入众多国际享有盛誉的翻译名家名译之列,这也证明了哈特《西厢记》译文在英语汉学界获得的高度认可,是其经典化构建的反映。

从文献的流传范围来看,一个译本在世界上的馆藏量与分布区域,可以反映出它的基本接受情况。截至目前,1936 年出版的哈特《西厢记》译本,1967 年、1977 年两次再版,在全球广泛传播,遍及四大洲。根据拥有全球

---

① LEUNG K C. Review on Chinese Literature: An Anthology from the Earliest Times to the Present Day[J]. Books Abroad, 1974, 48(4): 843-844.

最大图书馆馆藏检索系统的美国"联机计算机图书馆中心"搜索引擎数据（2020 年 2 月 2 日）显示，在遍布北美洲、欧洲、亚洲、欧洲的 13 个国家和地区中，共有 308 家图书馆收藏有哈特《西厢记》译本。其中，美国有 260 家，中国有 15 家，加拿大有 11 家，德国有 5 家，澳大利亚有 4 家，英国有 3 家，马来西亚、意大利、荷兰各有 2 家，新加坡、菲律宾、西班牙、丹麦各有 1 家。美国馆藏的哈特《西厢记》译本占全球馆藏量的 84.4%，遍及美国 43 个州，几乎实现了该译本在美国全国范围内的传播，在出版地所在的加州，共有 54 家图书馆馆藏有哈特《西厢记》译本。

五、结语

美国著名汉学家哈特毕生致力于中国典籍的译介与研究，著述颇丰。中国戏曲是他治学的重点内容之一，并于 20 世纪 30 年代居留北京期间考察戏曲表演，对中国戏曲有着深刻的研究与认知。为了向世界展示中国戏曲经典之作《西厢记》的文化魅力，哈特以深厚的汉学学术功底为基础，以深度译介策略为具体的译介方法，通过译文文本与副文本相结合的途径，将《西厢记》呈现在西方读者面前。出版发行之后，哈特《西厢记》译本受到汉学界的关注与评论，并被收录、改译，纳入权威文集之中。迄今为止，哈特译本已传播至世界四大洲，分布广泛，取得了良好的传播效果。

哈特《西厢记》译本不仅具有重要的文化翻译史料价值，作为西方汉学家主动译介中国典籍的成功案例，在当前中国文化"走出去"的背景下，仍具有重大的启示意义与借鉴价值。

A Study of the English Translation of Xi Xiangji by American Sinologist H. H. Hart

Ji Shufeng

Abstract: In English sinology, American sinologist H. H. Hart translated *Xi Xiangji* (*The West Chamber*, 1936) for the first time. Hart's rendition is based on his studies of *Xi Xiangji* and Chinese drama. The translating strategy employed by Hart is "Deep Translation". He introduced *Xi Xiangji* by paratext as well as delivering its dramatic and literary features by deep translating. In the past eight decades and more, Hart's *The West Chamber* has gained much attention and wide commentary. It has been re-translated, compiled, and distributed among different counties and regions in four continents, taking on the favorable international effect of dissemination.

Keywords: Hart, *Xi Xiangji*, translation, dissemination

日本对《西厢记》主要人物的研究①

张西艳②

摘要: 元杂剧《西厢记》是我国古典戏曲名著。同中国学者一样,日本学者也非常关注《西厢记》中的人物形象,并对《西厢记》人物有所研究。在《西厢记》主要人物研究方面具有代表性的日本学者主要有笹川临风、久保得二、田中谦二等。他们在研究的过程中,一方面非常注重《西厢记》中人物描写的细节,另一方面比较侧重对出场人物性格、人物形象以及人物心理的分析和研究。近三十年来,并未见日本学者有关《西厢记》人物方面的专门研究,我国学者近年来在日本发表的文章或许能为当代日本学者产生新的启发。

关键词: 西厢记　人物　日本

元杂剧《西厢记》是我国古典戏曲名著,其中的出场人物尤其是主要人物是我国近代学者所讨论的对象。金圣叹早在《读第六才子书西厢记法》中就曾着眼于《西厢记》人物的塑造问题:

> 《西厢记》止写得三个人:一个是双文,一个是张生,一个是红娘。其余如夫人,如法本,如白马将军,如欢郎,如法聪,如孙飞虎,如琴童,如店小二……俱是写三个人时所突然应用之家伙耳。③

① 本文系北京外国语大学"双一流"建设重大标志性项目"中国戏曲海外传播:文献、翻译、研究"(项目批准号:2020SYLZDXM036)的阶段性成果。

② 张西艳,华东大学副教授。研究方向:中日文学关系研究、日本汉学(中国学)研究。

③ 金圣叹. 读六才子书西厢记法·四十七 [M]// 金圣叹批本西厢记. 上海:上海古籍出版社,1986:18.

这里的"双文"即"莺莺"。在金圣叹看来,莺莺、张生、红娘是《西厢记》中的三个主要人物,其他配角皆为衬托三人之需要。当代学者张人和在《谈〈西厢记〉的人物》一文中则指出:

> 《西厢记》的人物比较集中,主要人物有莺莺、张生、红娘和崔老夫人。由于他们的地位、身份不同,对待爱情和婚姻问题各自所持态度也不同,人物之间展开了尖锐的戏剧冲突,显示了各自不同的人物性格特征。[①]

同中国学者一样,日本学者也非常关注《西厢记》中的人物形象,并对《西厢记》人物有所研究。早在 1897 年,笹川临风(1870—1949)就在《中国小说戏曲小史》一书中对张生、莺莺、红娘、崔老夫人等四位《西厢记》中的主要人物进行了一番论述。久保得二(1875—1934)在《中国戏曲研究》一书中曾经指出:"当然,说到《西厢记》中出现的人物,主要有张生、莺莺、红娘、郑夫人这四位,性格稍有特点的是惠明,然后杜确、法本、法聪等并无特别之处,琴童、欢郎虽然只是稍稍露了一下脸,却也形同虚设。"[②]之后,田中谦二等日本学者也都对《西厢记》中的人物有所研究。除了日本学者以外,我国学者在日本发表的《西厢记》人物研究相关成果也不容忽视。本文主要对《西厢记》主要人物在日本的研究情况进行探讨。

一、关于"莺莺"和"张生"的研究

如前所述,金圣叹曾提到《西厢记》"止写得三个人"。但是,金圣叹同时还指出,《西厢记》"亦止为写得一个人"。

---

① 张人和. 谈《西厢记》的人物 [M]// 古典文学论丛:第二辑. 济南:齐鲁书社,1981:364.
② 久保得二. 支那戲曲研究 [M]. 東京:弘道館,1928:141.

若更仔细算时,《西厢记》亦止为写得一个人。一个人者,双文是也。若使心头无有双文,为何笔下却有《西厢记》? 《西厢记》不止为写双文,止为写谁? 然则《西厢记》写了双文,还要写谁? ①

由此可见,在金圣叹看来,"莺莺"可以说是《西厢记》中最重要的人物,整部《西厢记》就是为"莺莺"而写。但是,李渔在《闲情偶寄》中却说:"一部《西厢》,止为张君瑞一人,又止为白马解围一事,其余枝节皆从此一事而生。"② "莺莺"和"张生"作为《西厢记》中最关键的两个人物,究竟孰轻孰重,自不必争论。那么,日本学者是如何看待这两个人物的呢?

首先,是关于"莺莺"的研究。

早在 1897 年,笹川临风(以下简称"笹川")就在《中国小说戏曲小史》一书中提到"崔莺莺出身于相国之门,才色兼备,凛然如秋霜,在道德规训中成人"。③ 在笹川看来,这样的莺莺"理应会成为其所奉行的道义的牺牲品,这也确实是东方女性的本质,既有娇艳可怜之处,又有女中豪杰的特点"④。笹川指出,莺莺的性格中有互相矛盾的弊病,在"拷艳"一折以后,莺莺露出了其作为女性的本质,可以说楚楚可怜。在"哭宴"一场,莺莺则无异于寻常痴情女子,虽可怜却可体现出其纯洁善良的女性特征。但是,在"续西厢"中,没有写出女中豪杰之莺莺的凛然,却将其描写得更为女性,所以也未能传其神。⑤

之后,久保得二(以下简称"久保")在《中国戏曲研究》(1928 年)一书中提到"崔家之莺莺为好一个大家闺秀,在整个剧中是作者比较用心描述的。"⑥ 当"门第高贵、才色兼备、操守凛然如冰霜"的莺莺在燃起不逊于张生的恋情后却不得不以家门名誉为重断然拒绝张生,为道义而忍受压抑着对张生的恋情时,久保指出,"莺莺确实是深受儒教规训的东方女性的好标本。

① 金圣叹.读六才子书西厢记法·五十 [M]// 金圣叹批本西厢记.上海:上海古籍出版社,1986:19.

② 李渔.闲情偶寄 [M].上海:上海古籍出版社,2000:24.

③ 笹川臨風.支那小説戯曲小史 [M].東京:東華堂,1897:60.

④ 同 ③:60.

⑤ 同 ③:60.

⑥ 同 ③:142.

但是,莺莺的情殷也几乎是无意识地打破了这种桎梏,并勇敢地与张生自由结婚"①。对于莺莺在此之前对张生的谴责并试图让张生断念,久保认为"此举确实不失其慎重谨慎的态度"②。同时,久保还指出,作者在此处的描写,表现出莺莺对张生的似有意又似无意的极其复杂的矛盾心理,必然导致莺莺性格的不透明,这一点稍有遗憾。久保认为,"莺莺在接触异性之后露出其极其柔艳的女子的本性,尤其是在'哭宴'一折,始终可怜的态度,此处可见作者的悟性和功力,是最该叹赏的"。③对于原本犹如女中豪杰的莺莺在与张生分别后却完全平凡化,久保认为,作者的用意是令人怀疑的,"莺莺性格的不统一又为作者问题提供了一个前提"④。

通观笹川临风和久保得二对"莺莺"的评价,可见笹川的观点对久保的影响。二者对"莺莺"这一人物性格特征的观点和态度,可以说是一脉相承的。

其次,是关于"张生"的研究。

笹川临风在《中国小说戏曲小史》一书中认为,张君瑞既不像所谓的秀才,也不像其自负的"万金宝剑藏秋水,满马春愁压绣鞍"那样,是个"微不足道的人物"⑤,甚至认为张生"无异于一个好色的游蝶狂蜂,沉迷于恋爱且脸皮厚,是个好无气魄的浪荡男子"⑥。通过对比《会真记》和《西厢记》,笹川认为《西厢记》中的"张生"颇显劣势,"让其与莺莺相配,无非是给人以骏马驮痴汉之感"⑦。对于"白马解围"一事,笹川认为张生并非出于一片侠心,而是为了得到莺莺。张生被老夫人摆弄,被红娘嘲笑,并被莺莺左右。对此,笹川认为张生缺乏男子气概,"一介秀才张君瑞犹如傀儡"⑧。对于《西厢记》所描述的张生的痴情,笹川认为"其情最痴者,张生作为男主人公,是不能与莺莺

---

① 久保得二. 支那戲曲研究 [M]. 東京：弘道館,1928:143.
② 同①: 143.
③ 同①: 143.
④ 同①: 144.
⑤ 笹川臨風. 支那小説戲曲小史 [M]. 東京：東華堂,1897:58.
⑥ 同⑤: 59.
⑦ 同⑤: 59.
⑧ 同⑤: 59.

相比的"①。

之后,久保得二在《中国戏曲研究》一书中提到"张生在剧中是正派的人物,大体来看的话,可以说是理想的才子"。②但是,久保在认为第一折中所描述的张生极其伟大的同时,也非常犀利地指出:"实际上张生是没有任何作为的完全微不足道的一种好色之徒。"③通过与《会真记》中的张生进行对比,久保指出:"《西厢记》中的张生自从见到莺莺之后,完全变成另外一种性格,抛却了长久的志向,毫无选择地成为寄于花香的游蜂戏蝶。"④久保认为,张生在听了郑夫人的许诺后决然应征,"其本心并非出于义侠的观念,只是出于想得到莺莺的卑劣的肉体的欲望"⑤。由于张生所谓的计谋不过是向其拜把兄弟杜确求助,之后被郑夫人摆弄,被莺莺谴责,并被红娘戏弄,甚至得了相思病差点死了,久保认为,"张生没有一点男子汉气概,其与高贵俊秀的崔家小姐相配的话,就像让骏马驮着痴汉跑一样"。⑥因此,久保认为作者所刻画的张生这个人物的性格确实是遗憾之极。

对比久保得二与笹川临风关于张生这一人物的评价可知,久保对张生的态度同笹川基本一致,在很大程度上受到笹川的影响,甚至在语言表达上都对笹川多有模仿。尽管如此,关于张生,久保也提到了如下内容:

> 元代以后的剧作家所描述的理想的才子大抵难以摆脱张生这种类型,如《琵琶记》中的蔡伯喈、《幽闺记》中的蒋世隆、《牡丹亭》中的柳梦梅皆是如此。然而,另一方面,等到了《燕子笺》中的霍都梁和《桃花扇》中的侯方域,吾辈才觉得看到了才学机略兼备的绝好才子。这不仅是戏曲史上的问题,在某些时候,可以说是作为当时的社会性爱好的例证。

由此可见,久保得二在关于《西厢记》主要人物的研究方面,虽然深受笹

---

① 笹川臨風. 支那小説戯曲小史 [M]. 東京:東華堂,1897:59.
② 久保得二. 支那戯曲研究 [M]. 東京:弘道館,1928:141.
③ 同 ②:141.
④ 同 ②:141.
⑤ 同 ②:141.
⑥ 同 ②:141.

川临风的影响,但并不是单纯地模仿笹川的研究,也有他本人在仔细考证基础上的深入思考。

除了笹川临风和久保得二之外,值得一提的是,田中谦二(1912—2002,以下简称"田中")对《西厢记》中的主要人物也深有研究。在《杂剧〈西厢记〉中人物性格的强调》一文中,田中专门设立了一章"关于张生·莺莺的性格",将张生和莺莺这两位恋爱当事人的性格放在一起进行讨论。田中首先对《西厢记》和《董西厢》中的张生、莺莺进行了对比。通过比较,田中发现,他们的性格在两部作品中基本没有什么不同,但是,"王实甫将《董西厢》中张生那让人感到有些通俗的过于夸张的性格拉回到适当的程度,将莺莺那情窦初开的深闺少女形象描写得极其自然优美"。[①] 对此,田中认为,"这是王实甫的丽笔,其与董解元的不同也是被认可的"。[②] 另外,田中还指出,杂剧《西厢记》还强调了莺莺的双重性格。

二、关于"红娘"的研究

晚明理学家槃薖硕人在《玩西厢记评》中曾这样论述道:

> 看《西厢》者,人但知观生、莺,而不知观红娘。红固女中之侠也,生、莺开合难易之机,实操红手,而生、莺不知也。[③]

由此可知,在槃薖硕人看来,鉴赏《西厢记》时,尤其不能忽视红娘在《西厢记》整部剧中的作用。

关于"红娘",笹川临风指出,与崔家小姐的严肃相对照的就是红娘。对于"红娘"这个媒介者,笹川认为,"红娘爽快且富有同情心,是连结两位男女主人公的神。《西厢记》中所描写的人物中,红娘写得最为巧妙,如同跃然纸

---

① 田中謙二. 田中謙二著作集 [M]. 東京: 汲古書院, 2001: 283.

② 同①: 283.

③ 槃薖硕人. 玩西厢记评 [M]// 蔡毅编著:《中国古典戏曲序跋汇编》(卷六), 济南: 齐鲁书社, 1989: 690.027。

上"。① 不仅如此,笹川还指出,红娘不仅忠实还具备女性的柔弱心性,不失为良家的小妮子。所以,在笹川看来,"红娘的描写颇见作者之功力,红娘作为媒介,戏弄男子之举贯彻全篇,一部《西厢记》依此而活,依此而动"。②

同笹川临风一样,久保得二也认为,"红娘"在《西厢记》中被描述的最为巧妙,最为生动。但是,久保同时指出,"红娘"作为下级女性的代表,她极其大胆,有侠气和同情心,又格外忠实,对莺莺母子又不失伺奉和苦谏,是最合适的良家侍女,可谓"后世小说或戏曲中同一类型最早的出现"③。关于红娘的性格,久保认为,其最特别之处在于她的机智,加上她作为媒介的特征,为整部剧增加了无限的变化和色彩。最后,久保总结指出:"一部《西厢记》因得红娘一角而变得现实而有人情。"④

田中谦二在《杂剧〈西厢记〉中人物性格的强调》一文中首先指出,在杂剧《西厢记》中,红娘作为人性代言人的性格也被强调了,而且作者对红娘性格的强调,比老夫人更明显也更复杂。戏曲中的红娘,正如她自己所说的那样,是一个不认识字的文盲。但是,田中认为"红娘在主要的出场人物中,在形式上是从封建礼教中解放出的唯一的一个人"⑤。通过列举实例,田中指出:"杂剧中的红娘不仅将张生和女主人莺莺置于自己的指挥之下,同时表现出与莺莺和张生的一些对立,具备新的性格。"⑥ 我国学者王季思曾经指出红娘的台词中存在引经据典的现象,这与红娘不识字这一设定明显矛盾。对此,田中并不同意,并提出了自己的观点:

> 并非知识分子的一介丫鬟,反而利用知识分子的武器进行攻击,这在现实中几乎是不可能的,但是,其中所象征的讽刺性对比,其实是人生所到之处皆存在的。因此,在舞台上表演的时候,矛盾之处几乎不会被观众意识到,这是古典剧中的夸张,还起到强调《西厢记》主题的作用,

① 笹川臨風.支那小説戲曲小史 [M].東京:東華堂,1897:60.
② 同 ①:60.
③ 久保得二.支那戲曲研究 [M].東京:弘道館,1928:144.
④ 同 ③:144.
⑤ 田中謙二.田中謙二著作集 [M].東京:汲古書院,2001:276.
⑥ 同 ⑤:280.

倒不如说是周全的设定。倘若此为矛盾的话,红娘所唱的优雅流丽的唱词,岂不是应该全都含有严重的矛盾。①

在这篇文章的结论部分,田中谦二认为,杂剧《西厢记》其正式的题名无论是叫作《张君瑞待月西厢记》,还是叫作《崔莺莺待月西厢记》,其真正的主人公应该是红娘。

三、关于"老夫人"的研究

关于"老夫人",笹川临风指出,崔夫人是严格遵守道德规范之人,她在危机时刻轻率地给张生许诺,日后却让二人以兄妹之礼相待,从而引起后面的波澜。笹川认为,老夫人始终注重家门名望,她的这种性格,与莺莺相对照的话,也颇有相似之处,不愧为母子。②

久保得二在《中国戏曲研究》一书中指出:"郑夫人作为相国的遗孀,始终装成有见识的样子,却被其一星半点的才学和经验所累,稍微有些可怜。"③对于老夫人在困境中哄骗张生,在张生成功为其解围后,却又设宴借口让张生和莺莺二人以兄妹相交而食言,导致张生生病、莺莺私奔,久保认为,此时虽然郑恒因迟到尚未到来,却也存在几乎无法收拾的许多破绽。对于老夫人的这些做法,久保指出:"老夫人始终是爱慕虚荣之人,她维护门第、注重名誉的个性贯彻始终,尤其是宣告'相府三代不招白衣女婿',并逼迫张生赴京赶考等,毫不含蓄地流露出她的本性。"④不仅如此,久保同笹川一样,也对老夫人和莺莺母女进行了对比,认为母子二人有不可争议的相似之处,甚至认为"这一点也是值得叹赏的"⑤。

田中谦二在《杂剧〈西厢记〉中人物性格的强调》一文中指出,《西厢记》

---

① 田中謙二.田中謙二著作集 [M].東京:汲古書院,2001:281-282.
② 笹川臨風.支那小説戯曲小史 [M].東京:東華堂,1897:61.
③ 久保得二.支那戲曲研究 [M].東京:弘道館,1928:144.
④ 同③:145.
⑤ 同③:145.

中老夫人的性格早在《董西厢》中就已被固定，是一个"严格无情且老奸巨猾的作为礼教象征的人"①。通过红娘之口，可以看出老夫人的严格。但是，"被封建礼教所扭曲的老夫人的丑陋的真面目，却是在击退贼徒之后的谢宴上通过其违背常理的行为暴露出来"②。田中认为，《董西厢》中的老夫人"作为礼教的象征，虽老奸巨猾且冷酷，但另一方面，在母女这一关系中，她并没有丧失人情味"③。但是，在杂剧《西厢记》中，却可以看到作者对老夫人较大的改写，"总的来说，作为礼教象征的老夫人的性格被彻底地强调，并已变成顽固不化、冷酷无情的人了"④。

通过与《董西厢》进行对比，田中谦二指出，戏曲中老夫人的性格被彻底强调，是在莺莺和张生的密会被发现的那场，"尽管老夫人在红娘的逆袭中屈服了，但其无情顽固却丝毫不减"⑤。鉴于老夫人宣告"相府三代不招白衣女婿"后迫使张生赴京参加科举等，田中最后总结指出："作为礼教象征的老夫人的性格，被描述成似乎到死都不会发生变化。"⑥

如上所述，从笹川临风到田中谦二，在日本学者的眼中，老夫人注重门第和名望，是封建礼教的象征。关于老夫人的这一性格，我国学者张人和在《谈〈西厢记〉的人物》一文中进行了较为彻底的批判。

张人和首先指出："戏剧开头老夫人的思想性格就给读者和观众留下深刻的印象：作为母亲，她是爱自己的女儿的，作为一个封建贵族家庭的家长，她对女儿的爱是建立在封建礼教、封建道德的基础上的。"⑦关于"寺警"一折中的描述，张人和认为，"老夫人骨子里真正爱的不是女儿的青春和生命，而是相国的家谱门第和封建道德……为了维护封建教义和相国门第的尊严，不

---

① 田中謙二. 田中謙二著作集 [M]. 東京：汲古書院，2001：264.
② 同①：265.
③ 同①：267.
④ 同①：267.
⑤ 同①：268.
⑥ 同①：269.
⑦ 张人和. 谈《西厢记》的人物 [M]// 古典文学论丛：第二辑. 济南：齐鲁书社，1981：365.

惜将女儿作为交换条件和抵押品"。①关于"赖婚"一折中的描述，张人和指出："老夫人出尔反尔的赖婚行径，充分地暴露了她自私、虚伪、狡诈、冷酷的本性。"②关于"拷红"和"哭宴"，张人和认为这两折"进一步揭露了封建礼教的虚伪性和顽固性"③。最后，张人和总结指出："作品通过老夫人形象的塑造，揭露了封建家长的狠毒、专横，封建礼教、封建道德的虚伪、冷酷和封建势力的罪恶。"④

对比日本学者有关"老夫人"的论述，我国学者张人和对老夫人的批判虽然有些猛烈，但所持有的批判态度是一致的。那么，对于"老夫人"的性格和形象，还有没有其他的声音呢？2014年，我国学者章芳在日本的《亚洲的历史与文化》杂志上发表了一篇名为《〈西厢记〉中崔老夫人形象新探》的文章。

章芳在文中首先指出："自'王西厢'问世以来，阅读者和研究者对崔老夫人颇有微词，认为她不仅是封建家长的典型代表，也是门第制度的偏执维护者，更是为了'蜗角虚名，蝇头微利，拆鸳鸯在两下里'的无情冷酷的反面角色……崔老夫人一次又一次，一代又一代地被误读。"⑤之后，章芳通过列举实例证明老夫人在三个方面的高明之处：一、对现实的清醒认识；二、对理想的世俗化理解；三、对女儿实在的爱。⑥例如，在孙飞虎围困普救寺事件中，老夫人毅然决定违背已与尚书之家缔结的婚约，只是为了解决崔家当前的最大困难，章芳认为，"此时的老夫人头脑清醒、处事果敢、非常人之所及，而她的急中生智出自她对女儿莺莺当下的生存困扰之清醒认识"。⑦关于老夫人在此之后的食言，章芳认为，"作为母亲，老夫人在为难之际将女儿的性命视为当务之急而放弃承诺，这是角色使然；作为相国的当家人，老夫人将家

---

① 张人和.谈《西厢记》的人物[M]//古典文学论丛：第二辑.济南：齐鲁书社，1981：365-366.

② 同①：366.

③ 同①：366.

④ 同①：367.

⑤ 章芳.《西厢记》中崔老夫人形象新探[J].アジアの歴史と文化，2014(18)3：81.

⑥ 同⑤：81-84.

⑦ 同⑤：82.

事利益放置首位而违背允诺,这是身份使然"。①对于老夫人提出让张生赴京赶考作为二人联姻的条件,章芳认为,老夫人的这个想法"并非只是权宜之计"②。因为老夫人考虑到女儿将来的生活,"宁可自己背负忘恩负义的骂名,也不愿女儿日后受苦遭罪"③。对此,章芳还指出:"借助崔老夫人在崔张人生大事上的决断,剧作者不仅解决了莺莺和张生终成眷属的问题,而且还回答了有情人成了眷属后会怎么样该怎么办的问题,这不能不说是王实甫的先见之处,高明之端。"④结合王实甫本人在科举被废除的元代无法入仕的无奈,章芳提出这样的观点:

> 没有老夫人的敦促,就没有张生赴考最终功成名就的理想的达成,我们就体会不到王实甫对现实社会里儒生颠倒不如人的深痛感悟。单一认定王实甫对崔老夫人这一形象设置的负面效应,显然是不符合作者当时的身份处境和心理焦虑的。用心良苦的王实甫精心打造的崔老夫人这一形象实在不应该成为后世研读者诋毁和斥责的对象。⑤

如上所述,章芳的这篇用中文撰写却发在日本杂志上的文章,对于老夫人以往的形象进行了一次彻底的颠覆,完全表达了另外一种观点。章芳甚至在文末呼吁:"老夫人的一片苦心为女儿撑起了幸福的明天,她不愧是权衡理想与现实的高手! 这样的母亲理应得到我们的敬重、敬仰和爱戴。"⑥

在当今社会,章芳对于"老夫人"的这一解读也不无道理。站在当代女性的立场上来考虑问题的话,当代的"莺莺"如果能有"老夫人"那样的母亲,也多了一份保障。可以说,对于文学作品的主题及其人物形象,不同的时代,会有不同的解读。但是,章芳此文在日本的发表,势必也会对日本人眼中的"老夫人"形象产生一定的影响。

① 章芳.《西厢记》中崔老夫人形象新探 [J].アジアの歴史と文化,2014(18)3:82.
② 同 ①:83.
③ 同 ①:83.
④ 同 ①:84.
⑤ 同 ①:84.
⑥ 同 ①:84.

结语

如在日中国学者黄冬柏所言，"人物形象的描写，是戏剧小说等叙事型文学作品所特有的基本要素"。[①]同中国学者一样，笹川临风、久保得二、田中谦二等日本学者非常关注《西厢记》中的人物形象，并对《西厢记》人物有所研究。他们在研究的过程中，一方面非常注重《西厢记》中人物描写的细节，另一方面就是比较侧重对出场人物性格、人物形象以及人物心理的分析和研究。这一点，中国学者也不例外。例如，1932 年，郑振铎就在《插图本中国文学史》一书中曾对张生和莺莺两位主人公恋爱过程中的心理描写进行了具体的分析。另外，日本学者在对《西厢记》中的人物进行分析和研究的过程中，特别注重与《董西厢》中的人物形象进行对比，田中谦二的这一特征最为明显。关于这一点，在中国学者中也有所体现。例如，段启明曾在《西厢三幻同名人物性格辨》一文中对《董西厢》和《王西厢》中的老夫人、张生、莺莺等同名人物的性格特征及其发展演变的过程进行了比较深入的分析和研究。[②]

关于《西厢记》中的人物描写，久保得二认为，作者关于张生的描写有不足之处，甚至可以说是近于过失，但是在莺莺母子以及红娘等女性的描写上，几乎是成功的，体现了作者才笔的非凡。田中谦二认为，与《董西厢》相比，元杂剧《西厢记》之所以被称为杰作，主要有两个方面的特征：一是《西厢记》的细节描写，尤其是能够唱出微妙感觉的曲词的细腻之美；另外一个特征就是从出场人物的性格中可以看到强调的现象。

除了笹川临风、久保得二、田中谦二等几位学者对《西厢记》中的主要人物深有研究之外，其他日本学者在著作或论文中言及《西厢记》中的出场人物时，多是简要提及。近三十年来，并未见日本学者有关《西厢记》人物方面的专门研究，这或许是由于笹川临风等日本先贤学者对《西厢记》人物的研究已经非常透彻，当代日本学者在《西厢记》人物研究方面尚未找到新

---

① 黄冬柏. 东瀛论西厢：《西厢记》流变丛考 [M]. 北京：商务印书馆，2018:10.

② 段启明. 西厢三幻同名人物性格辨 [M]// 寒声等. 西厢记新论. 北京：中国戏剧出版社，1992:24−45.

的研究余地。但是,我国学者章芳在日本的《亚洲的历史与文化》杂志上发表的《〈西厢记〉中崔老夫人形象新探》一文或许能为当代日本学者产生新的启发。

Japanese Research on the Major Characters in Romance of the Western Chamber

Zhang Xiyan

Abstract: The Yuan drama *Romance of the Western Chamber* is a famous ancient drama in China. Like their Chinese counterparts, Japanese scholars pay much attention to the characters in the drama and have conducted research about them. Typical of them are Rinpu Sasagawa, Tokuji Kubo and Kenji Tanaka, who have studied the major characters in *Romance of the Western Chamber*. In their research, they attached great importance to the detailed description of the characters, and at the same time, they made huge efforts to analyze and study the personality, image and mentality of the characters. Over the past three decades, the characters of *Romance of the Western Chamber* have never been studied among Japanese scholars. The relevant publications of Chinese scholars in Japan in recent years might therefore serve as a source of inspiration for contemporary Japanese scholars.

Keywords: *Romance of the Western Chamber*, characters, Japan

美国的《桃花扇》研究述略[①]

潘铮铮[②]

摘要：反映中国晚明史,借男女主人公的"离合之情"述南明王朝没落的"兴亡之感"的历史剧《桃花扇》,距今已有320年历史。本文梳理了自20世纪70年代以来美国学界对《桃花扇》研究的情状,以纵览《桃花扇》的"他者"视角。

关键词：《桃花扇》 美国汉学 他者

清代著名传奇剧本《桃花扇》,由孔子64代孙孔尚任(1648—1718)三易其稿,于康熙三十八年(1699年)完成。这部"中国最伟大的历史剧"[③]历经320载春秋,至今仍活跃于海内外学界和艺术界的舞台。20年前《南京大学学报》中有一篇对《桃花扇》研究的世纪回顾[④]。然而,中国学界对《桃花扇》在美国的研究只散见于各类有关中国典籍外译或北美地区明清传奇研究的子标题中,较为零星。事实上,自20世纪70年代以来,美国学界已开始关注《桃花扇》,其研究亦较其他中国古典传奇的相关研究更为丰富,是为我们今日重读经典,了解并传播中国传统文化提供了较为全面的域外视角。

---

① 本文系北京外国语大学"双一流"建设重大标志性项目"中国戏曲海外传播：文献、翻译、研究"(项目批准号：2020SYLZDXM036)的阶段性成果。加拿大学界关于《桃花扇》的研究甚少,仅有加拿大人石俊山(Josh Stenherg,1981—)的《桃花扇》译本,故本文着重关注北美视域中的美国学界《桃花扇》研究。

② 潘铮铮,北京外国语大学国际中国文化研究院博士后研究人员。研究方向：中外文化交流史、中国戏曲的海外传播等。

③ RICHARD E. Strassberg, The World of K'ung Shang-jen: A Man of Letters in Early Ch'ing China[M]. New York: Columbia University Press, 1983: xi.

④ 吴新雷. 孔尚任和《桃花扇》研究的世纪回顾 [J]. 南京大学学报,1999:2.

一、美国《桃花扇》研究的起步期

美国学界对《桃花扇》研究实际要早于第一本英译《桃花扇》的问世。1975 年,普林斯顿大学的宣立敦[①]（Richard E. Strassberg）博士写了一篇题为"《桃花扇》:中国戏剧中的修身"（The Peach Blossom Fan:Personal Cultivation in a Chinese Drama）的博士论文,这是有据可查的美国学界最早的关于《桃花扇》的完整研究。宣立敦现任洛杉矶加州大学亚洲语言文学系教授,是研究中国明清文化的专家。他曾于 1967 年在台湾中国文化大学学习昆曲及其表演,后在普林斯顿大学受高友工（Yu-kung Kao,1929—2016）和牟复礼（Frederick W. Mote,1922—2005）两位先生的指导,完成此篇论文[②]。在宣立敦看来,作为孔子后代,孔尚任是儒家修身养性的模范,他"一面强烈反对明末浪漫、情欲和玩乐等私人领域对真诚或真实的寻求,一面却又忽视了现实的公共层面——社会和政治责任。南戏中抒情与叙事模式的相互作用正契合了孔尚任的儒家意图,即表现生活中'内'与'外'不可避免的相互关系,以及在个人与社会中平衡与协调这些关系的必要性"。[③] 该篇论文分为三个部分,将《桃花扇》置于明清易代的历史背景之下,结合孔尚仁的自身经历,生动描绘了明末文人阶层在面临南明小朝廷和清廷之间的两难处境。

[①] 中文名据 The World of K'ung Shang-jen: A Man of Letters in Early Ch'ing China 扉页落款。

[②] 张心沧先生（Hsin-Chang Chang,1923—2004）有关柳敬亭的学术论文刊载于其在 1973 年爱丁堡大学出版社出版的《中国文学：通俗小说与戏剧》（Chinese Literature: Popular Fiction and Drama）第 303 至 311 页。这是有据可查的英语世界中第一篇与《桃花扇》有关的学术研究。1975 年 1 月,捷克汉学家高德华（Dana Kalvodová,1928—2003）在《东方档案》（Archív Orientální）中发表了一篇题为"孔尚任的生平"（The Life of K'ung Shang-jen）的英文文章,这是有据可查的最早研究《桃花扇》的欧洲学者。

[③] LYNN A. STRUVE. History and The Peach Blossom Fan[J]. Chinese Literature: Essays, Articles, Reviews (CLEAR), 1980, 2 (1): 57.

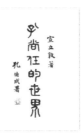

宣立敦,《孔尚任的世界》扉页

(*The World of K'ung Shang-jen:A Man of Letters in Early Ch'ing China*)①

　　执教于印第安纳大学东亚语言与文化系的明清史学家司徒琳教授（Lynn A. Stuve）亦是早期研究桃花扇的专家。1977年,她以《桃花扇》的历史背景为侧重,发表《作为历史剧的〈桃花扇〉》(*The Peach Blossom Fan as Historical Drama*)一文,关注剧中人物性格的互补性,以此窥看他们所代表的17世纪中叶的中国社会,强调《桃花扇》作为历史剧的意义。②

　　1978年,密歇根大学历史系的张春树教授和骆雪伦(Hsüeh-Lun Chang)在香港中文大学《中国文化研究所学报》上联合发表了英文论文《孔尚任与其〈桃花扇〉:一个戏剧家对明清两朝传统的探索》(K'ung Shang-Jen and *His T'ao-Hua Shan*—A Dramatist's Reflections on the Ming-Ch'ing Dynastic Transition),从孔尚任的生平探讨《桃花扇》的创作背景和创作过程。③

二、美国的《桃花扇》热

　　《桃花扇》在美国的广泛流传还要从第一本英译《桃花扇》(*The Peach Blossom Fan*)说起。1932年,英国汉学家哈罗德·艾克顿(Sir Harold Acton,1904—1994)经

---

　　①　图片来源: http://viewer.igroupnet.com/viewer/service/iglib3/default/COLB0000
364/default/default/desktop/vertical/0/1/viewer.html?aa8ca187d36362c5e07702847b0a5
bde, accessed 20 October 2019。

　　②　LYNN A. STRUVE. The Peach Blossom Fan as Historical Drama[J].
Renditions, 1977, 8:99−114.

　　③　虽然作者称此文在1972年投递给《文林》(*Wen-lin, Studies in the Chinese Humanities*),但是由于出版延误后辗转至《中国文化研究所学报》,致此文刊登时已是1978年。故笔者将其置于第一本英译《桃花扇》问世之前,但仍以宣立敦为北美学界最早研究《桃花扇》者。

日本来到中国,受聘于北京大学,教授英美现代派文学。不久后,艾克顿与当时在北大就读英国文学专业的陈世骧(1912—1971)成为朋友,二人合作完成了中国现代诗的第一本英译——《中国现代诗选》①。艾克顿酷爱中国文化,是个京戏迷,亦与程砚秋、李少春等人有来往②。在北京期间,艾克顿还与美国的中国戏剧专家阿灵顿(Lewis Charles Arlington, 1859—1942)合作,把流行京剧33折译成英文,"收有《长坂坡》《汾河湾》《法门寺》《群英会》《奇双会》《金锁记》《捉放曹》等"③,辑为《中国名剧》(Famous Chinese Plays)一书,1937年由北京魏智书店(Henri Vetch)出版。欧战爆发以后,艾克顿离开中国,奉召应征入伍,于1939年回到英国加入英国皇家空军。因为对中国美好生活的留恋,为"排遣怀乡病"④,却思乡之苦,1950年前后,艾克顿前往美国,找到已在伯克利加州大学东方语文学系任教授的陈世骧,与之共同翻译《桃花扇》。然而,这部合译本的《桃花扇》历经二十多年,因陈先生猝然离世而止,直到1976年才由汉学家白之⑤(1925—)整理出版。

1976年版陈世骧、艾克顿、白之合译本《桃花扇》
(*The Peach Blossom Fan*. University of California Press, Berkeley, 1976年)⑥

---

① HAROLD ACTON. Ch'en Shih Hsiang, Modern Chinese Poetry[M]. London: Duckworth, 1936. 该书选译了15位中国现代诗人的新诗作品,是最早把中国新诗介绍给西洋读者的书。

② 赵毅衡.对岸的诱惑:中西文化交流记[M].成都:四川文艺出版社, 2013:121.

③ 同②:121.

④ 同②:121.

⑤ 白之(Cyril Birch),1925年生于英国兰开夏郡(Lancashire),曾就读于伦敦大学亚非学院(The School of Oriental and African Studies),并于1948—1960年在该校教授中文,于1954年获得中国文学博士学位。1960年白之移居美国,加入加州大学伯克莱分校东方语言系,其后担任中国文学及比较文学教授兼系主任,1991年荣休。

⑥ 图片来源:https://archive.org/details/lish003259, accessed 20 October 2019.

英译本《桃花扇》面世后引起了不小的反响。宣立敦曾评价"这是场真正的文学盛事,为更多这样的翻译,以及批判性研究和文学传记开辟了道路。大众读者无疑会感激这饶有兴味的译文,而教育工作者也会为今后能开展相关的文学翻译课程而感到兴奋"。[①] 然而,因陈世骧和艾克顿秉持的"可读性"翻译原则,及其译本的莎士比亚语调,使得原文中的隐喻典故或被忽略,或被遗漏,或漏洞百出[②],英译本的《桃花扇》在美国学界也受到了不小的批评。但是,译本的广泛流传并非一定要真实再现源语文本和文化,而更多地取决于是否能够满足译语文化的需求。也正因为这样的"可读性",英译本《桃花扇》获得了读者的广泛传颂,美国掀起了一场《桃花扇》热。

这股学术热潮与当时的中美关系和美国汉学界的范式转向亦不无关联。1972 年美国总统尼克松访华、中美上海联合公报的发表促使中美关系迈向新时代。访华的美国人数逐年增加,这些人归国后,在美国掀起中国热。伴随着美国对华政策的转变,研究中国的历史与现状随即成为美国各界关注的焦点。政府资金的支持亦壮大了美国汉学研究的队伍,丰富了美国汉学研究的内容。同时,"由于后学兴起以及美国大学政治生活的激进主义倾向"[③],年轻一代的史学家、汉学家,包括费正清(John King Fairbank, 1907—1991)的学生们,开始有意识地打破西方中心主义传统,关注中国传统社会自身的变化,着眼于以"中国中心观"研究中国的历史和文化。因而,20 世纪 70 至 80 年代,美国中国古典文学的研究领域内也随之出现了一股研究与翻译中国戏剧典籍的潮流,"就中国戏剧的起源与形成、宋金杂剧与

① RICHARD STRASSBERG. Review of The Peach Blossom Fan (T'ao-hua-shan) by K'ung Shang-jen, Chen Shihhsiang, Harold Acton[J]. Journal of the American Oriental Society, 1977, 97(3): 390.

② LYNN A. STRUVE. History and The Peach Blossom Fan[J]. Chinese Literature: Essays, Articles, Reviews (CLEAR), 1980, 2 (1): 55. 宣立敦在该书书评中亦持有此种观点。中国学界则认为"阿克顿、陈世骧和白之的合译本是最忠实于原著的一个完整译本"。见李正栓,王燕. 典籍英译简明教程 [M]. 上海:上海交通大学出版社,2016:91。

③ 胡淼森. 西方汉学家的中国文学观研究,一次后殖民理论分析实践 [M]. 北京:光明日报出版社,2015:172.

诸宫调、宋元南戏、元杂剧、明清戏剧等课题展开了深入研究"。[①] 这其中就包括对中国古典戏曲《桃花扇》的翻译及相关议题的讨论。

中美关系的缓和还促进了美国大中学校的汉语教育发展，中国戏剧典籍也陆续走进美国大中学校课堂，为后来《桃花扇》及其研究在美国的兴盛开辟了学术土壤。此外，这一时期美国戏剧文学界呈现出多元化发展趋势，黑人戏剧、实验剧和女性主义剧作的相继出现在某种程度上为包括《桃花扇》在内的中国戏剧典籍在美国的传播做了诗学上的铺垫。

英译本《桃花扇》问世以后，海外学者对《桃花扇》产生的社会、历史与文化语境的研究占据了美国《桃花扇》研究的半壁江山。伴随着 20 世纪 70 年代末 80 年代初文化诗学的兴起，以及文学研究的跨学科、跨文化转向，美国学界对中国古典戏曲文学的研究"已经将以往那种强调文学语言的独特性、文本的独立自主性，崇尚文学研究的客观性，并带有形式主义特点的'文本细读'，发展为一种具有模式化特点的'文化细读'"。[②] 1980 年，司徒琳教授的《历史与〈桃花扇〉》一文，再次将《桃花扇》置于明清易鼎之际，从历史剧的角度探讨了《桃花扇》的社会效用（effectiveness），同时也揭示了孔尚任的身份矛盾和《桃花扇》的社会隐喻。[③] 1983 年，宣立敦由其博士论文第二章修改扩充后的《清初文学家孔尚任的世界》一书在纽约哥伦比亚大学出版社出版。在这本书中，宣立敦纵观孔尚任生活时代的历史、政治及社会背景，充分描绘了孔尚任一方面作为孔子传人，是儒家礼教的代表，另一方面，又以一出诞生在亡国之恨中，反对南明王朝复辟的浪漫抒情剧而闻名，他一面充满着对新朝代的困惑与愿景，一面又饱含对故国山河的不舍与无奈的矛盾身份。

1987 年执教于哈佛大学的伊维德教授（Wilt L. Idema）在中国戏曲艺术国际学术讨论会上发表的《在〈桃花扇〉的阴影中——1644 年的北京在东西方舞台上》一文则"比较了 1645 年明朝灭亡、满族人征服的事件在那个时代

---

① 赵征军. 中国戏曲典籍译介研究——以《牡丹亭》的英译与传播为中心 [D]. 上海：上海外国语大学，2013:77.

② 程芸，何博. 英语学界中国古典戏曲研究的新动向（2007—2011）[J]. 戏曲研究，2012:3.

③ LYNN A. STRUVE. History and The Peach Blossom Fan[J]. Chinese Literature: Essays, Articles, Reviews (CLEAR), 1980, 2 (1).

东方和西方的小说中和舞台上同步出现的不同面目"①,为美国学界自 20 世纪 90 年代起以侧重关注《桃花扇》的历史语境为研究主流起到承上启下的作用。

三、美国《桃花扇》研究的多重视角

自 20 世纪 90 年代起,美国学界对《桃花扇》的研究,在继承宣立敦等人关于孔尚任的研究基础之上,脱离对孔尚任生平的研究局限,转而重新审视《桃花扇》及其主角人物的历史身份和戏剧情节。1990 年,华盛顿大学比较文学系的王靖献(Wang Ching-hsien)教授在《〈桃花扇〉的双重情节》(The Double Plot of T'ao-Hua Shan)一文中"从两种角度来审视,认为由于'离合之情'和'兴亡之感'紧密结合,互相生发,使该剧产生了一种动人心弦的戏剧效果,从而使之具有极强的文学感染力。他还指出,剧中所含的情节应该是这样的双重情节:写'离'时即写'合',写'兴'时即寓'亡';写浪漫的爱情故事时也牵动着政权更迭这条线索,反之亦然。这种平行结构不仅包含在某一事件中,同时也扩散到了全剧的各个细部。双重情节是按照反衬手法而加以安排布置的,它们同时发展,互相衬托,并在终场时共同得到了完满的解决。他赞扬《桃花扇》如历史般凝重,如小说般广博,如诗赋般精雅,实属非同凡响。"②

李惠仪(Wai-yee Li)1995 年在《〈桃花扇〉中的历史再现》(The Representation of History in The Peach Blossom Fan)一文中探讨了《桃花扇》审美意识的自我觉醒与历史反思的相互融合。③"《桃花扇》将历史及对历史的阐释都作为戏剧再现的对象,将历史本身视为'具有和解的矛盾性的、能够塑造当下与未来的、既要求被阐释又拒绝被阐释的。'"④

---

① 载 1987 年《中国戏曲艺术国际学术讨论会论文》(内部资料)。曹广涛. 英语世界的中国传统戏剧研究与翻译 [M]. 广州:广东高等教育出版社,2011:213. 伊维德,荷兰汉学家,在哈佛大学教授中国文学,致力于研究中国戏剧、中国近现代女性文学、中国流行叙事民谣以及早期白话小说。

② 曹广涛. 英语世界的中国传统戏剧研究与翻译 [M]. 广州:广东高等教育出版社,2011:212.

③ WAI-YEE LI. The Representation of History in The Peach Blossom Fan[J]. Journal of the American Oriental Society,1995, 115(3): 421-433.

④ 王若婷.《桃花扇》在英语世界的翻译与研究 [D]. 北京:北京外国语大学,2019:7.

1996 年，华盛顿大学周祖炎博士用"双性混同"的概念解读了《桃花扇》。"作者认为，明清文学中的双性混同现象，实质上是异端文人反对残暴的政治权威的一种姿态，是他们减轻源自政治自卑感的焦虑的一种心理策略。男性学者与作家在政治与社会情境中处于边缘地位，受其刺激，他们产生出一种强烈意识，认为他们属于'阴'的身份，足以与女性分享性别认同。因此他们创造了众多的男性角色与女性角色，抗拒性别的戒令以寻求整体的身份，这就促使文学中的双性认同现象大量产生。"①

1998 年，哈佛大学吕立亭（Tina Lu）的博士论文《个人、角色和人物：〈牡丹亭〉和〈桃花扇〉中的身份认同》（Persons, Personae, and Personages：Identity in *Mudan ting* and *Taohuashan*）②第一次以"身份"为主题，探讨了《牡丹亭》和《桃花扇》在处理个人身份问题上的不同："就前者而言，如何确定是一个'人'（人与鬼之间的区别）；就后者而言，如何识别任何具体的'人'（人与人之间的区别）。"③

普林斯顿大学的何赖林博士（Lailin Ho）考察两部 17 世纪历史剧作——孔尚任的《桃花扇》和洪昇（1645—1704）的《长生殿》，认为这两部历史剧"足以体现戏曲家对晚明悲剧历史经验的反思与转化，它们各自并共同地证明，基于文化传统的价值与原理在特殊历史时期将如何面对文化危机"。④

值得一提的是，自 20 世纪末至 21 世纪以来，《桃花扇》作为进入美国校园课堂的中国古代文学经典，近年来的多部中国文学史丛书中亦不断出现《桃花扇》的身影。1997 年，伊维德教授在《中国文学指南》（*A Guide to*

---

① 郭英德. "中国趣味"与北美地区中国古典戏曲研究 [J]. 戏剧艺术, 2010, 1. 周祖炎先生的此篇博士论文后经修订于 2003 年由夏威夷大学出版。

② 此文后经修改于 2001 年由斯坦福大学出版，书名为《个人、角色和思想：〈牡丹亭〉和〈桃花扇〉中的身份认同》（*Persons, Roles,and Minds: Identity in Peony Pavilion and Peach Blossom Fan*. Stanford: Stanford University Press, 2001），2014 年由田晓菲译为中文出版。

③ 郭英德. 北美地区中国古典戏曲研究博士学位论文述评（1998—2008）[J]. 文艺研究, 2009, 9.

④ Cultural Transformation and the Chinese Idea of a Historical Play：Two Early Ching Plays[D]. Princeton: Princeton University, 1999. 郭英德. "中国趣味"与北美地区中国古典戏曲研究 [J]. 戏剧艺术, 2010, 1.

Chinese Literature)一书中指出："《桃花扇》的意义不仅在于主人公对于爱情不幸结局的选择，还在于其对于当时时代及历史事件的具体丰富而戏剧化的呈现。"[①]2002年，伊维德教授在美国汉学家梅维恒（Victor Henry Mair）主编的《哥伦比亚中国文学史》（ *The Columbia History of Chinese Literature* ）[②]中介绍了《桃花扇》，他认为《桃花扇》是历史剧中最为成功的一部，并指出"《桃花扇》的结尾'与传统的大团圆形成了鲜明对比'"。[③]2010年，哈佛大学的李惠仪教授在孙康宜（Kang-i Sun Chang）和美国当代汉学家宇文所安（Stephen Owen，1946— ）主编的《剑桥中国文学史》（ *The Cambridge History of Chinese Literature* ）[④]上"介绍了孔尚任生平，概括了《桃花扇》剧情，分析了该曲的结构、阈限人物（柳敬亭、苏昆生、张薇、老赞礼），思考了为何孔尚任要如此视历史为问题，对比了关于《桃花扇》的两种现代诠释——寻找民族主义、反清思想和全盘接受明清易鼎。最后，李惠仪提出并论证了自己的观点，即'为了平衡自己对晚明文化的批判和依恋，孔尚任取譬戏剧与表演，及与其关联之真与假、自我与角色的编者关系'"。[⑤]由此，《桃花扇》已经作为不可绕过的中国文学话题，进入美国公众的视野。

与此同时，加拿大学人石俊山（Josh Stenberg）重读经典，于2006年翻译了田沁鑫导演的昆曲《1699·桃花扇》，其简练优美又不失古典韵味的译文深受本剧文学顾问、台湾诗人余光中先生赞叹。

再者，随着文学研究中对于跨学科研究方法的提倡与应用，研究者则将《桃花扇》放诸整个17世纪中国戏剧发展和文人社会的大背景中，探讨戏剧本身与历史环境的关系，美国学界对中国明清传奇的研究出现了新复兴。

---

① 王若婷.《桃花扇》在英语世界的翻译与研究 [D]. 北京：北京外国语大学，2019:5. 据王若婷，A Guide to Chinese Literature 的最早版本应为1985年伊维德先生的《中国文学》（ *Chinese letterkunde* ），1997年传入美国。

② VICTOR HENRY MAIR. The Columbia History of Chinese Literature[M]. New York: Columbia University Press，2002.

③ 同①：5.

④ STEPHEN OWEN. The Cambridge History of Chinese Literature[M].London: Cambridge University Press，2010.

⑤ 同①：5-6.

　　宇文所安先生讨论了《桃花扇》剧中各阶层人物在面临朝代变革时的自身无奈。他认为所有剧中人物在南明舞台上的表演实为在清兵南下将之赶下舞台前的最后的表演，以一种新的视角描绘了剧中人物的"自身重塑"（self-fashioning）。弘光皇帝"表演"皇帝却不想做皇帝，女主人公李香君"表演"杜丽娘到最后的"悟道"，所有人在表演之中求真，最后国破家亡，只落得一个"像是"。[①]《桃花扇》是在王朝没落之下对《牡丹亭》的悲苦重读。李香君"学"杜丽娘，"以为她可以进入和属于杜丽娘的世界。但是，就像那个充满模仿性的南明小朝廷一样，这种梦想最终还是破灭了"。[②]

　　2010 年沈静（Shen Jing）教授的《十七世纪中国剧作家和文学游戏：汤显祖、梅鼎祚、吴炳、李渔与孔尚任作品选》（*Playwrights and Literary Games in Seventeenth-Century China: Plays by Tang Xianzu, Mei Dingzuo, Wu Bing, Li Yu, and Kong Shangren*）[③] 一书则运用互文性（intertextual relations）理论，以细读汤显祖的《紫钗记》、梅鼎祚的《玉合记》、吴炳的《绿牡丹》、李渔的《风筝误》《比目鱼》和孔尚任的《桃花扇》为例，从文本的产生和文本的消费方面考察文本和其外部因素之间的复杂性关系，探讨戏剧流派和社会发展、历史时代的关系变化。

　　2011 年，伯克利加州大学的袁书菲教授（Sophie Volpp）从戏剧社会学的角度出发，探讨了 17 世纪演员作为中国社会阶层的"贱民"阶层（base status）的生存状况。她认为，《桃花扇》的戏剧性诞生在演员作为"贱民"的乐户（music household）与社会其他阶层、剧场观众（theatrical spectatorship）与社会观众、舞台与世俗社会三重维度的空间转换之中。作者"将 17 世纪的中国社会构想为一个戏剧舞台"，"将戏剧身份与社会身份、舞台扮演与社会扮演、虚构与现实等概念并置"[④] 以考察《桃花扇》的柳敬亭角色，"试图厘

　　① 宇文所安."那皇帝一席，也不愿再做了"：《桃花扇》中求"真"[M]// 宇文所安.他山的石头记.田晓菲，译.南京：江苏人民出版社，2006:225-243.

　　② 宇文所安.《牡丹亭》在《桃花扇》中的回归 [M]// 华玮.汤显祖与牡丹亭（上、下）.台北：中央研究院中国文哲研究所，2005:510.

　　③ SHEN JING. Playwrights and Literary Games in Seventeenth-Century China: Plays by Tang Xianzu, Mei Dingzuo, Wu Bing, Li Yu, and Kong Shangren[M]. Lanham, Md. [u.a.]: Lexington Books, 2010.

　　④ 何博.北美学界明清传奇研究的新模式 [J].戏曲研究，2013:2.

清戏剧舞台和社 会现实、戏剧参与者与戏剧观摩者、戏剧旁观与社会旁观、身份假扮与身份辨识、文人话语与世俗话语等诸多二元对立概念间异常复杂的互动关系。"①

四、结语

纵观 20 世纪 70 年代至今,伴随着北美汉学和历史学的发展趋势,美国学界对《桃花扇》的研究经历了从起步阶段对孔尚任生平的研究,到英译本《桃花扇》问世后,在历史诗学的影响下,转而重读《桃花扇》文本,研究其历史语境,再至新时期跨学科研究的潮流之下,将目光转向时代背景下的中国社会,以《桃花扇》来看中国历史进程中的相关社会现象之三个阶段。美国的《桃花扇》研究者们虽然强调对经典的重读,但是在具体研究之时却并非作单纯的文本分析,而是以文化研究为视角,试图透过《桃花扇》文本,结合其作者孔尚任的自身经历和时代背景,运用传播学、人类学、新文化史、比较文学等多种跨学科方法,从多个视角观照文本所代表的 17 世纪中国戏剧以及其背后的 17 世纪中国社会本身。以小见大,从碎片看整体,对比戏剧舞台与现实舞台,探讨中国统治阶层、文人阶层以及普通百姓在面临朝代更迭时的自身抉择、身份重塑,考察中国的社会问题和历史问题。

《桃花扇》的英译本虽然不多②,中国戏曲界每年携《桃花扇》来美国的演出场次也远远不及《牡丹亭》等其他剧目,但是,美国学界对《桃花扇》的研究可圈可点,方兴未艾。这些研究成果所提供的"他者"视角亦更好地为我们当下对中国传统文化的研究和海外中国学的研究提供参考。

① 何博. 北美学界明清传奇研究的新模式 [J]. 戏曲研究,2013:2.

② 《桃花扇》的英译不只有上述张心沧、宣立敦、司徒琳、宇文所安等学者的选译,此处作者只讨论英译《桃花扇》的全译本。除陈世骧、艾克顿、白之合译本外尚有6 部:1998 年,香港大学出版社出版的杨铁樑(T. L. Yang)译本;2006 年,田沁鑫导演昆曲《1699·桃花扇》,其英文字幕由加拿大的昆剧爱好者石俊山翻译,此翻译后来由江苏美术出版社出版;2009 年,北京作家出版社推出清彩绘本《桃花扇》(汉英对照),汤燕翻译;2009 年,中国对外翻译出版社出版了许渊冲、许明合译的舞台本《桃花扇》;2011 年,北京五洲传播出版传媒有限公司出版了由滕建民改编,顾伟光、陶文和德雷克(Drake H.)合译的《桃花扇故事》;2010 年(英汉对照)本由外文出版社出版,向荣翻译。

The Studies of T'ao-hua shan in America

Pan Zhengzheng

Abstract: The historical drama, *T'ao-hua shan* (*The Peach Blossom Fan*), written more than 320 years ago, reflects the history of late Ming China and employs the emotions of a separation and reunion between man and woman to depict the feelings about of rise and fall of the country. This article presents the *T'ao-hua shan* as an example of the spreading of Chinese classical culture in America and the paradigm shift of Sinology in America. It analyzes the situation of the study of *T'ao-hua shan* in American academia since the 1970s with an overview of the other scholars' perspectives on *T'ao-hua shan*.

Key words: *T'ao-hua shan*, American Sinology, Other

戏曲翻译的困境与建设思考[①]

张利群[②]

摘要：戏曲翻译活动在漫长的发展历史中曾遇到过很多问题和困境，如戏曲译者的缺失、对戏曲本体的认识不清、戏曲翻译类型的单一以及戏曲翻译研究的不足等。面对这些问题，我们对其未来的发展建设做出了如下思考：一是强调优秀戏曲演员的责任意识，他们高超纯熟的艺术技能可以将戏曲解释得淋漓尽致，同时其广泛的影响力也有助于戏曲传播；二是主张戏曲表演与戏曲译本协同发展，以让二者达到一种补充互释的效果；三是要依托高校与学者的学术支持，让戏曲翻译进入一种更加专业化、规范化的发展阶段；四是主张戏曲翻译活动与研究活动的协同发展，以达到共同促进与相互深化。这样，未来戏曲翻译应该会迎来新的发展契机，取得更多的学术成果。

关键词：戏曲翻译　困境　未来走向　翻译人才

随着翻译学和戏曲学的不断发展和进步，戏曲翻译的成果越来越多，中外很多优秀的学者、汉学家都投入戏曲翻译的活动中去，这也是戏曲翻译质量的保证。但是，我们在看到戏曲翻译取得了众多成果的同时，也应该正视其所面临的困境。

---

① 本文系北京外国语大学"双一流"建设重大标志性项目"中国戏曲海外传播：文献、翻译、研究"（项目批准号：2020SYLZDXM036）的阶段性成果。

② 张利群，北京外国语大学国际中国文化研究院博士后研究人员。研究方向：戏曲翻译、戏剧戏曲研究、艺术史论。

一、戏曲翻译的困境

从戏曲翻译发展的历史和现状可知,戏曲翻译的发展并不是一帆风顺的,相反,在不同时代会遇到不同问题,面临不同困境。总体来讲,当前戏曲翻译面临的困境主要有以下几个方面:

1. 戏曲翻译专业人才的缺乏

关于戏曲翻译的人才结构问题,从戏曲翻译的历史来看,主要有这样几类:一是外来的传教士、商人、外交官、旅者;二是海外学者和汉学家;三是中国学者。

在戏曲翻译发生之初,其译者主要是来中国的传教士、商人、外交官、旅者等,都不是专业的戏曲翻译人员,可以说,这些人既不是专业的翻译人员,又不是精通戏曲业务的人员。因此,戏曲翻译之初的戏曲译著不仅做不到对中国戏曲原貌完整、准确地传达,甚至连语言都不尽准确。尽管在传教士、外商、外交官和旅者中传教士之于戏曲翻译取得的成就最大,但其目的主要在于通过翻译中国戏曲学习汉语以传教,所以,传教士作为最初的戏曲译者并不是合格且理想的戏曲译者。

尽管如此,传教士作为戏曲翻译的发起者,他们对戏曲翻译的贡献是多方面的:1.中国戏曲艺术蕴含着中国传统的文化生活样态和中国人的传统价值观,因此,最初的戏曲翻译不仅是对中国传统文化和价值观的保存,同时也是一种传播和推广;2.让中国戏曲在欧洲得以流行和传播,法国传教士马若瑟(Joseph de Prémare, 1666—1736)翻译的《赵氏孤儿》不仅在法语世界得以流行和传播,同时也被纷纷转译和改编为英语等多种语言的版本,让《赵氏孤儿》成为一种世界性的艺术形式;3.引起欧洲学者的关注和加入。自《赵氏孤儿》的法文译本被传入欧洲后,很多欧洲学者对中国戏曲也产生了浓厚的兴趣,如威廉·哈切特(William Hatchett)通过改写《赵氏孤儿》为《中国孤儿》来影射英国的黑暗政治统治,伏尔泰(Voltaire, 1694—1778)也通过改写《赵氏孤儿》来反映启蒙思想家的时代困惑,并试图通过对中国文化的借鉴提出解决方案。从这个意义上来讲,尽管传教士、外商、外交官之于中国戏曲翻译上的数量不多,质量也不高,但是他们毕竟开了戏曲翻译的先河,对该领域的开拓,内容、形式、方法以及发展方向都产生了很大的影响,其译著成为戏曲翻译成果的雏形。

由于地域地理上交通的限制,文化上语言交际的障碍,能够来华传教,经商,旅行的人毕竟是少数,能够熟练运用汉语并深刻了解中国文化,深谙中国戏曲艺术的更是少之又少,所以在戏曲翻译发生之初,该领域面临的不仅是译者专业与否的问题而是有无人愿意从事的问题。

尽管传教士打开了戏曲翻译的大门,但是真正让戏曲翻译得到认可,并将该领域发扬光大的还是欧洲的学者和汉学家。出于对中国文化的热爱,对中国戏曲的钟情,对本土文化的了解,以及自身深厚的文化素养与专业素养,欧洲学者和汉学家在戏曲翻译上的取得的成果是有目共睹的,如儒莲(Stanislas Julien,1797—1873)(法语版《西厢记》)、奚如谷(Stephen H. West,1944—)(英语版《西厢记》)等,他们的译著不仅得到世界范围的认可,而且不断被同辈和后辈节译、改译、改编甚至成为舞台演出的底本,成为我们戏曲翻译研究的对象。

这些欧洲学者和汉学家之所以能在戏曲翻译领域中取得杰出的成就,倒无关数量多少,而是质量上乘,这是由学者的自身素养决定的。他们既对欧洲文化有着深刻的把握,所以对欧洲受众的文化心理,审美习惯有着深刻的了解,又出于对中国文化的喜爱以学者严谨求知的态度对中国汉语和戏曲艺术展开学习和研究。所以,无论是从专业素养还是学术精神上,欧洲汉学家和学者都是戏曲翻译的理想型人才。这也是中国古典戏曲艺术能够通过翻译走向经典化之路的原因所在。但是,真正愿意从事戏曲翻译的欧洲学者和汉学家并不多,因为汉语难学,中国戏曲艺术最初也并未得到世界性关注和认可,中国的综合实力以及在国际上的影响也远不如今日,所以那些愿意从事戏曲翻译的欧洲学者和汉学家,大都是出于自身对中国文化的一种偏好,属于个人兴趣,而并非欧洲学者和汉学家的普遍兴趣。这也是戏曲翻译人才缺失的一个主要原因。

关于戏曲翻译的人才培养,欧洲学者起步早于中国学者,因为在中国,翻译作为"末技",戏曲作为"玩意儿"都有着不被重视甚至一直处于被轻视的状态,所以从事翻译的译者和从事戏曲表演的伶人也都长时间处于社会底层。另外,戏曲翻译的难度也是造成其人才短缺的一个重要原因。不同于其他类型的翻译,如宗教翻译、科技翻译等,戏曲翻译不仅是语言问题,更是文化问题、艺术问题。所以,从事戏曲翻译的人才需要是一个"通才""全才",不仅要有专业的翻译技能,而且要了解中外文化,了解传播学、戏曲学方面的知识,这样翻译出来的东西才不会有"隔"的感觉,才会让中国戏曲在海外的传播和接受更迅速、更广泛。但是,事实是学贯中西的人才毕竟不多,尤其像熊式一(1902—1991)那般既懂中国戏曲又通西方戏剧的人才更是凤毛麟角。

所以,从戏曲翻译的历史来看,无论是海外还是中国,无论是过去还是当下,戏曲翻译人才总是长期处于一种缺失状态。译者是戏曲翻译的主要推动者,他不仅决定戏曲翻译的质量,更决定着戏曲翻译的命运。译者的缺失是当下戏曲翻译面临的主要困境之一。

2. 对中国戏曲本体的认识不足

从戏曲翻译的类型来看,有剧本翻译、表演翻译和戏曲翻译研究。但主要类型还是剧本翻译,其主要成果是戏曲译著,成果很多且影响深远。戏曲译著是海外戏曲传播的主要形式。但是就译著本身而言,这是用来阅读的案头之物,需要借助想象来完成对中国戏曲的认识。但中国戏曲艺术的真正存在是要在舞台上实现的,是直接作用于人们的耳朵和眼睛,是用来看用来听的。剧本只是描述表演的一种符号存在,是为了规划和引导演员的表演而存在的,剧本应体现在表演中。在这个意义上,戏曲表演是对戏曲剧本的一种解释。中国戏曲艺术是一种载歌载舞的综合艺术形式,它的生命应主要体现在舞台表演上而不应仅仅停留在阅读理解中。

所以,关于中国戏曲本体的认识问题,张庚(1911—2003)先生认为中国戏曲是"剧诗",是"舞台演出的诗"①;施旭升(1964—)先生则站在中国戏曲发生的源头提出中国戏曲"乐本体"说,这个"'乐',并非现代意义上单纯的

---

① 朱颖辉. 张庚的"剧诗"说 [J]. 文艺研究,1984(1). 安葵. 张庚剧诗说与中国戏曲体系 [C]// 张庚阿甲学术讨论文集. 北京:中国戏剧出版社,1992.

'音乐',而是原初意义上与中国古典艺术种系发生相关的诗、歌、舞三位一体的'乐'"①。但从中国戏曲发展的历史来看,认为中国戏曲是诗(即文学)的观点占主流,并对中国戏曲发展产生重大影响。对中国戏曲本体认识不清,给戏曲翻译带来各种问题:一是戏曲翻译内容的缩减,如最初欧洲传教士和外商的戏曲翻译,把古典戏曲中唱与舞的部分直接略过,仅翻译唱词和说白部分,这种做法的直接后果就是戏曲内容翻译的不完整;二是对戏曲翻译性质的认识不清。中国戏曲艺术是一种融多种艺术形式于一体的综合性艺术,载歌载舞是其根本。所以,其文学部分无论采用何种方法都是可以翻译的,但歌舞部分却是不可译的。这是中国戏曲不可译性的集中体现,而这种不可译性,正是由中国戏曲乐本体决定的。

所以,我们在进行戏曲翻译之前,应该首先要对中国戏曲本体做一下认真的考察与反思。正确认识中国戏曲本体是戏曲翻译活动展开的前提。

3. 戏曲翻译范围的狭窄

从中国戏曲发展的历史来看,中国戏曲艺术的真正成熟是从南戏开始的,接着是元曲,再到昆曲,最后是京剧,可以说不同时代有不同的戏曲艺术的产生;从中国戏曲艺术的类型看,有京剧、昆曲、越剧、梆子、坠子、豫剧等多种。

但回顾戏曲翻译的历史,我们可知,大量的戏曲译本都是从元杂剧翻译而来,元杂剧成为戏曲翻译的重心和主要内容。原因是"欧洲'中国热'前后经历了百余年,由17世纪末兴起,18世纪达到高潮,18世纪末开始降温"②。"欧洲传教士带回大量的文献,记录'中国热'在欧洲的兴起,欧洲传教士、学者、外交官、商人积极投入中国研究、中文书籍的翻译活动,大量的译作得以在19世纪付梓"。而"在欧洲'中国热'时期出版的中国戏曲译本多以元曲为主,接近84%的译本原文是元曲杂剧。此外,传教士在16—18世纪对中国的研究和翻译、原剧本的大量引入,18世纪欧洲学者对中国学的热忱,都

---

① 施旭升. 情境与意象 [M]. 北京:中国文联出版社,2016:135.

② 许明龙. 欧洲十八世纪中国热 [M]. 北京:外语教学与研究出版社,2007:215.

有助于元曲在欧洲的传播。由于当时欧洲人接触到的中国剧本主要是广泛流传的元杂剧结集，所以译作也是以元曲居多"[①]。就这样，元曲翻译成为戏曲翻译的一个传统，无论中外，无论在戏曲翻译之初还是现在，元曲都是戏曲翻译的一个重点。尽管大量的元曲翻译，让那些著名的元曲作品如《赵氏孤儿》《汉宫秋》《西厢记》等在节译、选译、重译的过程中成为经典，但同时也带来对其他历史阶段的戏曲艺术的忽略，如宋代的南戏、清代的京剧等，这对戏曲翻译而言也是一种缺失和不足。

从戏曲的种类上而言，戏曲翻译集中在对昆曲和京剧的翻译上，而对豫剧、梆子、越剧、坠子等戏曲的翻译较少涉猎。昆曲和京剧自是中国戏曲艺术的高峰和代表，但绝不是中国戏曲艺术的全部。

从戏曲外译的语言种类上来看，由于法国传教士把中国书籍大量引入法国，所以法国成为"中国热"的中心地带，法语也因此成为戏曲翻译的主要语言。尽管戏曲翻译始于法语，但随着戏曲艺术在英语世界的频繁演出和传播，随着英语世界的学者和汉学家对中国戏曲的不断关注，加之英语是世界上使用最广泛的语言，戏曲的英语翻译呈后来者居上的态势，所以英译戏曲作品和翻译家层出不穷，仅一部《西厢记》的英译本就不胜枚举，如熊式一版(*The Romance of the Western Chamber*, 1935 年)，奚如谷版(*The Moon and the Zither: The Story of the Western Wing*, 1991 年)，许渊冲版(*Romance of the Western Bower*, 1992 年)等。随着对外开放的程度的扩大，中外戏剧文化交流也逐渐频繁，戏曲翻译中不仅英译版逐渐增多，日译、韩译也逐渐增多，但英译、法译仍是主流，德语、俄语、意大利语、拉丁语、葡萄牙语等在戏曲翻译中所占的比重并不高。

戏曲翻译，从对元曲的过分偏爱、对昆曲和京剧翻译的热衷，以及法语和英语使用的频繁，在一定意义上，都会形成戏曲翻译范围的狭窄。这也是当下戏曲翻译的困境之一。所以，从整个中国戏曲史出发来进行戏曲翻译，从丰富和完整戏曲类型出发进行戏曲翻译，从多种语言出发来进行戏曲翻译是改变戏曲翻译范围狭窄的主要路径。

---

① 魏城璧，李忠庆. 中国戏曲翻译初探 [M]. 南京：南京大学出版社，2012:58.

4. 戏曲翻译研究的不足

关于戏曲翻译的研究问题,国内外的研究情况主要分为下面几类:一是关于译著的文本研究。如英译版《西厢记》的研究,如赖文斌的《元杂剧〈赵氏孤儿〉在18世纪英国的译介与传播》的研究等,这种研究通过细读的方法来探究中国戏曲中传达的文化问题、艺术问题以及社会问题等;二是关于译者的研究。在戏曲翻译的历史进程中,不仅出现了一批优秀的译著,而且出现了一批杰出的译者,如儒莲、雷威安等,所以在戏曲翻译的研究中出现了一批关于译者的翻译思想、翻译方法等方面的研究著作,如陈思思的论文《施高德与中国戏曲》、钱灵杰的论文《德庇时中国古典戏剧英译的社会学解读》;三是关于译著的传播学研究。戏曲翻译的目的就是实现戏曲的海外传播以扩大戏曲存在,所以戏曲译著的传播学研究也是戏曲翻译研究的题中之义,如山人《中国古代戏曲的海外传播》、王丽娜的《中国古典小说戏曲名著在国外》;四是关于戏曲翻译方法的研究,如李声凤的《中国戏曲在法国的翻译与接受》、曹广涛的《英语世界的中国传统戏剧研究与翻译》等;五是关于戏曲翻译的文化研究,如肖俊一的《中国戏曲的文化阐释与翻译》、熊贤关的《戏曲翻译:交流、转化与回应》等。

从戏曲翻译的研究现状来看,主要涉及译著的文本研究、译者研究、传播研究、译法研究与文化研究这五大研究方向,且这五大方向的研究成果也的确为推动戏曲翻译的实践发展与理论发展做出了贡献。戏曲翻译的成就是瞩目的,但问题和困境也是不可忽视的,尤其在对戏曲翻译本体认识的缺失上。戏曲翻译发展至今,已有近300年的历史,但依旧没有形成一种完备、健全、系统的戏曲翻译的理论研究体系,而是始终围绕其外延徘徊,所以建立一种完整的戏曲翻译研究体系是当前戏曲翻译研究的当务之急。

建立完备的戏曲翻译研究体系,首先应该明确戏曲翻译的内涵和本质,总结其类型、功能和价值;通过梳理戏曲翻译的发展历程,对其做一番规律性总结与反思,从而发现戏曲翻译的成果在"他者"文化语境下的存在形态与存在问题,建立戏曲翻译的意义体系,并提出解决戏曲翻译中所存在问题的解决方案,指明未来戏曲翻译未来的发展方向。

总结起来，戏曲翻译研究，一是侧重对戏曲翻译的经验总结，二是要对戏曲翻译进行反思与批判，三是指明对未来戏曲翻译道路的发展方向。

戏曲翻译的实践活动应与其理论研究活动协调发展，戏曲翻译活动为其理论研究活动提供丰富的内容与资料，而理论研究工作可以从经验总结与反思的角度对戏曲翻译实践活动进行指导和批判，二者协调发展，缺一不可。所以，目前戏曲翻译研究处于一种边缘状态，这是戏曲翻译的主要现状。

二、关于未来戏曲翻译建设的思考

从以上论述可知，戏曲翻译在当下的发展中面临着专业的戏曲翻译人才的缺失、戏曲翻译范围狭窄和对中国戏曲本体认识不清与戏曲翻译理论研究不足的困境，而对这些困境将如何解决呢？

1.“大演员”的参与意识

戏曲翻译的本质在于戏曲解释，其关键在于戏曲翻译人才即戏曲译者。译者素养与水平的高低决定着戏曲解释的充分与正确与否。但最完美的戏曲解释者却不是从事戏曲文本翻译的译者，而是戏曲演员，尤其是优秀且著名的戏曲演员——“大演员”。按照米·杜夫海纳（M. Dufrenne，1910—1995）的观点，“表演就是解释。也就是说，真实性在表演以前并没有固定下来”[①]。这里，杜夫海纳所说的真实性是表演存在的真实性。同样，戏曲作为一种舞台表演艺术，其存在的真实性是需要演员的表演来达到和完成的，演员的表演就是在解释戏曲文本。只是二者的解释方式不同，一是从身体出发来进行戏曲解释，一是通过语言转换来进行解释，但比起戏曲解释的效果，戏曲演员的解释更显生动形象且直观易懂。尤其是“大演员”的表演，其训练有素的身体让这种解释更加直击人心，同时“大演员”广泛的影响力也更有助于戏曲传播。

---

① 米·杜夫海纳．审美经验现象学 [M]．韩树站，译．北京：文化艺术出版社，1996:49.

"大演员"的说法出自叶秀山(1935—2016)先生《古中国的歌》,叶秀山从作为知识分子观众的角度,提出"希望出大演员,希望出大评论家"的要求。因为像梅兰芳、周信芳这样的大演员"是不可抗拒的,无论中外,无论懂戏还是不懂戏、喜欢还是不喜欢戏,你只要看他们的戏,就还想看,看多了,不喜欢的也就喜欢了,这就是不可抗拒"[①]。这就是说,"大演员"的戏是没有中外界限的,是跨地域、跨种族的。所以,从这个意义上说,梅兰芳、周信芳不仅是中国的也是世界的。同时也说明,在大演员的表演面前,一切翻译和解释都是苍白无力的。

中国的戏曲艺术是乐本体,是一种诗乐舞一体的综合性的舞台表演艺术,所有的表演都系在演员的身体表演上,所以演员的表演是对戏曲剧本的一种诠释,剧本消失在演员的身体表演之中。为了将剧本解释得充分且精彩,戏曲演员需要通过多年的苦练才能实现身体的训练有素,才能通过身体达到对文本符号的正确传达。"大演员"的不可抗拒性就建立在其身体对戏曲文本的正确解释和精彩传达上,这才是让戏曲观众必须看戏的根本原因。

我们的戏曲翻译活动也要提倡"大演员"的责任意识,一是因为中国传统戏曲艺术不是导演艺术而是演员艺术,戏曲表演的精彩和成功与否都系在演员身上,演员承载着解释戏曲文本的功能,在这个意义上,戏曲演员也是戏曲译者;二是"大演员"的影响力。戏曲翻译本质是戏曲解释,但目的是扩大戏曲传播,提升中国戏曲的影响力。"大演员"的不可抗拒性正是提升戏曲影响力与传播力的重要因素;三是"大演员"的文化自信意识。中国戏曲的海外表演自南宋就已发生,但中国戏曲真正得到世界认可并产生重大影响却一直到现代——梅兰芳的出现。梅兰芳作为"大演员",在1930年访美和1935年访苏的活动中,证实了"大演员"的文化自信让中国戏曲艺术不仅得到世界的认可,而且让中国戏曲成为西方戏剧学习的对象与反思的对象。也就是说,在"大演员"的努力下,中国戏曲艺术不仅是一种娱乐对象,而且是学术研究的对象;不仅是一种艺术,而且是一种文化。"大演员"这种文化自信,是通过自身表演让中国戏曲走出去,让海外观众接受中国戏曲,这比任

---

① 叶秀山.古中国的歌:叶秀山论京剧[M].北京:中国人民大学出版社,
2007:436.

何优秀的译者翻译的中国戏曲都更直接、更形象、更生动。所以,在戏曲翻译中也是需要"大演员"的责任意识的。

2. 表演与译本互为补充

戏曲翻译分为文本翻译、表演翻译和戏曲研究。尽管我们强调大演员在戏曲翻译活动中的责任意识,但文本翻译于戏曲翻译而言同样是十分重要的。戏曲翻译作为一种戏曲解释活动,需要多种多样的解释行为来构成对中国戏曲这一理念的解读和诠释。

"大演员"的戏曲表演作为对戏曲文本的解释,是免去观众阅读的辛苦,而直接将中国戏曲艺术作用于观众的审美视听。但"大演员"的这种海外表演仍有问题和不足:一是海外戏曲表演的短暂性和稀有性,海外戏曲表演不是经常发生的活动,常常有时间限制、地域限制和经费限制,且考虑到海外观众的接受能力也有一定的剧目限制;二是早期的海外戏曲表演因为没有录音、录像这种机械复制技术是很难保存的,所以这种表演是不能经常被感知和反复欣赏的。但中国戏曲艺术却不是一次性就可以把握和理解的艺术形式,是需要反复感知和体验的。因此,戏曲的文本翻译就显得尤为重要和必要了。

戏曲译本作为解释戏曲的一种方式,内含译者的戏曲观和审美体验,它与戏曲表演一起构成戏曲理解的一种方式。此外,戏曲译本不受时间、地域等因素的限制,不仅可以成为娱乐休闲的一种方式,而且可以作为案头之物随时拿来阅读和研究,这也是其可以广泛传播的原因所在。

所以,戏曲翻译活动可以寻求戏曲表演与戏曲译本的互补协作,一是戏曲表演可以对译本中未能达到的解释做一番补充和说明;二是戏曲译本可以对戏曲表演做一番审美体验的记录和评价。这样,则会形成集感性体验与理性思辨于一体的完整且准确的戏曲解释。

3. 高校与学者的学术支持

随着中国学科体系建设的完备,戏曲不再仅作为一门艺术,是人们欣赏娱乐的对象。它作为一门学科,即戏曲学也是科学研究的对象;同样,翻译也不再仅仅作为一门技术出现在人们的生活之中,而是随着语言学的发展和进步逐渐成为一种专业的学科,成为人们学习和研究的对象。值得关注的是,随着对外开放步伐的加快,中国的高校教育也在不断地寻求中外合作与交流,落实在戏曲翻译活动上,里昂中法大学(Institut franco-chinois de Lyon)为戏曲翻译在才建设上做出了突出贡献。里昂中法大学创建于1921年,是中法教育合作的光辉典范,在中西交流史中仅此一例。从戏曲翻译的角度来看,里昂中法大学的贡献体现在:一是培养了很多从事戏曲翻译的人才。在20世纪出现的《西厢记》节译本中,译者曾仲鸣(1896—1939)、徐仲年(1904—1981)和沈宝基(1908—2002)都曾在法国里昂大学留学并获得博士学位,以中国文学作为博士论文的研究方向,向法语读者译介中国文学作品,传播中国文化,并取得了很大的成就,如曾仲鸣的《中国诗歌史论》和沈宝基的《西厢记》均为二人的博士论文;二是成为法国汉学研究的基地。里昂大学的著名教授莫里斯·古兰[①]就曾指导过曾仲鸣、沈宝基等人的博士论文;校刊《里昂中法大学季刊》中常发表汉学文章,作者既有中国学生,也有伯希和、葛兰言等法国汉学家"[②]。因此,中法里昂大学除了是培养戏曲翻译人才的摇篮,传播中国文化的阵地,也间接成为法国汉学研究的基地,成为中法文化交流的重要场所。依托大学的学术资源与优秀的学术人才,这是戏曲翻译可以取得重大成就的根本原因。

从戏曲翻译的历史来看,从事戏曲翻译的有三类人:一是传教士、外商、外交官;二是欧洲学者和汉学家;三是中国学者和汉学家。从戏曲翻译所取得的成就来看,学者和汉学家取得的成就最大,我们从历史上出现的众多的经典译著可以看出来。为什么呢?因为这些学者,一是具有良好的中国文化素养,如儒莲、熊式一,对中国文化持有一种温情和敬意,这成为他们从事戏曲翻译的基础和动力;二是对本民族文化有着深刻的把握与清醒的认识,所以熟悉戏曲译著的未来接受者的审美习惯和审美需求,如杜为廉、哈特,他们在进行戏曲翻译之前就预设了理想的读者;三是具有专业的翻译能力和语言能力,很多成功的戏曲译者都有着专业的语言能力甚至有着丰富且深厚

---

① Maurice Courant(1865—1935),法国汉学家,里昂大学中文教授。
② 张西平.在交流中展开中法教育合作的历史[N].中华读书报,2014-10-24.

的翻译经验,如熊式一早在留学英国之前就翻译了很多外国戏剧作品,这成为他戏曲翻译的宝贵经验;四是具有思辨能力。学者不同于一般译者的地方主要在于思辨能力,这种思辨能力运用在戏曲翻译的活动中体现在,不仅可以对本民族文化有着清醒的认识和理解,同时对戏曲翻译本身就有着理性的思考,这种认识和思考会在戏曲翻译过程中形成准确的判断,如在遇到中国文化负载词时是选择直译、意译还是零译等这些都是译者的判断力的体现,这对于戏曲译著的读者而言是非常关键且非常重要的;五是学者具有严谨认真的学术品格和探索精神。学术精神是科研精神和探索精神。那些在戏曲翻译上取得重大成就的学者,无一例外地都有着严谨认真的学术品格和探索精神,如奚如谷、许渊冲,这些学者之所以可以拿出经典的戏曲译著,与他们的严谨态度、探索精神分不开;六是学者是中国高校学术资源的建设者与拥有者,所以他们可以借助高校优秀的学术资源来进行戏曲翻译活动,这也是他们可以成功的一个资源保障。

另外,学者一般都持有开放的学术态度。这种开放的学术态度体现在,一是寻求与戏曲演员的合作,如熊式一在导演京剧《王宝钏》的时候,就专门邀请梅兰芳奔赴英国亲自指导化妆和舞台布置方面的技术问题。这种跟戏曲演员进行交流和学习的开放态度也是戏曲译者可以成功的原因之一;二是寻求与"大评论家"的合作,关于"大评论家"的问题也是叶秀山先生在《古中国的歌》当中提出来的。他是从如何培养观众的角度来谈这个问题的:"怎样培养观众呢? 当然首先得靠演员本身,然后还要看理论,靠评去引导观众,提高观众的兴趣和理解力。"[1] 所以戏曲译者寻求与大评论家的合作也是培养译著读者的一个有效途径;三是寻求与海外学者的合作。中外学者合作的情况在戏曲翻译活动中是很常见的,如在奚如谷和伊维德(Wilt L. Idema)的通力合作下就产生了《西厢记》的合译本,赖恬昌(T. C. Lai)和加马雷基安(S. E. Gamarekian)在密切合作下也出现了以 The Romance of the Western Chamber 为名的《西厢记》的英译本。可以说,真正的学者不仅是知识的保存者和学习者,更是通过学习和保存来创造知识的人。

---

① 叶秀山. 古中国的歌:叶秀山论京剧 [M]. 北京:中国人民大学出版社,2007:437.

4. 戏曲翻译与研究的协同发展

完整的戏曲翻译活动应该是由戏曲翻译的实践活动与戏曲翻译的理论研究共同构成,但当前的问题是戏曲翻译的理论研究滞后于其实践活动的发展。尽管也有人涉及戏曲翻译的研究,但是大都是在其外围徘徊,并未涉及戏曲翻译的本质问题。那么应该如何改善戏曲翻译研究滞后的问题呢?

首先,戏曲译者不仅要有翻译意识还要有反思意识。戏曲翻译的译者一般都是汉学家或学者,这种学者身份是戏曲翻译专业化、规范化和准确化的一个保证。作为一个从事戏曲翻译的译者,不仅要有专业的翻译技能和深厚的戏曲知识,而且要有问题意识与反思意识,这是推动戏曲翻译进步的主要动力。这种反思意识和问题也是戏曲翻译理论建设的保障,是戏曲翻译研究的基础。可以说,戏曲译者不仅是戏曲翻译的实践者,而且是戏曲翻译的研究者。

其次,戏曲评论家也要对戏曲翻译给予一定的关注。中国戏曲艺术的存在方式有文本存在、表演存在与研究存在。戏曲翻译是中国戏曲艺术实现其自身存在的一种新方式,所以,戏曲翻译作为一种戏曲存在,也理应受到戏曲评论家的关注。戏曲评论家在戏曲的发展中富有解释戏曲和引导观众、提高观众兴趣和理解力的责任。戏曲翻译活动的实质就是用其他语种来描述戏曲存在,这种描述的准确性和地道性都是需要专业的戏曲评论家来检测和批判的,在这一意义上,戏曲评论家负有评判戏曲翻译正确与否的重要职责。

再次,翻译家对戏曲翻译的批评建设。根据翻译的种类,有宗教翻译、法律翻译、文学翻译等多种存在,戏曲翻译作为一种新的翻译内容自然也是翻译研究的对象,且戏曲翻译的出现也对翻译理论的发展提出新问题和新挑战,所以戏曲翻译理应成为翻译家的关注内容。翻译家应运用翻译原理和方法对戏曲翻译进行批评和研究,这对戏曲翻译的发展而言不仅是必要的,而且是非常重要的,直接关系着未来戏曲发展的命运。

最后,高校对戏曲翻译研究的重视。高校是学术资源和学科建设的重地,尤其是艺术类高校和综合性高校,戏曲艺术和翻译学科都是其发展和建设的内容。无论从推动传统文化艺术的建设，还是促进翻译学科的进步，高校都应该重视戏曲翻译研究的发展。这种重视不仅是促进高校学科发展、学术发展和人才培养的一个契机，而且也为戏曲翻译的发展提供了学科、学术以及人才上的帮助，是戏曲翻译得以发展和进步的一个有力保证。

Reconsidration on the dilemma and construction of Chinese Opera translation

Zhang Liqun

Abstract: In the long history of cross-cultural Chinese Opera translation, there have been many problems and difficulties, such as the lack of Chinese Opera translators, the insufficiant understanding of opera itself, the single type of opera translation and the lack of Chinese Opera translation research.In the face of these problems, we have made the following reflections on its future development and construction.First, it should emphasize the sense of responsibility of excellent Chinese Opera actors, whose superb artistic skills can explain the opera incisively and vividly, and at the same time, its extensive influence also contributes to the spread of Chinese Opera.Second, it should advocate the coordinated development of opera performance and Chinese Opera translation, so as to achieve a complementary and mutual interpretation effect.Third, relying on the academic support of universities and scholars, cross-cultural opera translation should enter a more professional and standardized development stage.Fourth, it should advocate the coordinated development of cross-cultural Chinese Opera translation and research activities, so as to achieve more effective promotion and deeper understanding.In this way, the future cross-cultural Chinese Opera translation should usher in new opportunities for development and achieve more academic results.

Key words: Chinese Opera translation, Dilemma, Future trend, Translation talents

天主教士与中国戏曲的早期接触[①]

廖琳达[②]

摘要：明代中叶以后，欧洲传教士陆续进入中国，这些拥有较高文化修养的天主教士接触到与西方戏剧完全不同的中国戏曲，在其文字里留下了记载，这是欧洲人直接接触中国戏曲的最早文献。本文搜集了克鲁士、拉达、门多萨、利玛窦、阿科斯塔等传教士的戏曲记述，结合当时戏曲状况做出判断分析，从而探究西方人早期的戏曲观照及其着眼点。

关键词：天主教士　中国戏曲　文化接触　印象与观念

明朝中叶以后，欧洲进入地理大发现时代。通过航海，欧洲人发现了美洲、印度、大洋洲，还有中国，欧洲与中国的丝绸、瓷器、茶叶、漆器贸易开始在新的平台和更广泛的范围进行，随之而来的是天主教传教士们的深入。此时明朝廷实行禁止一切外国人进入的海禁政策，这反而激起了传教士迫切进入这片神秘大陆传教的欲望。1553 年，葡萄牙人取得中国澳门的居住权。1571 年，西班牙占领菲律宾马尼拉，欧洲教士们开始以马尼拉和澳门为据点，逐步深入中国内地，初期还只是短暂停留，后来逐渐形成定居并建立起中国教区。来华的天主教士通常都有较高的文化修养，虽然他们不是艺术家和艺术研究者，但在关注中国文化的同时也会接触到中国艺术，因而记录了一些关于中国文学、音乐、绘画和戏曲的观感。当时中国民间尤其是早期传教

① 本文为北京外国语大学双一流建设重大项目"中国戏曲海外传播：文献、翻译与研究"（项目批准号：2020SYLZDXM036）阶段性成果。

② 廖琳达，北京外国语大学国际中国文化研究院比较文学与跨文化研究专业博士研究生。研究方向：海外中国戏剧研究。

士所到达的南方,流行的主要是南戏不同声腔的演出。传教士们看到了演出,在笔记里留下了偶然的记载和褒贬不一的评论,这些笔记应该是欧洲人直接接触中国戏曲的最早文献。

一、克鲁士的戏曲接触

明嘉靖三十五年(1556 年),葡萄牙多明我会士加斯帕·达·克鲁士(Gaspar da Cruz,？—1570)参加一个考察商队前往调研中国的瓷器、丝、茶等的生产机制,曾在广州盘桓一个月左右,回国后根据自己的经历和部分根据盖略特·伯来拉(Galeote Pereira,1534—1562) 的著述,写出了《中国志》(*Tractado em que côtam muito por estēso as cousas da China*,1570 年),成为欧洲第一本比较全面介绍中国的专著。克鲁士在《中国志》里较为详细地描写了中国的新年戏曲演出以及器乐合奏表演,并且有简单的评论:

老百姓都过的大节,主要是新年的头一天,街道和门口都布置堂皇,他们主要极力修饰牌坊,给它挂上很多绸料及别的丝料,点上许多灯笼。演奏各种乐器,唱歌,同时准备了丰富的种种肉食,充足的酒水。他们表演很多戏,演得出色,惟妙惟肖,演员穿的是很好的服装,安排有条不紊,合乎他们表演的人物所需。演女角的除必须穿妇女的服饰外,还涂脂抹粉。听不懂演员对话的人,有时感到厌倦,懂得的人却都极有兴致地听。一整晚、两晚,有时三晚,他们忙于一个接一个演出。演出期间必定有一张桌上摆着大量的肉和酒。他们的这些演出有两大缺点。一个是,如果一人扮演两个角色,非换服装,那他就当着观众面前换。另一个是演员在独白时,声音高到几乎在唱。有时他们到商船上去演出,葡萄牙人可以给他们钱。

他们用来演奏的乐器,是一种像我们有的中提琴,尽管制作不那么好,有调音的针。另一种像吉他,但要小些,再一种像低音提琴,但较少。他们也用洋琴和三弦琴,有一种风笛,和我们用的相仿。他们用的一种竖琴,有多根丝弦。他们用指甲弹,因此把指甲留长。他们弹出很大的声音,十分和谐。有时他们合奏很多种乐器,四声同奏发出共鸣。①

如果说克鲁士称中国的戏曲演员"演得出色,惟妙惟肖",还只是一般印象式的评价,那么他还专门提到"演员穿的是很好的服装,安排有条不紊,合乎他们表演的人物所需",这个见解就十分珍贵。在 17 世纪的欧洲,戏剧演出尚不按照人物的生活装扮穿衣,如女性角色通用抛袖翘臀贵妇装。所以,克鲁士特意指出中国戏曲是演什么人穿什么人的衣服。克鲁士还观察到戏曲角色饰演女性时的涂面化妆:"演女角的除必须穿妇女的服饰外,还涂脂抹粉。"作为一个语言不通、欣赏习惯也极为不同的欧洲人,克鲁士没有先入为主地用自己对戏剧的直观感受作为衡量演出效果的标尺,而是客观、细致地观察中国观众的反应:"听不懂演员对话的人,有时感到厌倦,懂得的人却都极有兴致地听。"这种初步接触异质文化时所表现出的尊重态度,体现了克鲁士的平等意识。当然,克鲁士也从自己的观念出发,指摘中国戏曲的所谓"缺点":"他们的这些演出有两大缺点。一个是,如果一人扮演两个角色,非换服装,那他就当着观众面前换。另一个是演员在独白时,声音高到几乎在唱。"这是今天所见到的最早触及东西方戏剧观差异的评论。角色当场改换服装而变更人物是中国戏曲的一个特征,宋杂剧和早期南戏《张协状元》里都是如此,而演员念韵白时声音较高也是戏曲的一个表演特色。因为不同于欧洲戏剧的演法,克鲁士觉得难以接受。除上述文字之外,克鲁士在后面还提到一个情况:"有时他们到商船上去演出,葡萄牙人可以给他们钱。"寥寥两句,透露了当时还有更多葡萄牙人花钱观看中国戏曲演出的事实。

作为一个有相当音乐修养的神父,克鲁士对于中国乐器的描述和对中国器乐演奏的观察就更加珍贵。他两次提到器乐演奏的"四重合奏",指出声音效果"十分和谐",并且观察到合奏时乐器是次第发声的。尤其是他用赞赏的态度谈到了与当地音乐青年的一次充满理解与友谊的交流,这可以看作是中欧民间音乐最早友好交流的生动实例:

---

① 克鲁士.中国志[M]//博克舍.十六世纪中国南部行纪.何高济,译.北京:中华书局,1990:143.

碰巧一个有月亮的夜晚我和几个葡人坐在我们馆舍门前河边一条板凳上,几个青年正驾艇在河上游玩,弹奏各种乐器。我们喜欢音乐,就派人去请他们上我们这儿来,那我们好邀请他们。他们是豪爽的青年,乘艇驶向我们,开始调拨他们的乐器,直到我们高兴地发现他们调配到没有杂声。开始演奏时,他们并没有同时弹奏,而是一个人演奏下去由另一个人参加进来,音乐中表现出很多分段,有停的,有弹奏的;大部分时间他们是四重合奏。合奏的是两把小次中音琴,一把大上次中音琴,一把配合其他乐器的竖琴,有时一把三弦琴,有时一把高音洋琴。同时他们熟练地演奏不超过两首曲子,致使我们还想再听。我们请求他们第二天再来演唱,而他们尽管答应,却没有来。但有一个早晨,天刚亮,他们带着同样的乐器来为我们唱晨曲,因此没有完全令我们失望。①

克鲁士在另一处记载里还提到中国的木偶戏:“中国人也采用机关操纵木偶进行表演,就像在葡萄牙,有些外国人把木偶带来挣钱,中国人为了同一挣钱的目的也这样做。”②可见16世纪时的葡萄牙就有“外国人”演出木偶戏,克鲁士应该见到过,因此当他在中国看到木偶戏时就产生了联想。

1555年、1556年数次进入广州的葡萄牙神父贝尔西奥(P. Belchior,1519—1571)所著《中国的风俗和法律》③里,也简略提到了中国人的新年演戏情况。他说:“每年正月初一,即基督教徒纪年耶稣受割礼的那一天,他们(指中国人)也举行盛大的欢庆活动,持续三天,每天日夜演戏。他们热衷于演闹剧,然后又吃又喝。在这三天里,他们习惯闭城欢庆,三天之内不开城

---

① 克鲁士.中国志[M]//博克舍.十六世纪中国南部行纪.何高济,译.北京:中华书局,1990:144.
② 克鲁士.中国情况介绍[M]//葡萄牙人在华见闻录.王锁英,译.海口:三环出版社,1998:112.译本出自卡斯特罗(A. P. Castro)整理的《游记》,1984年由波尔图雷洛兄弟出版社出版。
③ 《葡萄牙人在华见闻录》收录贝尔西奥此著,题为“一位在中国被囚禁六年之久的正人君子在马六甲神学院向贝尔西奥神父讲述中国的风俗和法律”。

门。"① 其中说春节连续三天吃喝唱戏，与克鲁士的《中国志》记载相同，而称中国人热衷于演"闹剧"，显然是一种误解，因为中国人节日期间演出的都是吉庆喜剧，以制造热闹、祥和的气氛。

二、门多萨、拉达等人的戏曲描述

1585 年，长期关注中国历史文化的天主教奥古斯丁会修士、西班牙人门多萨（González de Mendoza，1545—1618）应罗马教皇之命，依据当时的奥古斯丁会士拉达（Martín de Rada，1533—1578）、多明我会士克鲁士和方济各会士阿尔法罗（Pedro de Alfaro）、马丁·罗耀拉（Martín Ignacio Royola）的赴华行记，以及拉达在中国购买并在菲律宾译出的百余种书籍内容，并以其他传教士的报告、文件、信札、著述作为补充，撰写出版了《中华大帝国史》（*Historia del Gran Reino de la China*，1585 年），此书里面谈到了拉达神父在中国福建参加宴会时看到的戏曲演出：

> 宴会常有风趣十足的女人唱歌、击乐、讲诙谐逗笑的故事，给食客助兴，还有不少乐手用他们特有的乐器演奏乐曲，还有人翻跟斗，演生动活泼的滑稽剧……乐器有各种各样，仅拉达等奥古斯丁神父看到的就有六弦琴、吉他、竖琴、三弦琴、号、翼琴、竖琴、笛子和其他我们也使用的乐器，只是在形制上稍有变化，但让我们一眼就能辨认出那是什么乐器。声乐和器乐十分和谐，听来令人惊叹。一般说来他们人人都有一副好嗓音。节日期间他们还上演令人愉悦的滑稽剧，演员的演出十分自然，根据扮演的角色不同，服饰打扮也很恰如其分。②

门多萨神父并未到过中国，可以确定这里具体生动的场景描写，来自拉

---

① 贝尔西奥. 中国的风俗和法律 [M]// 卡斯特罗. 葡萄牙人在华见闻录. 王锁英，译. 海口：三环出版社，1998:17. 译本出自葡萄牙国立印书局暨货币之家 1989 年出版的《有关中国事物的报告——16 世纪的作品》一书。

② 门多萨. 中华大帝国史 [M]. 孙家堃，译. 北京：中央编译出版社，2009:94-95.

达神父的记述(但今存拉达《出使福建记》《记大明的中国事情》里都因记载过于简略而未见^①)。1574 年,潮州把总王望高奉福建巡抚刘尧海之命,率舰队到菲律宾追击海盗林凤,在那里的拉达征得王望高同意,曾作为使者进入福建,从泉州到达福州,但因中国人认为西班牙政治失信又将其遣返澳门。^②由于欧洲教堂里的唱诗班有用乐器伴奏唱圣歌和表演宗教剧的传统,神父们具备相应的音乐和戏剧知识,因而这里对演出的观察是细致的,尤其对乐器种类和演唱效果的描述具体而微。不像西方其他旅游者初始接触中国戏曲音乐和唱腔时,通常出于自身音乐审美习惯的差异而感觉难以接受,神父的音乐修养使他们能够从容接触并静心欣赏异质音乐和歌唱之美,并从技术角度来进行专业评判,例如"声乐和器乐十分和谐,听来令人惊叹"。对于所看戏剧形式和内容,文中没有具体描绘,只用了"生动活泼""令人愉悦"等词语来说明其感受与视听效果。

拉达神父到达中国的时间应该在明朝万历时期,当时中国官府宴会上经常有音乐和戏曲演出,例如明顾起元《客座赘语》卷九"戏剧"条说:"南都(南京)万历以前,公侯与缙绅及富家,凡有燕会小集,多用散乐,或三四人,或多人唱大套北曲。乐器用筝、秦、琵琶、三弦子、拍板。若大席,则用教坊打院本,乃北曲四大套者。中间佐以撮垫圈、舞观音,或百丈旗,或跳队子。后乃尽变为南唱……大会则为南戏。"^③这与拉达神父在福建见到的情形接近,也是宴会间表演器乐、戏曲和杂技助兴,乐器也有不少相同之处,各地民俗是相通的。拉达神父的记叙中还提到演员"人人都有一副好嗓音",明显不仅是指唱曲者,而且包括戏曲演员的演唱。拉达神父到达的福建地区,当时盛行的戏曲声腔和南京不同,南京演出的戏曲样式最初是杂剧,后改为南戏,而拉达神父所记叙的时间相当于顾起元所说的万历后期,因而表演的应该是当地的南戏分支泉潮腔,器乐演奏的乐曲则是南音。牛津大学龙彼得教授(Pier

---

① 拉达这两份札记收入《十六世纪中国南部行纪》。

② 马丁·德·拉达撰写有《记大明的中国事情》(*Relación de las cosas de China que propriamente se llama Taylin*),讲述了事情的前前后后。收入《十六世纪中国南部行纪》。

③ 顾起元. 客座赘语 [M]. 北京:中华书局,1987:303.

van der Loon,1920—2002）于 20 世纪五六十年代在欧洲图书馆发现的明版《荔镜记》《满天春》《钰妍丽锦》《百花赛锦》等书,都是这一时期泉潮腔和南音的曲本。只是作为初入中国的外国人,神父们学习的是汉语官话(这一点利玛窦曾提到①),他们可能连福建地方话都听不懂,更何谈听懂泉潮腔和南音,因而仅能做出"演员的演出十分自然"的评价。事实上,当时连中国其他省份的人都无法听懂闽南方言和曲调,例如万历三十年(1602 年)进士的谢肇淛《五杂俎》卷十二"物部四"里提道:"……至于漳(州)、泉(州),遂有乡音词曲。侏离之甚,即吾郡人不能了了也。"②鉴于 19 世纪后西方人普遍对于中国戏曲音乐难以欣赏的事实,神父们能够做出如此中肯的评价,已经是极其难能可贵了。这种态度大约和他们对于当时难以进入的中华帝国的文化有着热切向往有关,也和他们对一个自认为适宜于基督教传播的文明的憧憬有关。

书中另外四处则具体提到泉州知府和福建巡抚为拉达神父等人所办欢迎和告别宴会时的演出。泉州欢迎宴会上的演出情形是:"厅堂中间有一圆形的空地,在整个宴会期间那里都有人表演很有趣的滑稽喜剧。甚至宴会结束,喜剧还在继续。宴会中穿插着优美音乐,有人伴唱,还有小丑、木偶和其他表演,给客人助兴……宴会一般持续四小时。"③宴会上演喜剧、穿插木偶和其他表演,再次印证了前述事实。福建巡抚欢迎宴会的演出情形则是:

宴请一直持续到下午,其间歌手唱歌,乐手奏乐,乐器有六弦琴、吉他和三弦琴等,同时还有小丑表演以活跃气氛。表演结束,两位官员来到神父就餐的桌前,邀请他们第二天在同一个地方再来赴宴,神父表示同意。第二天的宴请比这天更加盛大……和第一天的宴会一样,这天

---

① 《利玛窦中国札记》第二卷第二章"耶稣会士再度尝试远征中国"里提到传教士到中国后,"第一件必须做的事就是学习中国语言……学习这种语言的官话,即在全国通行的特殊语……这种朝廷的或官方的语言……"见利玛窦.利玛窦中国札记(上册)[M].何济高等,译.北京:中华书局,1983:143.

② 谢肇淛.五杂俎[M]//明代笔记小说大观(二).上海:上海古籍出版社,2005:1762.

③ 门多萨.中华大帝国史[M].孙家堃,译.北京:中央编译出版社,2009:147.

也有音乐和轻喜剧及滑稽剧表演,还有杂技演员敏捷地翻着筋斗,既在空中翻,也在杠子上翻,杠子由两个人扛在肩上。滑稽剧开演前,他们通过通译向神父们讲解了内容,以便他们更喜欢该剧。情节如下:很久以前,有很多高大勇猛的武士,其中有三兄弟更为甚之,一个白脸,一个红脸,一个黑脸。红脸最为聪明机敏,他想让白脸兄弟为王。三兄弟全都同意这一决定,于是把当时的统治者 Laupicono 赶下台,夺得了王位。Laupicono 是个女气十足的荒淫无度的昏君。该剧演得十分精彩,戏装合乎人物的地位。①

这次记载的特殊性在于介绍了一部戏的情节梗概,神父们是通过翻译了解到的。从所述情节看,约为刘、关、张桃园三结义故事,神父所说的"三兄弟"或为结义兄弟,当时有南戏《桃园记》等演此情节。刘备、关羽、张飞在南戏演出中的涂面化妆,刘备是老生为素面(即拉达神父所说的"白脸"),关羽为红净涂红脸、张飞是黑净涂黑脸,今天见到梅兰芳收藏的明代戏曲脸谱里,关羽与张飞就分别是红脸与黑脸。只是"三兄弟"夺取王位的对象 Laupicono(统治者)是谁不明,从译音难以恢复原名。历史上刘备初次获取政权的对象是荆州牧刘表或荆州刺史刘琦,但神父所说情节与之不符,或许当时福州的地方戏对此有着不同的演绎,存疑。下面是福建巡抚告别宴会上的演出情形,同样简单描述了一部戏的剧情:

宴会的规模和方式与最初的宴请一样,只是这次,因是告别宴会,所以更加奢华。席间还表演了一个很好的喜剧,情节事先已经告诉了神父一行。说的是一个年轻人与其娘子不和,于是便决定去一个距他家不远国家打仗,他作战勇猛,国王犒赏了他。由于他的勇敢,就常让他作为首领去最危急的地方打仗。他仗打得漂亮,得到国王和大臣们的赏识,因此将他提升为大将军,在国王不在的时候,他有统领全国军队的权力,在法律上也有与国王一样的权力。战争结束,他想回国。回家后,国王

① 门多萨. 中华大帝国史 [M]. 孙家堃,译. 北京:中央编译出版社,2009:155.

赏了他三车黄金和很多其他无价的珍宝。带着这些东西他回到家乡，成了一个富甲一方而又诚实的人。剧演得生灵活现，服饰得体，人物栩栩如生，就好像身边发生的真事一样。①

从神父叙述的情节点来看，演的应该是苏秦的故事。苏秦是战国时期的纵横家，早年穷困潦倒，遭到妻嫂耻笑不礼，后游说燕、赵、韩、魏、齐、楚六国合纵成功，佩六国相印，指挥六国兵马共同抵御强秦，衣锦还乡时家人匍匐以迎，苏秦挥金赏赐亲友，事见先秦《战国策·苏秦以连横说秦》和汉代司马迁《史记·苏秦列传》。宋元明时期，苏秦的故事成为热门戏曲题材。依照明代徐渭《南词叙录》的记载，早期宋元南戏里有《苏秦衣锦还乡》一剧，今已失传。元杂剧里有《冻苏秦衣锦还乡》，被《元曲选》收录。明初苏复之有改编自宋元南戏的《金印记》传世，前面有苏秦为卖妻子衣服首饰凑盘缠出门导致夫妻反目的情节，后面有苏秦伐秦成功封六国丞相衣锦荣归的关目，与神父所述基本相合。考虑到当时福州演出的可能是地方声腔，例如福建古老的梨园戏里即有《苏秦》一剧，对南戏情节会有所改动，加之神父自己看不懂，只是听人介绍剧情，介绍者为了便于理解可能会有夸饰增减，神父得到的信息就会有些出入。

最后一场泉州知府告别宴会，书中只是简单提了一句"还有很多演出，一直持续了四个小时"②。而书中所引阿尔法罗神父的赴华行记里，还提到一次大街上演戏，十分有趣：神父们去往泉州知府衙门，"当时大街上有人在唱戏，听戏的人看见外国人，撇下演员，都跟着我们的人走了。"③当街演戏自然是在临建戏台上的演出，通常是为了贺节庆丰或红白喜事的目的，但看戏观众见到了难得一见的外国人，戏也不看就围观他们去了——神父的笔活画出了一幅风俗场景。

---

① 门多萨.中华大帝国史[M].孙家堃,译.北京：中央编译出版社,2009:163.
② 同①：165.
③ 同①：209.

三、利玛窦的戏曲态度

与门多萨不同,意大利耶稣会士利玛窦(Matheo Ricci,1552—1610)对戏曲持有自己的看法。1583 年利玛窦从澳门进入广东肇庆传教成功,又到浙江、南京、北京传教,最后落脚北京,站稳脚跟,建立起天主教会中国新教区。利玛窦在中国传教 28 年,开辟了基督教在中国的最初成果,写出著名的《利玛窦中国札记》(*Nicolas Trigault, Matteo Ricci, De propagatione Christiana apud Sinas*,1615 年)。虽然他经常与官府和士大夫相往还,常常参与他们的宴会,一定看了不少当时为士大夫阶层所爱好并日常享用的昆曲之类的演出,但他的札记里只见到一些简单的提及:一次在广东英德参加了县令宴请南雄同知王应麟的宴会,"席上有音乐舞蹈和喜剧,一直延续到第二天凌晨。"[1] 一次在山东临清参加了天津和临清税监马堂太监家里的宴会,"宴会上表演了各种喜剧节目。"[2] 一次参加外国人离境时北京官员为他们举行的欢送宴会,"有音乐和演唱以及喜剧表演"[3]。这些记载都是一带而过,没有褒贬和评论,但临清那次太监马堂安排的奢华演出里有特殊的戏剧形式,他因而专门记了一笔:"衣着华丽戴着假面具的巨人的哑剧表演真是独一无二,在剧场中有人替这些角色进行对话。"[4] 由于马堂用的是自己的家班演出,他花样翻新地弄出了这种戴面具巨人表演、他人念诵台词的哑剧形式,引起利玛窦的注意。另外利玛窦在介绍中国人宴会时提到演戏:"现在简单谈谈中国人的宴会,这种宴会十分频繁,而且很讲究礼仪。事实上有些人几乎每天都有宴会,因为中国人在每次社交或宗教活动之后都伴有筵席,并且认为宴会是表示友谊的最高形式……在进餐的全部时间内,他们或是谈论一些轻松和诙谐的话题,或是观看喜剧的演出。有时他们还听歌人或乐人表演,这些表演者常常在宴会上出现,虽然没被邀请,但他们希望照他们像往常一样得到客人的赏钱。"[5] 有宴会必演戏,这就是利玛窦的结论。但利玛窦对戏曲的

① 利玛窦.利玛窦中国札记(下册)[M].何济高等,译.北京:中华书局,1983:250.
② 同 ①:下册 392.
③ 同 ①:下册 416.
④ 同 ①:下册 392.
⑤ 同 ①:上册 68,71.

社会功用持否定态度,当他用一整段的篇幅评论戏曲时,出于神职人员的观念,他没有评价戏曲本身,却着力抨击戏曲为"帝国的一大祸害":

> 我相信这个民族是太爱好戏曲表演了。至少他们在这方面肯定超过我们。这个国家有极大数目的年轻人从事这种活动。有些人组成旅行戏班,他们的旅程遍及全国各地,另有些戏班则经常住在大城市,忙于公众或私家的演出。毫无疑问这是这个帝国的一大祸害,为患之烈甚至难于找到任何另一种活动比它更加是罪恶的渊薮了。有时候戏班班主买来小孩子,强迫他们几乎是从幼就参加合唱跳舞以及参与表演和学戏。几乎他们所有的戏曲都起源于古老的历史或小说,直到现在也很少有新戏创作出来。凡盛大宴会都要雇用这些戏班,听到召唤他们就准备好上演常演剧目中的任何一出。通常是向宴会主人呈上一本戏目,他挑他喜欢的一出或几出。客人们一边吃喝一边看戏,并且十分惬意,以致宴会有时要长达十个小时,戏一出接一出也可连续演下去直到宴会结束。戏文一般都是唱的,很少是用日常声调来念的。[①]

从利玛窦综述戏班足迹、演员来源、剧本内容、上演方式、表演形式的文字可以看出来,他对戏曲十分熟悉。利玛窦采取的合儒易佛的传教策略使他能够深入士大夫的生活之中,而明末正是士大夫间流行戏曲的时代,宴客、飨友无处不在演戏,利玛窦应该在与士大夫交往中看戏颇多,但他却从来没有像拉达神父那样具体谈论过剧情。这是由于利玛窦接受了正统儒人的观念,把中国人喜欢演戏看戏看成是"帝国的一大祸害",甚至认为没有任何一种活动"比它更加是罪恶的渊薮",他因而不屑于谈论戏曲,当然神职人员的职责和观念也限制他这样做。但利玛窦还是观察到了当时的戏曲生态状况,例如戏班和演员众多、全国各地都见到戏班在流动演出、都市里有许多对公众演出以及私家演出、百姓对戏曲的爱好程度超过了欧洲等。他还观察到演员

---

① 利玛窦.利玛窦中国札记(上册)[M].何济高等,译.北京:中华书局,1983:24. 其中"常演剧目"原译作"普通剧目",不通,据李声凤译文改(李声凤.中国戏曲在法国的翻译与接受[M].北京:北京大学出版社,2015:19.)。

自幼学戏、演出内容大多是历史剧、宴会上点戏、戏词很多是唱的而非念白等情况。利玛窦还特别谈到一次澳门戏曲演员到广东韶州演出的"反基督丑剧",他在大街上看到演出广告,上面绘制的图像大肆嘲弄葡萄牙人和基督教信徒,这使他非常生气,称之为"下贱的流氓",或许这就是他厌恶戏曲的主要原因吧:

> 下述事件就更讨厌了。有些演员从澳门来到韶州,在市集的日子里,他们绘制广告,并演戏挖苦中国人所看不惯葡萄牙人的每一样东西。他们画的一些东西庸俗不堪,这里且不说他们嘲弄葡萄牙人的短装来极力引起群众哄笑的情况,我们要谈一谈他们怎样挑剔那些归信基督教的人。他们画的人在教堂里数着念珠、皮带上挂着短刀,还画了难看的漫画:仅屈一膝跪拜上帝的人、互相斗殴的人、中国人所憎恶的男女混杂的聚会等等。这就是他们表演的题目,是他们演戏的基调,凡是他们认为可以嘲笑基督教的都应有尽有,一样也没有漏掉。然而,这些下贱的流氓无法摧毁基督教教义的威信,上帝同时就弥补了伤害。城里的官员们一致称颂基督教教义,戏子们到达之后不几天,使很多看到的人大吃一惊的是,就在他们表演反基督丑剧的同一条街上和同一个地点前面,龙华民神父碰巧遇上一位最严肃的官员,他走出轿子,用通常的礼貌的隆重仪式欢迎他。另一位官员在同一地点向神父致敬,陪着神父走过街道。

演出广告上画着葡萄牙人穿短装的丑态,还有信教中国人数念珠、挂西式短刀、单膝跪拜上帝、男女混杂、互相斗殴的种种画像,在利玛窦眼中,极尽讽刺挖苦之能事,"凡是他们认为可以嘲笑基督教的都应有尽有,一样也没有漏掉",利玛窦认为戏的内容一定和广告的倾向性一样。

这是利玛窦进入中国内地传教初期受阻停留韶州时发生的事,因而他在书中用了"更黑暗的韶州岁月"这样的标题。正是在这种挫折心态里,利玛窦看到了戏曲演员调笑捉弄西方人和基督教,不由不心存愤怒。因而,虽然利玛窦曾经邂逅了明万历年间中国最著名的剧作家汤显祖①，他却毫无知觉，没有在札记里提到一个字。

四、阿科斯塔的戏曲印象

拉达、门多萨、利玛窦等人对于戏曲的记述，以及众多耶稣会士向其上级的汇报和向其他耶稣会士的转述，使得欧洲的耶稣会传教士甚至一些教民首先得到了中国有戏剧的印象，这从下面的例子可以看出来。长期在秘鲁和墨西哥传教而从未到过东方和中国的西班牙耶稣会士阿科斯塔（José de Acosta，1539—1600），于1603年出版的遗著《美洲——新世界或西印度》（*America oder wie man es zu teutsch nennt die Niewe Welt oder West-India*）里，竟然谈到了中国戏曲。法国耶稣会士布吕玛（Pierre Brumoy，1688—1741）《古希腊戏剧》（*Théâtre des Grecs*）一书征引了阿科斯塔的说法："阿科斯塔提供的相关记述读来非常奇特。这位作者说：'中国人为演员准备了宽广舒适的剧场、华美的服装，戏剧表演日夜不停地持续上演十到十三天。中间人们可以吃喝、睡觉，然后回去继续演出，或是坐到台下继续观看。一切都不间断地进行着，直到观众和演员都对如此无休止的延续感觉厌倦了，他们才会最终不约而同地离去。'……此外他还补充说：'（中国戏剧的）主题完全是道德的，而古代英雄与哲人的例证更使这些主题得以升华。'"②事实上，阿科斯塔与在中国的利玛窦保持通信并热心参与中国之事，其最著名的事件就是1586年力图阻止西班牙耶稣会士桑切斯（Alonso Sánchez，1540—1593）上书

---

① 汤显祖万历二十年（1592年）春曾在肇庆（端州）写下《端州逢西域两生破佛立义，偶成二首》诗，其一有句"碧眼愁胡译字通"，明指金发碧眼的欧洲人。其二曰："二子西来迹已奇，黄金作使更何疑。自言天竺原无佛，说与莲花教主知。"徐朔方先生《汤显祖和利玛窦》一文（《文史》第12辑，中华书局1981年版）考证认为，"二子"即当时在肇庆的利玛窦和石方西（Francesco de Petris，1563-1593）神父。

② *Théâtre des Grecs, traduit par le P. Brumoy, t. I, Paris: C. I. B. Bauche et Laurent d'Houry, 1749:52-54.*（转引自李声凤. 中国戏曲在法国的翻译与接受 [M]. 北京：北京大学出版社，2015:13,14. 布吕玛引用阿科斯塔的材料系李声凤首次发现。）

西班牙国王菲利普二世对中国发动宗教战争。[①]阿科斯塔依据从其他耶稣会士那里得到的听闻所进行的描述,虽说不是亲见材料,却也大体符合明代万历年间的情形。元旦至元宵节期间,中国各地都有长达十数天的戏曲演出活动,一般在寺庙里,或者在城市广场上搭台。剧场是开放的,戏台两侧有舒适的看台、看棚供有身份的观众或女观众使用,周围有许多商贩售卖吃食。人们每天开锣就来看戏,散场则回家睡觉,次日接着来。当然,最终散场时间是事先约定而非临时厌倦了才决定。戏曲服装鲜艳靓丽,则是早期西方人接触戏曲后最常提到的事实,如克鲁士也提及。值得注意的是阿科斯塔评价了戏曲的内容,认为它表现英雄与哲人的故事,有道德追求,这是此前西方记载里所没有过的。这种主题认定体现了西方人的悲剧意识,也就是说,阿科斯塔听到耶稣会士们是这样议论中国戏曲的,认为它的演出内容类似于西方悲剧。

至于远在南美的阿科斯塔为什么能够听到关于中国戏曲的传闻,是因为西班牙1535年在墨西哥城设立新西班牙总督府,统一管辖美洲和菲律宾殖民地,在西班牙与远东之间建立了"西班牙—墨西哥—好望角—菲律宾"的固定航线。从西班牙起程前往远东的航船通常都先抵达墨西哥"新世界"殖民地,在那里休息、增加补给后再进行绕过好望角的航行,反之亦然。而派往远东的西班牙传教士也走这条航线,甚至许多人干脆就是直接从墨西哥派出。[②]

中国有类似于欧洲的戏剧演出艺术,这和耶稣会士在世界上任何其他地方都未见到的情形恰恰相反,因而引起他们的重视。这种认识,至少影响

---

① "作为西班牙在菲律宾政府的大使,这位西班牙耶稣会士(桑切斯)带着第一份对菲利普的新殖民地状况报告于1587年经由墨西哥回到了西班牙。这份报告的附件中有一份由桑切斯写的备忘录,建议菲利普派遣一支舰队来征服中国。在备忘录中,桑切斯列举了进行一场'正义战争'的原因。包括为了基督福音的传播和西班牙帝国的壮大。这份不寻常的文件招致了与桑切斯同会的西班牙籍耶稣会士阿科斯塔的强烈批判。"夏伯嘉.紫禁城里的耶稣会士[M].向红艳,李春园,译.上海:上海古籍出版社,2012.

② 沈定平.16—17世纪中国传教团与墨西哥教会的联系及其方法的比较研究[J].世界宗教研究,1999(3);张铠.中国与西班牙关系史[M].郑州:大象出版社,2003.

到耶稣会以下两种观念的积累和形成：一是把中国归为与欧洲一样的人类文明第一等级[①]，二是以之作为肯定耶稣会远东传教价值的砝码来对抗欧洲其他基督教派的批评与否定之声。这种认识也最终导致了18世纪神父翻译元杂剧剧本《赵氏孤儿》、杜赫德（Jean-Baptiste Du Halde,1674—1743）神父将其收入《中华帝国通志》介绍给欧洲这一极具深远意义的历史事件。

[①] 法国学者阿兰·米卢（Alain Milhou）的研究指出，阿科斯塔将属于欧洲之外的"新世界"的"野蛮人"分为三类。第一类人包括中国人、日本人，以及东印度的相当一部分人群。他们拥有法律、制度与令人赞叹的城市，尤其是，他们还懂得使用统一的文字。这些民族的文明程度实际上与欧洲人不相上下。第二类人包括南美洲的墨西哥人、秘鲁人等。他们的文明程度要低一个层次，还没有自己的文字，但已经有行政长官、城市、军事首领以及宗教信仰。而其余的民族属于第三类人，他们几乎不具备人的感情，与野兽更为类似，他们往往处于流浪状态，没有法律、契约，也没有国王和官员。（参阅 ALAIN MILHOU. Variations sur les thèmes du bon et du mauvais sauvage[M]. La conquête de l'Amérique espagnole et la question du droit, textes réunis par Carmen Val Julian. Lyon: Editions ENS, 1996: 49–64。转引自李声凤. 中国戏曲在法国的翻译与接受 [M]. 北京：北京大学出版社,2015:17.）

The Early Account of Chinese Theatre by Catholic Missionaries

Liao Linda

Abstract: After the middle of the Ming Dynasty, European missionaries began entering China. These highly educated priests saw Chinese theatre. Therefore, descriptions of Chinese theatre can be found in their writings, which are the earliest documents of European contact with Chinese theatre. The accounts of Chinese theatre from catholic priests Gaspar da Cruz, Martín de Rada, González de Mendoza, Mathew Ricci and José de Acosta will be presented in this essay. Moreover, the status of Chinese theatre, the early Western impressions and views of Chinese theatre, the way Westerners observed Chinese theatre, will be analyzed.

Keywords: Catholic Priests, Chinese Theatre, Culture Contact, Impressions and Views

试论 19 世纪元杂剧《庞居士误放来生债》在海外的译介 [①]

徐 爽 [②]

摘要：本文梳理了 19 世纪元杂剧在海外的译介。并以元杂剧《庞居士误放来生债》的英文、法文、拉丁文三个节译本，以及日文改编本为例，重点分析了不同语言、文化、译介动机的影响下，译者对元杂剧的译介呈现出多元化的面貌。通过这一个案研究，揭示 19 世纪元杂剧在海外的传播特点。

关键词：元杂剧 《来生债》 译介

18 世纪"中国热"渐渐隐去了光辉。19 世纪，中国小说戏曲被广泛译介到国外，呈现出一片欣欣向荣的景象，外交官、汉学家、传教士等都加入翻译的队伍中来。外交官的代表有英国的德庇时（J. F. Davis, 1795—1890）和小斯当东（G. T. Staunton, 1781—1859）。前者翻译了《老生儿》《汉宫秋》等元杂剧，后者在《异域录》中收录了《岳阳楼》《窦娥冤》等杂剧的英译文。法国汉学家儒莲翻译了《灰阑记》《赵氏孤儿》和《西厢记》等。他的学生巴赞于 1850 年出版了《元代：中国文学插图史——由元皇帝登基至明朝的兴立》[③]，第一次完整地译介了《元曲选》的 100 个剧目，除了介绍

---

① 本文系北京外国语大学"双一流"建设重大标志性科研项目"中国戏曲海外传播：文献、翻译、研究"（项目批准号：2020SYLZDXM036）阶段性成果。

② 徐爽，北京外国语大学国际中国文化研究院比较文学与跨文化研究专业博士研究生。研究方向：海外中国戏剧研究。

③ ANTOINE BAZIN. Le Siècle des Youên, ou Tableau historique de la littérature chinoise, depuis l'avènement des empereurs mongols jusqu'à la restauration des Ming[M]. Paris: Imprimerie Nationale, 1850.

剧情、评论以外，还对部分剧本做了大段的节译，甚至改编。①此后巴赞的译文多次被转译为其他语言。美国汉学家卫三畏(Samuel Wells Williams, 1812—1884)在《中国丛报》第 18 卷发表的 "The Compared Tunic a Drama in Four Acts" 就是转译自巴赞的法文版。德国翻译家戈特查尔(Rodolf von Gottschall, 1823—1909)在 Das Theater und Drama der Chinesen (1887)中，摘译了《合汗衫》《来生债》《㑇梅香》《窦娥冤》等剧，大多转译自法文版。英国牧师马礼逊(Robert Morrison, 1782—1834)编译的汉语教材中，有不少资料来源于元杂剧。意大利籍神父晁德莅(Angelo Zottoli, 1826—1902)编写的汉拉双语对照文化读本《中国文学教程》②第一卷中有一章题为 "杂剧" Dialogi Comici (喜剧的对话)，选译了《杀狗劝夫》《东堂老》《潇湘雨》《来生债》《薛仁贵》《马陵道》《冤家债主》七部杂剧，另一章 "才子" Descriptiones Romanenses (叙述性的故事)，选译了《琵琶记》和《西厢记》。晁德莅在 Dialogi Comici 的序言中提及这一章的元杂剧皆选自《元人杂剧百种》。七部杂剧在《中国文学教程》中的排列顺序也完全遵照《元人杂剧百种》的剧目排列。《琵琶记》和《西厢记》被列入《十大才子书》。《元人杂剧百种》和《十才子书》都是当时比较流行的印刷品。《中国文学教程》旨在帮助新来华的传教士学习汉语和中国文化，晁德莅有选择地翻译了上述剧目的部分段落。在节译时，晁德莅依据 "会话" 和 "喜剧" 两个原则，节译部分的戏剧场景涉及日常生活的方方面面，不仅可以学习口语，有助于汉语入门，甚至能够帮助新入华的传教士解决生活、工作中遇到的实际问题，提高交际能力。这些选段普遍带有喜剧色彩，增强了教程的趣味性，寓教于乐。1884 年，《中国文学教程》被授予金石美文学院(Académie des Inscriptions et Belles-Lettres)颁发的 "儒莲奖"。1891 年，宣神父 ③ (Charles de Bussy, 1823—1902)将《中国文化教程》第一卷翻译成法文，在巴黎出版。

---

① 节译的剧目有:《金钱记》《鸳鸯被》《来生债》《薛仁贵》《铁拐李》《秋胡戏妻》《倩女离魂》《黄粱梦》《昊天塔》《忍字记》《误入桃源》《抱妆盒》。

② ANGELO ZOTTOLI. Cursus litteraturae sinicae: neo-missionariis accommodatus[M]. Shanghai: Typographia Missionis Catholicae, 1879.

③ HENRI CORDIER. Bibliotheca Sinica[J]. Paris: Librairie Orientale & Américaine, 1906(3):1695.

如果说马若瑟翻译的《赵氏孤儿》打开了元杂剧走出去的大门，那么19世纪可谓元杂剧海外传播史上的一座高峰。

一、《来生债》的第一个西文译本

《庞居士误放来生债》，简称《来生债》。《元曲选》和《元曲大观》均作无名氏撰，《录鬼簿续篇》则将其列在刘君锡名下。[①]全剧共四折一楔子。楔子讲佛教居士庞蕴看到友人李孝先因欠债无力偿还而忧郁致疾，不但将债务一笔勾销，还给他本钱，李孝先遂痊愈。第一折庞居士可怜家中的磨工，给了他一锭银子，担心银子被盗的磨工却一夜未睡稳觉。第二折磨工把银子还给庞居士后，庞居士偶然听到家中驴马谈话，原来他们是因为上辈子欠了庞的债才转世为牛马来还债的，庞居士于是悟到家财是罪恶之渊。第三折庞居士将家私文书全部焚毁，金银珠宝沉到海底。第四折庞居士的女儿灵兆点化丹霞禅师，原来庞家四口均系神佛转世，功成行满，得道升天。

该剧貌似典型的佛教剧，劝人修佛行善，实则揭示了资本积累下巨大的贫富差距，底层民众生计困难等黑暗的社会现状，批判了金钱的罪恶，赞扬了济贫扶弱的慈善精神，同时宣扬了命运的不可抗拒性，表达了渴望实现人人平等、在物质和精神之间获取平衡等美好愿望，有着深刻的现实意义。正因如此，民间流传的多种戏曲都是据庞蕴的故事改编而成。比较著名的有清代孙埏的《两生天》传奇，又名《一文钱》，将明代徐复祚《一文钱》杂剧与《来生债》改编为一剧。《缀白裘》初集第三卷《舍财》、五集第三卷《烧香》《罗梦》均脱胎自《两生天》。但是元杂剧的魅力不局限在中国，1735年马若瑟节译的《赵氏孤儿》法文译文被收入《中华帝国全志》后，中国戏曲便开始了在海外的译介之旅。《庞居士误放来生债》最早被译介到海外是在19世纪。

1816年，马礼逊编写的汉语教材《中文会话及凡例》[②]第26课"Master

---

① 臧懋循，编. 王学奇，校注. 元曲选校注 [M]. 石家庄：河北教育出版社，1991:888.

② ROBERT MORRISON. Dialogues and Detached Sentences in the Chinese Language with a free verbal translation in English[M]. Macao: East India company's press, 1816.

and Beggars",讲述了一对穷夫妇唱曲请庞居士周济的故事。这段很有可能节译自《缀白裘》初集第三卷《舍财》。在《两生天》中,"舍财"位于"烧香"和"罗梦"之间,元杂剧《庞居士误放来生债》并无这一情节。但是考虑到《两生天》和《庞居士误放来生债》的关系,这篇 "Master and Beggars" 很可能是最早的《来生债》故事西文节译本。

马礼逊节译了《舍财》中【粉蝶儿】和【石榴花】之间的一段。《舍财》中,庞居士一出场唱了一段【粉蝶儿】,接下来是上场诗和自报家门,这些都被马礼逊略去。此外诸如"付扮跛足叫化上,众叫化全上"等舞台提示,穷妇人唱的【泣颜回】等曲词均被省略。念白基本上被完整地保留下来,只有【前腔】之前叔叔央穷夫妇唱曲这一段白中,嫂嫂向哑巴丈夫重复叔叔的话,以及三人通过对话寻找庞居士的住宅这部分被删去。经过马礼逊的节译和略译,折子戏摇身一变成了以慈善为主题的会话。从汉语教学的角度来看,这段会话主题鲜明,内容简明意了,逐字标注字音、字义同时配以整句翻译的方式,适应了初级汉语会话教材的需要。

二、最早的法文译本

1850 年出版的《元代:中国文学插图史——由元皇帝登基至明朝的兴立》中,巴赞按《元曲选》的顺序完整介绍了 100 个剧目。《来生债》(*Laï-seng-tchaï*)被译为 "Ou la dette (payable dans) la vie à venir"(来生要还的债务),标题后注释:"comédie bouddhique sans nom d'auteur"(佛教喜剧,无名氏著)。引言中巴赞分析了《来生债》主人公的形象,他认为这个人物集中体现了最严肃的和最荒谬的。庞居士坚定的信仰值得敬佩,但是虔诚到近乎迷信。一方面,他济贫扶弱,对欠债人、磨面工展现仁慈的一面;另一方面,他对妻子、儿女却缺少爱意,没有人情味儿。巴赞认为庞居士是佛教徒的典型。

巴赞高度评价了《来生债》的某些情节,比如庞居士让年轻的磨面工成为自由身,并给了他一笔钱,以及幸运之神(增福神)再次降临,承诺佛教徒的美德将得到回报。他认为 "Si les drames bouddhiques offrent des scènes qui nous touchent et nous attendrissent"①（这些佛教剧的场景让我们感动,激发我们的同情心）。也有一些情节让巴赞感到荒谬或难以理解,比如,马对驴说庞居士是前世的债主,自己为了偿还来生债才投生为马。灵兆点化丹霞禅师这一部分,也让巴赞感到奇怪。还有的情节受到了巴赞的批判,比如,庞居士焚烧了所有的债务文契和银票,还将大量珍奇异宝沉到海底。巴赞认为庞居士的做法牺牲了妻子、儿女的幸福,将他们置于悲惨的境地。

笔者认为,巴赞的分析是比较客观的。对佛教"转世轮回""因果报应""色即是空"等基本概念不甚了解,是造成他的困惑的主要原因。中国的观众赞扬庞居士追求"五蕴皆空",为佛教献身的同时,巴赞却从人性的角度出发,批评庞居士缺少"affection"（情感,爱）,为了修行佛道这个"一己之私",牺牲全家人在尘世的富贵生活。追求得道成佛,用"神性"取代"人性"与享受人性、享受今生今世的生活,哪个更有价值,是永恒的话题。

巴赞总结了佛教剧的特点。佛教剧总是伴随着奇迹,但是这种奇迹不同于《鲁斋郎》中两家人偶然在云台观相遇的那种奇迹,而是超自然事件,神参与到事件的每一个进程之中。例如,《来生债》第二折动物之间的会话,以及第三、四折。还有《任风子》《看钱奴》中的神迹。难能可贵的是,在评价佛教剧时,巴赞展现了其宽容的一面,他认为佛教剧尽管有很多怪诞的地方,比如会说话的动物等,但是它容许嘲笑人类的弱点,从这个宗教中可以看到中国的风俗习惯、中国人的行为方式,以及最滑稽最有趣的场景。

最能体现巴赞作为文艺评论家的洞察力的地方是,他从戏剧理论的角度出发,认为《来生债》的作者深得喜剧的精髓,抓住了两个重要的喜剧要素:（1）强烈的对比反差,把主人公置于一个与他自身性格完全相反的情境中。庞居士是佛教徒同时也是放贷人,作为佛教徒应该是蔑视金钱的,作为放贷人又要追求财富。（2）紧紧围绕着主人公开展情节,剧中除了神以外,包括妻子、儿女、仆人、磨面工、欠债人、马和驴都从属于主人公。巴赞高度肯定了《来生债》以及元杂剧,虽然元杂剧与西方观众观看的剧目有太多不同,但是:

---

① ANTOINE BAZIN. Le Siècle des Youên, ou Tableau historique de la littérature chinoise, depuis l'avènement des empereurs mongols jusqu'à la restauration des Ming[M]. Paris: Imprimerie Nationale, 1850:250.

"我们仍然能从中感受到作者的创作才华和这个民族深刻的感知力。"①

此外,巴赞还将《来生债》和《拉封丹》寓言进行对比,认为庞居士和罗和的对话,以及"罗和做梦"这一段与《鞋匠和财主》在情节和寓意上都惊人的相似。于是他选译了最能引起西方读者共鸣的这一部分。

三、独一无二的拉丁文译本

1879 年出版的《中国文学教程》第一卷中,晁德莅选译了《来生债》的楔子和第一折。他将题目译为 "Futurae vitae fenora"(未来生命的债务)。正文之前用简短的文字介绍主要内容和出场人物是该译本的特点。"Ex prologo. P'ang pecuniosus fenora in futuram vitam temere cessurus, cum suo dispensatore: dein Li, ejus debitor."(来自序言,庞财主偶然要放弃未来生命的债务,和他的仆人:以及李,欠他债的人)。

从体例上来看,晁德莅的译本与巴赞的译本有明显的不同。巴赞的译文是法文版,正文采用对话体,每句对话都另起一行,将说话人置于中心位置。注释很少,只对人物称谓(罗和、行钱)等名词进行了注释。② 晁德莅的译文采用汉拉对照,对开本,左边为汉语,繁体竖排,用"、"断句。右边为拉丁文,横排,用"——"间隔对话。左边正文下方③ 解释文中出现的生僻字,包括字音和字意。如"麸, Fou, furfur(谷物的壳)"。右边正文下方注释对于汉语初学者来说较难理解的社会文化词汇,如"南无阿弥陀佛""磨博士",以及语法等,例如"每咱, sonus finalis. Ceterum 每 particulam esse monuimus, quae veluti pausa, pronomini solet adjungi."(每咱,句尾语气词。当然,我们之前提

---

① ANTOINE BAZIN. Le Siècle des Youên, ou Tableau historique de la littérature chinoise, depuis l'avènement des empereurs mongols jusqu'à la restauration des Ming[M]. Paris: Imprimerie Nationale, 1850:249. 原文是: "De telles comédies, quelque différentes qu'elles fussent alors de ce qu'elles sont très-probablement aujourd'hui, nous offrent néanmoins un précieux témoignage du génie des auteurs et des sentiments intimes du peuple."

② 巴赞对"罗和"一词的注释为 "Sobriquet donné aux meuniers"(对磨坊工的谑称)。

③ 如果生僻字太多左边排不下,则排到右边最下方,用横线与其他注释区分开。

到过"每"是个小品词,起停顿的作用,通常与名词连用。)

值得一提的是,两个译本都删去了曲词。晁德莅的译本基本上保留了科介,如实翻译。巴赞的译本将科介置于括号中,作为对话的附属品,与正文加以区别。除了删除部分有关佛法的念白①、神参与的情节②、罗和算卦③之外,晁德莅忠实地翻译了选译部分的所有文字。巴赞则在节译的基础上对原文做了一定程度的改编。例如以下一段:

> 行钱云、兀那罗和、你出来、爹唤你哩、磨博士云、来也来也、谁唤罗和哩、正末云、孩儿也、是我唤你哩、磨博士云、唤我做什么、误了我打罗也、正末云、你唱歌咱曲,你心中必然快活……④

晁德莅的拉丁文译文是:

> —Dispensator.Heus tu, Louo ho, tu egredere, dominus vocat te.—Pistrinarius.Ecce veni, quis vocat Louo ho? — P'ANG.Puer, ego vocavi te.—Pistrinarius.Vocasti me ad quid, ut turbaveris me agitantem incerniculum ? — P'ANG,Tu modo cantabas, tu animo certe laetaris. (——仆人。喂,你,罗和,你出来,主人叫你。——磨面工。我来了,谁叫罗和? ——庞。孩子,我叫你。——磨面工。你叫我做什么,你可能会耽误我用筛子筛(面)呢? ——庞。你刚才唱歌,你心里一定是快乐的。)⑤

---

① 例如庞居士上场自述:"一家四口都爱佛法僧三宝,俺多曾遇着几个善知识来"。再如第一折上场诗:"佛说大地众生,皆有佛性,则为这贪财好惰,所以不能成佛作祖……"

② 增福神化作白衣秀士与庞居士对谈。

③ 罗和瞒着庞居士偷麦子去算卦,算得自己将发一笔横财。

④ ANGELO ZOTTOLI. Cursus litteraturae sinicae: neo-missionariis accommodatus[M]. Shanghai: Typographia Missionis Catholicae, 1879(1):366.

⑤ ANGELO ZOTTOLI. Cursus litteraturae sinicae: neo-missionariis accommodatus[M]. Shanghai: Typographia Missionis Catholicae, 1879(1):367. 括号部分的中文译文系笔者添加。

巴赞的法文译文是：

LE COMMIS (au meunier).（随从,对磨坊工）

Holà ! Lo-ho, sortez-donc ; on vous demande.（喂！罗和,出来吧,有人命令你）

LE MEUNIER (sortant et apercevant le financier).（磨坊工,出来的同时瞥见财主）

Père, que voulez-vous ?（老爹,您要我做什么？）

LE FINANCIER.（财主）

Mon enfant, vous chantiez tout à l'heure; vous êtes heureux.（我的孩子,你唱了整整一个小时,你是幸福的）[1]

晁德莅采用的是逐字逐句地翻译,完全忠实于原文。这一段原文的顺序是"行钱—罗和问—庞居士答—罗和问—庞居士",被巴赞简化为："行钱——罗和问——庞居士"。"磨博士云、唤我做什么、误了我打罗也"这一句被删掉,庞居士说的"孩儿也,是我唤你哩"和"你唱歌咀曲,你心中必然快活……"两句话被合并为一句。另外庞居士的话"你唱歌咀曲,你心中必然快活……"被改编为"你唱了整整一个小时……"。

按照故事发生的背景,庞居士当时在房前屋后烧香,只是路过面粉房,不太可能驻足一个小时聆听磨面工唱歌。但是经过巴赞加工后的夸张的描述增强了戏剧效果,拉封丹寓言中也有鞋匠唱了一整夜歌的描述。

从译词的选择上来看,晁德莅的翻译更为准确。例如,他将"打罗"译为"agitans incerniculum"（用筛子筛）。巴赞翻译为更宽泛的"travaille"（工作）,也许他的目的是让译文看起来更简单,适用于大多数读者,也许他并不清楚这个动词的含义。再如"宅前院后烧香去来"。晁德莅译为"pro aedibus et pone claustrum adolere incensum euntem."（去住宅前面和院子后面烧香）。

---

① ANTOINE BAZIN. Le Siècle des Youên, ou Tableau historique de la littérature chinoise, depuis l'avènement des empereurs mongols jusqu'à la restauration des Ming[M]. Paris: Imprimerie Nationale, 1850:253. 括号部分的中文译文系笔者添加。

巴赞译为"allons brûler des parfums devant les bâtiments"（去房屋前面烧香）。晁德莅将"香"译为"incensus"，显然比巴赞的"parfum"更贴切。但是拉丁语背后蕴含的丰富的历史文化导致晁德莅的译文在一定程度上带有倾向性。"aedis"一词，除了住宅以外还有"圣地，神龛"之义；"claustrum"一词原指中世纪修道院里围绕天井的回廊，修士可以绕着回廊散步、活动，不用出修道院的大门以避免危险。晁德莅的目标读者是学习中文的传教士，一方面这种"文化移植"有助于产生共鸣，迅速了解语义，另一方面却对理解汉语本身的含义造成了一定阻碍。

两个译本都删去了曲词，保留对白，可以视之为文本重构。这种方式的确起到减弱戏剧冲突、紧凑情节、降低难度、扩大读者群的作用。[①]然而不同的是，巴赞的改编让对话更突出，内容更简单、生动，整个译文呈现出简洁明了的寓言故事风格。晁德莅在标题后介绍主要内容、出场人物、大段篇幅的直叙直译等，让译文呈现出白话叙事小说的风格。逐字逐义，对字音、字义，语法、社会文化词汇等的精确解释让这个汉拉对照本成为学习汉语、了解中国文学、文化的入门之选。哈佛大学校友、中国海关税务司官员杜德维（Edward Bangs Drew，1843—1924）在信中推荐校长查尔斯（Charles W. Eliot，1834—1926）在中文课堂上使用晁德莅的《中国文学教程》："……他们应该按照我所制定的步骤开始，或许在学习一些基础知识后，就应该放弃威妥玛的那套口语学习方法而修学教士晁德莅的《中国文学教程》。我会将此书寄给您。"[②]

四、日文改编本

19世纪末，日本涌现出一批翻译、研究元杂剧的学者，代表人物有森槐

---

① 参考宋雪. 文本重构中的晚晴图景——19世纪汉语读本中三种《西厢记》改写本研究[J]. 国际汉学，2015(3).

② 选自杜德维致查尔斯的信，1879年7月28日，发自宁波. 庄建平. 近代史资料文库：第9卷[M]// 樊书华，译. 哈佛大学设立中文讲座史料选. 上海：上海书店出版社，2009:41.

南、狩野直喜。与此同时,新剧在日本蓬勃发展,有些作家从小说转向戏剧创作,例如,岩野泡鸣(1873—1920)创作《焰之下》,北村透谷(1868—1984)创作《蓬莱曲》。其中不乏深受中国戏曲,特别是元杂剧影响的作品,比较有代表性的是幸田露伴(1867—1947)创作的《有福诗人》(1894 年)。幸田露伴本名幸田成行,笔名露伴,别号蜗牛庵,东京人。1889 年、1891 年露伴相继推出小说《风流佛》和《五重塔》,确立了其在文坛上的地位。作为明治前期译介中国戏剧的先驱者 ①,露伴最早涉猎的中国戏曲是元杂剧。1894 年 2 月,露伴在《通俗佛教新闻》上发表了《郑廷玉的〈忍字记〉》,用口语翻译了《忍字记》的楔子部分。② 此后,露伴发表了《元时代的杂剧》(1895 年)、《中国第一戏曲之梗概》(1903 年)、《元代的谚语》(1903 年)、《桃花扇中的三美人》(1916 年)等评论性文章,其中《元时代的杂剧》是日本第一篇系统研究元杂剧的论文。作家出身的露伴对元杂剧的兴趣不止于翻译和研究,还有改编创作。戏剧《有福诗人》是露伴研读元杂剧过程中绽放的又一朵奇葩。

春阳堂、岩波书店出版的《露伴全集》都将《有福诗人》划入戏曲一类。近世日本用“戏曲”一词泛指戏剧。《有福诗人》共十章,每章的题目即事件发生的地点,正文以对话的形式展开,无曲词,无舞台提示。用今天的眼光来看,《有福诗人》的文本形式介于话剧剧本和小说之间。这是一部案头戏,露伴创作这部剧的初衷并不是为了将其搬上舞台。③ 十章的题目分别是:“伊豆国伊东在”“松竹村仁斋住居”“横井廉平住居”“仁斋住居奥庭”“仁斋住居客座敷”“白云寺赌博场”“磨面小屋”“杢郎次住居”“厕,牛室”“仁斋住居”。主人公仁斋、廉平、杢郎次分别对应《来生债》中的庞居士、李孝先、磨博士。“横井廉平住居”“磨面小屋”“杢郎次住居”“厕,牛室”几场戏的戏剧情境和人物对话基本仿照《来生债》中的相关情节和对话。“横井廉平住

---

① 孙歌,陈燕谷,李逸津.国外中国古典戏曲研究 [M].南京:江苏教育出版社,1999:6.

② 参考仝婉澄.幸田露伴和他的中国戏曲研究 [J].中国戏曲学院学报,2016(3)。

③ 参考野村乔.近代剧の移入と成立 [J].日本近代文学,1967(1)。原文是:“……《有福诗人》があって、ともに舞台へ掛ける考えなどなく執筆されたことに、露伴の一種の観念をうかがえる。とくに後者(有福诗人)の台詞の闊達自在な運びが証明しているのである。”

居”对应庞居士和李孝先的故事，"磨面小屋"和"杢郎次住居"对应庞居士和磨博士的故事，"厩，牛室"对应驴马转世为牛马还债的故事。露伴在《来生债》的基础上做了适当的增补删节。例如《来生债》没有着墨李孝先和磨博士的家庭生活，《有福诗人》中廉平和妻子，杢郎次和妻儿之间有大段的对话，生活气息浓厚。"横井廉平住居"一场，仁斋借杨雄《太玄经》向廉平讲道理，"厩，牛室"中，仁斋上场时先后吟诵白居易、李白、宋无、李益的诗句，这些引经据典为全剧增添了文人气息，是《来生债》所没有的。

　　"伊豆国伊东在"和"白云寺赌博场"两场讲的勘吉和猪九郎两个村民骗取仁斋的借款用来赌博最终被逮捕的故事。这个故事在《来生债》中毫无痕迹，完全是露伴的创造。旨在强调借人钱财不一定能带来好的结果，这也是《来生债》的主题之一。从楔子中庞居士的独白可见一斑："我当初本做善事来，谁想倒做了冤业。"李孝先因为无力还债而生病、磨博士被飞来横财搅得心神不宁、驴马背负来生债等故事在一定程度上揭示了这一主题。《有福诗人》在这些故事的基础上又添加了勘吉和猪九郎这个更极端、后果更严重的故事，露伴的用意不言自明。

　　《有福诗人》中有一位名为蜗牛露伴的作家，这个人物对应《来生债》中的增福神，也可以视为作者本人的化身，他和仁斋的对话集中在"仁斋住居奥庭""仁斋住居客座敷"两场，尤其是二人关于仁斋焚烧借据的讨论，与《来生债》差别甚远。蜗牛露伴认为，仁斋的做法虽然出于善心，实际上却违背了欠债还钱这一"天理"。这是情与理之间的冲突，是悲剧的根源所在。仁斋回应了一番有志于天下人人平等，实现共产主义、社会主义的议论。19世纪末，日本国内大力引进西方资本和技术，发展资本主义，贫富差距逐渐拉大，同时，共产主义之风刚刚吹进日本，有些社会活动家鼓吹平均分配等口号，在行动上过于激进，露伴对此持反对意见。有学者认为，这是露伴创作《有福诗人》的真正目的，旧瓶装新酒，借中国古代戏曲故事表明自己对社会问题的思考。[①]

---

① 参考德田武.《有福詩人》と元曲"来生债"[J]. 明治大学教養論集，1987(3).

余论

19 世纪,在外交官、汉学家、传教士等人的参与下,元杂剧被大量译介到欧洲、美洲和东南亚等国家。贴近生活的场景、浅近的文白、丰富的社会文化内涵,让元杂剧受到教材编纂者的青睐。马礼逊的英译本、晁德莅的汉拉对照译本都是利用元杂剧编著会话教材、文学读本的典型案例。法国汉学家巴赞将《来生债》作为戏剧读物甚至寓言故事介绍给法文读者,融入世界文学之林,日本作家幸田露伴更是取材于《来生债》创作了剧本《有福诗人》。遗憾的是,上述译介都未涉及曲词这一最能体现中国古典戏曲本质特征的部分。[①]19 世纪,海外学者更多的是把《来生债》作为编写教材、通俗读物、剧本等的素材来看待。巴赞以跨文化的眼光研究《来生债》,从戏剧理论上评价《来生债》值得称道。日文改编本《有福诗人》更是让我们看到了元杂剧的强大生命力。但是受语言、文化、历史条件等因素的制约,对于 19 世纪的海外学者来说,全面地理解和欣赏中国古典戏曲还是比较困难的。加之受译介动机的影响,将编纂教材等实用功能凌驾于审美功能之上在所难免。尽管如此,不可否认的是,这些译介作品在一定程度上介绍和传播了中国古典戏曲,对于跨语际、跨文化交流有着重要的意义。

---

① 1834 年儒莲出版了法文全译本《赵氏孤儿》,译文包含曲词。在 19 世纪这样的译本可谓凤毛麟角。

A Study on the Translation and Dissemination of Yuan Drama

—*Lai sheng chai* abroad in the 19th Century

Xu Shuang

Abstract: This paper explores the translation and dissemination of Yuan drama in the 19th century. Based on the comparison between three translations and one adaptation of "Lai sheng chai", in English, French, Latin and Japanese, the paper conducts an analysis of various translations and disseminations under the influence of different languages, culture and motives. The feature of the dissemination of Yuan drama abroad in the 19th centry will be illustrated according to the case study of "Lai sheng chai".

Keywords: Yuan drama, *Lai sheng chai*, translation and dissemination

域外汉学、中国学研究

利安当外文文献中的儒学观：
以传信部档案馆藏利氏报告为例①

罗　莹②

摘要： 西班牙来华方济各会士利安当（Antonio a Santa Maria Caballero，1602—1669）是明清之际中国天主教史上的重要人物。作为方济各会中国传教区的开教者，他在"中国礼仪之争"中一系列有关中国宗教和反对中国礼仪的论述，使其成为利玛窦文化适应政策的主要批评者。本文立足原始文献的收集和整理，并以罗马传信部档案馆所藏利安当的拉丁文报告为例，对其中的儒学观及其成因进行初步分析。

关键词： 方济各会　利安当　礼仪之争　儒学观

作为方济各会中国传教区的奠基人，西班牙人利安当（Antonio a Santa Maria Caballero，1602—1669，又作栗安当、李安堂，字克敦）是明清之际中国天主教史上的重要人物。③他两度入华皆与"中国礼仪"问题纠缠不清，

① 本研究获北京外国语大学中国文化走出去协同创新中心立项资助（项目批准号：CCSIC2018-YB08），并为中央高校基本科研业务费专项资金资助（Supported by the Fundamental Research Funds for the Central Universities，项目批准号：2022JJ024）的阶段性成果。

② 罗莹，北京外国语大学国际中国文化研究院副研究员、硕士生导师。研究方向：跨文化译介，现阶段以明清来华传教士拉丁文儒学文献的整理与研究为重点。

③ 关于利氏的出生、所受教育及其在华传教生涯，参见：方豪. 中国天主教史人物列传 [M]. 北京：宗教文化出版社，2007：303-306；P. ANASTASIUS VAN DEN WYNGAERT. Sinica Franciscana: Vol II[M]. Quaracchi-Firenze：Collegium S. Bonaventurae, 1933: 317-332. 崔维孝《明清之际西班牙方济会在华传教研究（1579—1732）》（北京：中华书局，2006）一书中关于来华方济各会会史、方济各会中国教区史料简介和利安当在华活动及其成就概述的开创性研究，张铠在《西班牙的汉学研究（1552—2016）》（北京：中国社会科学出版社，2017）一书以西班牙汉学史和中国天主教史的视角，关于利安当对中国礼仪问题基本看法的梳理及其历狱报告史料价值的评价，是笔者撰写本文的最初动因，特此致敬。

先因怀疑中国奉教者参加的祭祖拜孔仪式是宗教异端活动，与多明我会传教士黎玉范（Juan Bautista de Morales, 1597—1664）一起成为引发中国礼仪宗教性问题讨论的始作俑者，向教廷提交了一系列有关中国宗教本质以及反对中国礼仪的外文论述，成为利玛窦文化适应政策的主要批评者；后因与同在山东济南传教的耶稣会士汪儒望（Juan Valat, 1599—1696）交好以及自身传教经验的日益丰富，对在华耶稣会的传教理念及方式产生更多的认同，开始深入研究中国典籍并仿效利玛窦的阐释方式，一方面创作了《天儒印》（*Concordantia legis divinae cum quatuor libris sinicis*）等中文著述，另一方面亦为自己反对"中国礼仪"的立场寻找中文文献支撑并撰写外文报告予以总结。对于利氏名下的中文著述[①]，尤其是与其儒学观密切相关的是《天儒印》一书，国内学者已有丰富的研究成果。[②]本文重点针对利氏名下涉及儒家思想的外文著述予以梳理，并对这位追问儒学宗教性问题的重要践行者在外文文献中的儒学观进行初步分析。

一、利氏名下涉及儒家思想的外文著述提要

依据《方济各会中国教区档案汇编》（*Sinica Franciscana*，以下简称《汇编》），利氏名下的外文著述（含书信、传教事务报告、备忘录、征信应答、仲裁

---

① 依据《方济各会中国教区档案汇编》（*Sinica Franciscana*）利氏名下共有8部中文著作，其中可查对到全文的目前有3部，分别是：1.《天儒印》；2.《正学镠石》（*Lex Dei est petra magnetica*），据尚祐卿所言写于1664年，现存最早印本为1698年版，有"泰西圣方济各会士利安当著"字样，但孟德卫（David Mungello）认为该书的主要作者是利氏的中国合作者尚祐卿；3.《万物本末约言》（*Compedium originis et finis rerum omnium*），序言为"远西圣方济各会士利安当述，同会文都辣订"，正文为"远西圣方济各会士利安当述"，这一宣讲基督教义的作品大约成书于17世纪后期。未得见的5种分别为：1. 关于基督宗教的律法，包括3部小著作：(1)由中文典籍提炼出的总体依据；(2)偶像[崇拜]的谬误；(3)三种神学美德的解说。皆印于1653年；2. 对于基督信仰的辩解（*Apologia pro fide christiana*）；3. 基督教义问答，1666年写于广州（*Catechismus christianus*. Canton, 1666）；4. 神圣律法概要，1680年付刻（*Compedium legis divinae*. Prelo datum an 1680）；5. 不同的祈祷书著述（*Varia opuscula devotionis*）。参见 *Sinica Franciscana*, Vol. II, p. 344, 第79—86号书名。

② 可参见刘耘华、陈义海、吴莉苇、肖清和、姚文永、汪聂才等人关于《天儒印》一书的研究成果。

结果、为殉教的同会兄弟和建立重要功业的修女所作行传、圣母赞词、批驳古兰经的论著,以及涉及中国宗教和礼仪问题的多篇小论文)有78篇目[①],其中涉及利氏对中国礼仪的看法及其儒学观的论述如下:

1. 由利安当和胡安·皮纳·德·圣安东尼奥于 1637 年 8 月 20 日联合签名并提交给马尼拉大主教赫尔南多·格雷罗的 46 页报告文件,谈及他们对中国新奉教基督徒仍践行中国礼仪的强烈质疑。[②]

2. 基督宗教传入中国简报,写于 1637 年 11 月 15 日,共 14 页。[③]该文由来自多明我会的苏方积(Francisco Díez,1606—1646)和黎玉范、来自方济各会的玛方济(Francisco Bermúdez de la Madre de Dios, d.1657)和利安当四位在华传教士,共同见证并陈述 1635 年至 1636 年他们在福建顶头所进行的两次宗教法庭调查结果,利氏将之编纂成文。

3. 涉及中国新教友的 15 条质疑的决议,写于 1638 年 6 月 11 日,共 162

---

① P. ANASTASIUS VAN DEN WYNGAERT. Sinica Franciscana: Vol II[M]. Quaracchi-Firenze: Collegium S. Bonaventurae, 1933: 332-344; P. ANASTASIUS VAN DEN WYNGAERT. Sinica Franciscana: Vol IX [M]. Quaracchi-Firenze: Collegium S. Bonaventurae, 1933: 983-1030.

② "Informe al Señor Arçobispo de Manila, Hernando Guerrero. Dubitationes gravissimae quae circa novam conversionem et christianitatem regni magni Chinae occurrunt. Manilae 20 aug. 1637," P. ANASTASIUS VAN DEN WYNGAERT. Sinica Franciscana: Vol II[M]. Quaracchi-Firenze: Collegium S. Bonaventurae, 1933: 332. 下文凡出自《方济各会中国教区档案汇编》(Sinica Franciscana)的文献编目,仅标明文献的原文标题及所在页码。西班牙多明我会士闵明我(Domingo Navarrete,1618—1686)在其《中华帝国的历史、政治、伦理及宗教概论》(Tratados históricos, políticos, éthicos, y religiosos de la monarchia de China, Madrid, 1676)一书第七论《教理部在罗马颁布的法令及其主张》("Decretos, y Proposiciones Calificadas en Roma, por Orden de la Sacra Congregacion del Santo Oficio")亦收入该报告,题为"来华传教士向传信部提交的问题。附有传信部对此的答复以及据此颁布的法令"("Quaesita Missionariorum Chinae, seu Sinarum, Sacrae Congregationi de Propaganda Fide exhibita. Cum Responsis ad Ea: Decreto eiusdem Sacrae Congregationis approbatis, " 451-459);该报告 17 点质疑内容的中译,可参见:苏尔,诺尔. 中国礼仪之争西文文献一百篇[M]. 沈保义,顾卫民,朱静,译. 上海:上海古籍出版社,2001:1-7。

③ "Relacion brebe de la entrada de nuestra serafica religion en el reyno de la gran China. 15 nov. 1637," 332-333. 关于简报中谈及的两次宗教法庭调查的具体经过、内容及后续影响,详见张先清. 多明我会士黎玉范与中国礼仪之争 [J]. 世界宗教研究,2008(3):61-62。

页。①利安当在文中提出他对当时中国新奉教基督徒仍在践行中国礼仪的诸多疑虑以及他提议的解决方案。对此，传信部于 1645 年 9 月 12 日做出赞同其观点的裁决。

4. 关于（多明我和方济各会）两大修会入华纪实，利安当编于 1644 年。②

5. 利氏致传信部的宣誓声明，谈及此前已在罗马提出、有关中国人对其已逝先祖的祭拜和礼仪。1661 年 8 月 20 日写于济南府，共 16 页。③

该声明写于利氏二度来华后（1649—1669 年），伴随他对中国文化典籍和来华耶稣会士中文著述的研读，此时他对儒家思想以及中国奉教文人关于中国礼仪的观点有了更深入的了解。声明中利氏以编年纪要的形式，88条按重要事件发生的年份，记载了自 1645 年起传信部就中国礼仪的合法性问题下达的谕令内容。如 1645 年传信部下达禁止中国礼仪的禁令，1656 年圣座应卫匡国（Martino Martini，1614—1661）对黎玉范报告的反驳，又下达了允许中国教友参与中国礼仪的谕令；利氏个人及修会兄弟在华活动纪要；如 1650 年入京并与汤若望（Johann Adam Schall von Bell），1592—1666 见面；1659 年利氏到淮安（Hoâi gān）见成际理（Feliciano Pacheco，1622—1687），同年还在杭州与卫匡国就"逝者的灵魂"及其祭礼等问题展开论争；1660 年修会同伴文都辣 [（Bonaventura Ibañez，1610—1691）在杭州与卫匡国就新奉

---

① "Resolucion de quince dubdas tocantes a la nueba conversion del gran reyno de la China. 11 iun. 1638," 333.

② "Relacion de la entrada de las dos religiones en China. Sic sonat titulus relationis a Iohanne a S. Antonio in sua Cronica assumptae. Tempus redactionis debet esse 1644," 336. 文献内容参见：Juan Francesco de S. Antonio, Chronicas de la Apostolica Provincia de S. Gregorio de Religiosos Descalzos de N.S.P. S. Francisco en las Islas Philipinas, China, Japan, &c. Parte III, lib. I capit. 10, 12, 14, 17, 22, lib. II, capit. 1, 2, 5, 6, 9, 11, 12, 14, 15, 18. Manila, 1744。

③ "Declaratio sub iuramento super ea quae Romae annis praeteritis proposita fuere iuxta cultum ritusque Sinarum erga suos a vita discessos maiores. Ad SS. Congregationem de Propaganda Fide. Cinanfu 20 aug. 1661," 340. 该声明和利安当、文都辣联合署名的信件，都藏于罗马传信部档案馆（Archivio Storico de Congregazione de Propaganda Fide），详见 Fondo Scritture Referite nei Congressi (SC), Indie Orientali, Cina, Vol. 1: 1623–1674, fols. 198r–214r。

教的中国教友的斋戒、节日祭拜活动等问题再度进行讨论)]。其中尤能体现利氏儒学观的部分，是他以"声明"（declaratio）、"质疑的理由"（rationes dubitandi/quaesita）为题，基于亲身经历，征引中文著述对圣座谕令及中国礼仪的实质做出回应。他采用"注解"（N./nota）的方式，借助《字汇》《古文字考》《中庸直解》《文公家礼》等中文辞书及典籍，征引《天主实义》《天主圣教实录》《答客问》《天主圣教小引》等汉语神学著作，针对"儒教""文庙""至圣""祭祖""神""牌位""礼"等概念内涵及其在日常生活中的践行方式，逐项进行辨析，进而明确其反对中国礼仪的坚定立场及理由。文末还附有一封题为"谦卑的恳求"（Humilis Supplicatio）的信件，由利安当和文都辣签名认证上文所述有关中国祭祀的种种，皆为他们二人在华的真实所见、所闻以及他们在中国典籍中阅读所得，同时亦向圣部汇报他们二人皆已年迈无法远行，而此时他们在中国又缺少人手和活动经费，所受洗的教徒皆为贫苦民众无法给予捐赠，以致极为节俭的生活都难以为继这一贫困窘迫的现状。

6. 利氏于 1661 年 10 月 12 日将耶稣会士龙华民（Niccolò Longobardo，1565—1655）有关中国改宗的小论文，从葡文转译为拉丁文。[①]文末附有利氏写于 1661 年 12 月 28 日的译者声明：他在撰写上述《致传信部的宣誓声明》期间，偶然获得龙氏手稿，但其中部分内容被撕去，尤其据论文原始目录应有 18 论，现仅存 17 论，论文结尾部分已佚，故该葡文手稿缺少龙氏的亲笔签名和具体写作时间。但利氏依据他与龙华民交往过程中曾亲见其笔迹，确

① "Tractatus de Sinarum conversione, 12 oct. 1661. Translatio tractatus lusitani a P. Longobardi exarati in latinum", 340. 传信部档案馆藏有龙华民葡文论文原文，题为"Reposta breve sobre as Controversias do Xamty, Tienyiu, Lin Hoen e outros nomes e termes sinicos, per se determinar quaes delles podem ou nao podem usarse nesta Christiandade"，详见 SC, Indie Orientali, Cina, Vol.1, fols. 145r-169v；利氏的拉丁译文手稿附在龙氏原文后，详见前述文档 fols. 171r-197v。闵明我在其《概论》一书第五论《儒教专论》（"Especial de la secta literaria"）中收入他用西班牙语翻译的龙华民论文，题为"Respuesta breve, sobre las controversias de el Xang Ti, Tien Xin, y Ling Hoen, (esto es de el Rey de lo alto, espiritus, y alma racional, que pone el China) y otros nombres, y terminos Chinicos, para determinarse, quales de ellos se pueden usar en esta Christiandad，" 246-289. 正是借由利安当和闵明我的努力，龙华民论文才得以重见天日并加剧"礼仪之争"中各派的激烈争论和意见分歧。

认他得到的这份手稿乃龙氏亲笔所写。此外，利氏亦频繁引用所罗门王智慧书中的观点，来"审查"（实为支持和印证）龙华民论文中所阐述的核心内容。随后亦附上多明我会士黎玉范于 1662 年 5 月 27 日为龙氏葡文论文及利氏拉丁文译稿可信度所作的公证词。

7. 利氏在将龙华民论文译为拉丁文后，又摘录龙氏论文中的要点，专文予以总结："（借由该论文）深入地阐明中国儒教的隐秘，并由我来证实上述涉及祭孔、祭祖的事宜。"此文 1661 年 10 月 12 日由山东省济南府寄给传信部，[①]文中他再度确认龙氏论文虽末尾残缺，但确是出自龙氏笔下。文末附有利安当和文都辣的亲笔签名。此后，利氏又附上他在中国经典中搜集并翻译的谈及鬼神以及祭祖礼仪的权威论述（"我从中文书中找到其他的一些权威观点，来支持那些［龙氏论文中］已被阐明的准则"）[②]，主要有：利玛窦《天主实义》中"辩释鬼神及人魂异论，而解天下万物不可谓之一体"一篇、朱熹《论语集解》中对"祭如在，祭神如神在""子曰：无不与祭如不祭"两句的评点以及《朱子语类》[③]和张居正《论语直解》[④]针对祭祀时尤其是天子"不可不致其诚"的评论。亦谈及孔子生病时，学生子路为其向上下神祇请祷，孔子答曰

①　"Epilogus cuiusdam digni legi tractatus, profunde declarantis abscondita tenebrarum sectae litteratorum sinensium, confirmantisque ea quae a me supra declarata sunt iuxta cultum et sacrificia Confucii et proavorum. Auctor eius P. Nocolaus Longobardus S.I. Ex provincia Xantung in China ex civitate de Cinanfu nominata 12 oct. 1661," 340-341, 该文藏于传信部档案馆，详见 SC, Indie Orientali, Cina, Vol.1, fols. 214v–217v。

②　Post praescripta iam firmata, aliquas alias in libris sinicis inveni auctoritates iuxta Sacrificia maior defunctorum, quas non omittere licere mihi visum fuit ob maiorem veritatis claritatem: quae sequentes quidem sunt. Ibid., fol. 217v.

③　页边注上有中文标注："范氏云：有其诚则有其神，无其诚则无其神。"（引自《朱子语类》），SC, Indie Orientali, Cina, Vol.1, fol. 217v。

④　页边注上有中文标注："直解云。天子一身，为天地宗庙百神之主，尤不可不致其诚。所以古之帝王，郊庙之祭，必躬必亲，致斋之日，或存或著，然后郊则天神恪，庙则人鬼享，而实受其福也。"（引自张居正《论语直解》），SC, Indie Orientali, Cina, Vol.1, fol. 218r。

"丘之祷久矣"一事，并附上张居正的评论①，用以证明中国古人对那些他们想象出来的鬼神和已逝祖先进行祭祀，除表敬意亦有所求，实为偶像崇拜行为，且直至今日中国文人及普通民众仍在践行上述礼仪。于 1662 年 3 月 24 日从山东济南府寄出。②

8. 利氏写于 1662 年 3 月 28 日和 29 日致宗座和主教的两封信件，再次强调龙华民论文的重要性。③

9. 利氏关于中国诸教派的报道，重点谈及儒教"似乎是世上所有教派中最古老的"，1662 年 11 月 18 日写于中国山东济南。④全文共分三部分，依次谈及：（1）关于中国哲学家的教派及其在后世的文人教派（De secta Philosophorum Sinensium: suorumque sequentium hujus temporis literatorum），该部分明显基于龙华民报告的思路，利氏从中择其精要予以概述。他先遵循龙华民将中国经典著述分为四类的标准逐一予以简介、引出孔子这位"著名的中国老师"（de famoso Sinarum Magistro Confucio）的生平及其教导，指出中国古代典籍原文及其后世注疏之间自相矛盾之处；继而论及中国人所认为的第一原理（按：指太极 / 理）、宇宙的产生方式及过程（按：指太极的动静产生阴阳二仪，进而推动世间万物的运动变化）以及构成世界的三个基本因素（按：指天

---

① 页边注上有中文标注："张阁老直解云。孔子不直斥其非，乃先问说：'疾病行祷，果有此理否乎？'子路对说：'于理有之，吾闻诔词中有云：'祷尔于上下神祇。是说人有疾时曾祷告于天地神祇，欲以转祸而为福，则是古人有行之者矣。'今以病请祷，于理何妨？'于是孔子晓之说：'夫所谓祷者，是说平日所为不善，如今告于鬼神，忏悔前非，以求解灾降福耳。若我平生，一言一动不敢得罪于鬼神，有善则迁，有过即改。则我之祷于鬼神者，盖已久矣。其在今日，又何以祷为哉？'"（引自张居正《论语直解》），SC, Indie Orientali, Cina, Vol.1, fol. 219r。

② "Post epilogum laudatum aliud scriptum P. Antonii ibidem inventiur 24 mart. 1662," 341. 详见 SC, Indie Orientali, Cina, Vol.1, fols. 217v–219v。

③ "Epistola ad Summum Pontificem, Sinae 28 mart. 1662" " Epistola ad Emos Cardinales, Sinae 29 mart. 1662, " 341. 详见 SC, Indie Orientali, Cina, Vol.1, fols. 22r–23v。

④ "Relatio Sinae sectarum, praecipue philosophorum quorum secta omnium totius orbis antiquissima esse videtur, " 341–342. 其原始手稿藏于传信部档案馆 1732-4，该报道的第三部分亦藏于罗马耶稣会档案馆 Jap–Sin. 112，其中的部分内容已由 Väth 神父整理发表，详见 ALFONS VÄTH. P. F. Antonio Caballero de Santa Maria über die Mission der Jesuiten und anderer Orden in China[J]. Archivum Historicum Societatis Iesu. 1932(I): 291–302。

地人三才），解释事物产生及腐朽的原因（按：指冷热）并指出中国人认为事物本质上都是由"气"构成，但因其有清浊，故在类别上有所不同；明确指出"中国哲学家对于与实体性存在不同的精神存在物一无所知"（Sinenses Philosophi numquam aliquam substantiam spiritualem agnoverunt distinctam a corporea.），批评儒教所发明的双重教义；在探讨中国鬼神本质（按：源于太极/理/气）的基础上，认定祭天祭祖的中国礼仪并非政治性的，因祭祀者明确有所求，其"祭祀行为包含着巨大的迷信"（cultus sacrificiorum tam a coelo quam ad suos antecessores, ex quo videtur magnam in se includere superstitionem）。最终，基于儒家以"太极/理"这一原初物质（materia prima）作为世界起源的观点，得出无论是古代还是当下的中国文人皆为无神论者的结论，此后还附上龙华民所搜集到的一系列中国重要文人士大夫的证词，用以证明上述结论的可信度；（2）关于中国民间常见的偶像崇拜教派（De Sectis idolorum quae communes sunt Populo Sinorum），重点介绍佛教、道教乃至妈祖等民间信仰，批评中国文人及民众修筑众多庙宇进行偶像崇拜活动；（3）关于耶稣会、多明我会会士入华和在华的方济各会布道团，以及在中国所发现的我们古老神圣信仰的某些踪迹（De ingressu Missionariorum Religiosorum Ordinis Societatis Jesu et Praedicatorum, ac Fratrum Minorum in sinicam Missionem: ac de aliquibus vestigiis nostrae sanctae fidei antiquis, quae inventa fuerunt in Sinis）。在结论部分，利安当围绕基督教义中的 25 个主题，摘录先秦儒学经典及其在后世主要注疏中与之类似的教导，试图对这些中文"证词"予以检验，并时常征引圣奥古斯丁的话语来支持自己的观点，以回应反教人士对于天主教教义的质疑。

10. 论在华传教的几个重要问题，利氏 1668 年 12 月 9 日从广州寄信件给当时身在澳门学院的耶稣会日本及中国会省巡察使达·伽马（Luís da Gama, 1610—1672），① 开篇即严正申明：在耶稣会中国副会省省长成际理的

---

① "Tratado sobre algunos punctos tocantes a esta mission de la gran China, remittido desde esta ciudad de Canton al mui R. P. Luis de Gama de al compañia de Jesus, vissitador de las provincias eiusdem societatis de Japon y China, residente en su colegio de la ciudad de Macao. Quamcheufu 8 oct. 1668," 343. 该文藏于传信部档案馆，详见 SC, Indie Orientali, Cina, Vol. 1, fols. 269r–270v.《汇编》标注该文献的写作日期是 1668 年 10 月 8 日，但笔者在传信部档案馆查找到的原始文献日期标注则是"1668 年 12 月 9 日"。

主持下,25 名来华各修会传教士在 1667 年 12 月 18 日—1668 年 1 月 26 日"广州会议"上就一直以来传教工作中主要分歧和要点,经讨论协商达成 42 条共识并集体签字认证。但他本人因对涉及中国礼仪的第 6、20、22 和 41 条持反对意见,故拒绝签字。[①]文中利安当征引"四书""五经"《性理大全》《四书直解》《朱文公家礼》《字汇》以及来华传教士和奉教文人的中文神学著述,逐个剖析"上帝""文庙""鬼神"等祭祀礼仪中涉及的核心概念内涵(应是在上文利氏外文文献 5 的基础上扩写而成),并说明其持反对立场的依据。

二、利氏儒学观简析

在利安当大量的外文著述中(如传信部档案馆所藏、前述利氏外文文献 5、9、10 号),多是对中国异教徒进行偶像崇拜的直接揭露,包括对孔子及其所代表的儒教,以及奉教者仍旧实行祭祖祭孔礼仪的猛烈批评。这也与利氏流放广州期间在来华传教士集体召开的"广州会议"上(1667 年 12 月 18 日—1668 年 1 月 26 日)坚决反对祭天祭孔等中国礼仪的立场相一致。有关利氏外文文献中所表述的另一种"儒学观",可概括为以下数点:

1. 认定"儒""释""道"为有别于基督宗教的"人为之教"(意即邪教),这亦是利氏在其中文著述《天儒印》中明确表露过且与其外文著述的儒学观保持一致的唯一观点。但他对上述三教予以区别看待:他称佛教和道教为"偶像崇拜的教派,源于两位古代人物,一位来自东方印度,一位来自中国本土,他们是其他教派和中国偶像崇拜的根源,这两个教派拥有如此之多名称各异的庙宇。""他们的教导非常荒诞可笑,没有什么值得注意,无须赘言。"

① 关于"广州会议"42 条共识的具体内容,详见 Acta Cantonienia Authentica, in Quibus Praxis Missionariorum Sinensium Societatis Jesu circa Ritus Sinenses Approbata est communi consensu Patrum Dominicorum & Jesuitarum, qui erant in China; atque illorum Subscriptione Firmata [M]. Romae 1700, 19–33。当时利安当的反对立场还获得陆安德(Andrea-Giovanni Lubelli,1611—1685)、聂仲迁(Adrien Greslon, 1618—1696)、张玛诺(Manuel Jorge,1621—1677)及好友汪儒望 4 位耶稣会士的支持。不同于利安当,多明我会士闵我则在广州会议上改变立场,签字认同,随后又于 1669 年越狱逃回欧洲并出版《中华帝国的历史、政治、伦理及宗教概论》一书,强烈批评中国礼仪。

但对于儒教,利氏承认它比其他教派更接近自然理性,但经由粉饰它也更难予以回击,"很少神学家能够清楚认识到这一点,它以某种政治的方式加以掩饰,既被中国帝王也被士大夫和文人所追随。出于在未来可以明确预见到的巨大麻烦,要反对这些人似乎不是件容易的事情。但假如借助理智得出判断,要去宽容这一教派中,那些看似违悖天主的事情",那么人们需对儒教教义和礼仪给予特别的关注和耐心。虽然利安当赞同利玛窦的观点"贵邦孔子为大圣",基于儒家学说的悠久历史和重要社会地位给予它更高的评价,但他仍认定儒教虽"宣称追随理性之光,却背离正确的路径且迷失方向",基督的侍者应摧毁所面临的困难,将"中国文人引向事物的信仰之光"。①

2. 肯定古代中国人对真神有所认识,批评宋明理学的无神论观点。利安当基于自己在 1656 年至 1661 年深入阅读中文文献所得,先是在 1661 年 8 月写下关于中国祭祀礼仪的宣誓证明一文,寄送给原传信部,重申自己反对中国礼仪的文献和理论依据;此后又在同年 10 月 12 日将自己新近所得的龙华民葡文手稿"针对围绕'上帝''天主''灵魂'以及其他中文词汇和术语争论的回应,以及这些用语是否应该被基督教团体采用"("Reposta breve sobre as Controversias do Xamty, Tienyiu, Lin Hoen e outros nomes e termes sinicos, per se determinar quaes delles podem ou nao podem usarse nesta Christiandade")翻译为拉丁文,寄送给传信部并明确认证、赞同龙氏观点,旨在直接揭穿来华耶稣会内部对待中国礼仪的分裂态度,用以说服教廷对禁止中国礼仪持坚定态度。②龙氏论文对于利安当的影响可谓相当深入,以致 1662 年 11 月 18 日利氏在济南写下《中国诸教派关系》一文,他对于孔子及儒教的介绍和主要观点都明显源于龙华民,例如,视孔子为儒教创始人,经由其著述儒教的教义得以阐明等。利氏全然肯定的证词,使人以为他完全认同龙华民以先儒/宋儒、先秦经典/宋儒注疏的二重划分,认为古代的儒学教义晦涩难懂,当下儒生皆需借助宋儒注释才能理解儒学原典,故应将理学视

---

① SC, Indie Orientali, Cina, Vol.1, fols.201v, 203v.

② 广州流放期间,利氏还将龙华民手稿的抄本转给多明我会士闵明我参阅,随后闵氏将其翻译为西班牙文并作注,收为《中华帝国的历史、政治、伦理及宗教概论》一书第五论("Tratado Quinto, y especial de la secta literaria")。该书的面世亦是龙华民论文首度正式出版,将天主教内部有关"中国礼仪"的争执公开化和白热化。

为儒学正统，并依据宋儒的观点，将"理"（materia prima）作为世界的本源，而世间万物的存在及其本质皆为"气"，凸显宋儒的唯物论世界观，由此得出古代及当代中国文人皆为无神论者的判断。①

但事实上，利安当在拜读龙氏论文前所写下的宣誓证明一文，有多处观点与龙氏不一致，但在认证龙氏论观点时，利氏却对此只字不提。最明显的分歧体现在以下两处：一是基于宋明理学唯物论的世界观，龙华民认为不管是先儒还是宋儒，他们在"上帝"之名下所理解的事物不可能是基督宗教最高神的 Deus；而利安当在声明中则表示："这一文人的教派，从古人到孔子，似乎都将所有事物唯一真实的开端归结于'上帝'，亦即最高、至上的主人和皇帝。从中国古人到此后的孔子本人，都在描述它身上的种种完善，而这些特征都与唯一真正的 Deus 相符"，并引用利玛窦《天主实义》中的观点"历观古书而知，上帝与天主特异以命也"，明确肯定古代中国人所认识的"上帝"，它所具有的属性与唯一真神 Deus 相符。②二是利安当认为孔子作为儒教的创始人，"他明确地回避并憎恶所有的偶像、虚假的教派、不同的迷信行径以及罪恶的事物。而中国文人在实践中亦追随孔子所说过的一切"，只是"现代的那些文人（按：指宋朝理学家）对他的观点添加了很多荒诞的说明，错误地理解孔子。"利安当这种对肯定先儒、否定宋儒的论调，亦与利玛窦同出一

---

① 利安当在报告中说道："中国的儒教及其他教派，其源头是共同的，经由魔鬼的发明，它们彼此间有很多相似之处，用同样的方式及发明将人引向地狱"，"中国儒释道三种教派都完全跟随哲学化的方法，有两种不同的教义。一种是私下的，看起来像是真的，却只有文人才能明白，并由他们通过符号及象形文字的面纱所把持。另一种是世俗的，是第一种的比喻，在文人看来是虚假的，是字面的肤浅意义。他们利用它来治理、制造神灵、教化以及虚构的崇拜，促使人们避恶向善。""由此可知，中国最睿智的人（按：指孔子）可悲地被指向罪恶的深渊，亦即无神论"。SC, Indie Orientali, Cina, Vol.1, fols. 171r–197v。

② Haec Secta litteratorum unicum verum omnium videtur asignare Principium, tam ab Antiquis quam ab ipso Confucio nuncupatum, 上帝 xáng tí: idest altissimus supremusque Dominator ac Rex: Perfectiones, quas deillo scripsere tam Anquiores Sinenses quam postea ipse Confucius, tales sunt, quales soli vero Deo conveniunt. SC, Indie Orientali, Cina, Vol.1, fol. 202r.

辙，与龙华民大相径庭。[①]结合利安当在同一时期的中文著述中（即 1664 年刊刻的《天儒印》一书），将"四书"中出现的"道""天""性""大本"等具有本原意旨的词汇，都视为基督宗教的唯一真神在中国文化中的代名词，可推测：利氏本人传教后期的儒学观实际上偏向于利玛窦合先儒、批后儒的看法，但对龙华民论文的发现、翻译和上报无疑有助于争取教廷对其反对中国礼仪观点的信任和支持，故在对龙氏观点进行认证时，利安当给予了全然的肯定。

3. 坚决反对并严厉谴责新入教者践行祭祖祭孔等具有偶像崇拜性质的中国礼仪。本质上，利安当对中国人敬畏鬼神以及设立祭祖祭孔礼仪的初衷及其性质了解到位。他征引《字汇》中对"鬼神"的定义"圣而不可知之谓神"，指出中国人将那些"事物本性中隐蔽的美德，事物本性的运作所产生的影响，如同天地的，乃至行星、山水所产生的影响，都被中国人称之为神，所以权贵和君王们在特定的时间，通过不同的祭祀，对天地、山水的恩惠表达崇拜和敬意"，而中国政治体系中的精英制度，也使得"他们敬重他们之中更有能力的那些人，并将其视为值得尊敬的灵魂。他们为此修筑庙堂进行祭拜向他们的塑像表达敬意，或者至少会在之前提到过的、用来替代塑像而（在家里或在祭台上）摆放的牌位上写下他们的姓名，而他们说这么做是出于感谢父母对子女的关爱"。但利安当随即亦径直表明："上述事物没有一件应被崇拜。"（at nihil ex praefatis licere venerari）他引用罗明坚[②]在《天主实录》首译"十诫"之第一诫作为依据：

> 第一条要诚心奉敬一天主。不可祭拜别等神像。若依此诫而行。则是奉敬天主世人皆知敬其亲长。然敬天主。当胜于敬亲长之礼。何则。天主甚尊大。胜亲长是以当诚敬也。

---

① Ille enim in suis sententiis omnia Idola, falssas sectas, aliaque superstitiosa, quaeque vitiosa clare abominatur et execrat(sic): et tamen sui sinici litterati in Praxi, omnia praefata sequuntur." "Commentatores autem eius, praesertim Moderniores, super illis Sententias, valde absurda dicunt quamplura, eum sinistre intelligendo." SC, Indie Orientali, Cina, Vol.1, fol. 201v.

② 利安当在其声明中多次将《天主实义》误归于西班牙耶稣会士庞迪我（Pater Dadacus Pantoja,1571-1618）名下，如 fols. 209v, 211r 等处。

因为"至高的上帝自然是超越一切事物的,所以这位唯一神应当被崇敬,对于这位至高神的祭祀应当超越对于双亲和其他君王的祭祀"。①

准确地说,利安当激烈反对和谴责的并非中国礼仪本身,而是奉教者仍在践行祭祖祭孔礼仪的行径。利氏在其寄给传信部的宣誓证明中,详细描述了他亲眼所见的祭祖祭孔仪式的全过程,多次强调:基于其近距离的观察,他确定这些与"拜万岁"（即叩拜不在场的当朝皇帝的礼仪）不同,并非世俗性或政治性的,其中包含巨大的迷信。尤其在祭祖仪式中,祈祷者对于祭祀对象有所求,希望从他们那里求得健康、长命百岁、成就功业、多子多孙抑或摆脱眼下逆境等。所以他明确指出:基督徒不得获准错误地、外在地参与上述形式的祭祀,不应与不信教者混杂在其中践行某一职务,在祠堂、家中或是坟前,公开地或是私下地进行祭祖②,而这一建议后来亦获传信部采用。由此亦可看出:利氏在其外文著述中更多强调耶儒之异及其对来华耶稣会士容忍新教友践行礼仪旧俗的不满,他认定祭祖祭孔等实践活动并非如支持利玛窦文化适应路线的耶稣会士所说③只是世俗性的纪念活动,一再明确其具有偶像崇拜性质。

---

① 节译自利氏手稿中关于"Xîn 神"（Spiritus）的多段论述, N.76–78, SC, Indie Orientali, Cina, Vol.1, fols. 210v–211r。

② Quod quidem sacrificium in domibus suis, et in sepulchris mortuorum etiam fit minore tamen solemnitate. Quaeritur utrum Christiani ficte et exterius tantum ut supra dictus est possint assistere huiusmodi sacrificio, vel exercere aliquod ministerium in illo cum infidelibus commixti, sive in Templo sive in domo vel sepulchro, publice vel privatim [...] Censuerunt; Christianis Chinensibus nullatenus licere ficte vel exterius assistere sacrificiis in honorem Progenitorum, neque eorum deprecationibus, aut quibuscumque ritibus superstitiosis Gentilium erga ipsos. SC, Indie Orientali, Cina, Vol.1, fol. 204.

③ 曾德昭（Alvaro Semedo, 1585—1658）在《大中国志》中将祭孔祭祖礼仪定性为:"人们为其立庙塑像,以纪念他们的功绩和对国家做出的贡献。看来在最初和现在,人们只是表示感激而纪念他们……供奉祖先和祭礼本身不是祭典,因为他们并不认为他们的父辈祖先是什么神或者圣人,不过是为继承他们而表示应有的感激和崇敬。"参见曾德昭. 大中国志 [M]. 何高济,译. 北京:商务印书馆,2012:139。殷铎泽（Prospero Intorcetta, 1626—1696）在其《中国哲学家孔子》（*Confucius Sinarum Philosophus, 1687*）一书的译稿中,亦多次强调中国人祭祖祭孔的礼仪就其在古代最初的设置而言,纯粹是世俗性的（ [...] quod ritus et officia sinensium erga defunctos, à primâ Priscorum institutione, fuerint merè civilia.),参见法国国家图书馆所藏《中国哲学家孔子》原始手稿上部（编号 Ms. Lat. 6277/1）,第 84、94、98、181、241–254 页。

4. 熟悉并擅用中文天主教文献为自身观点作注。利安当在批评中国礼仪的外文著述中，大量征引和译介中文天主教文献作为其观点的论据，在其手稿页边注明确标识的出处有：利玛窦《天主实义》、罗明坚《天主圣教实录》（按：利氏将该书作者误为庞迪我所作）、朱宗元《答客问》（1659 年，利氏前往杭州与耶稣会士卫匡国就祭祖问题进行面谈时引出）、"杭州府学生范中圣名第慕德阿"《天主圣教小引》，并借助孔子《论语》、张居正《四书直解》、朱熹《文公家礼》、司马光《书仪·丧仪》《古文字考》和《字汇》等中文典籍，试图解释"祝""庙""神""礼""祭"等中国礼仪核心术语的真实含义。1668 年 12 月 9 日在利氏从广州写给达·伽马的西文长信中（前述利氏外文文献第 12 号），他引用和翻译大量中文典籍来提出自己对于中国传教要点的 61 点意见，其中也包括上述文献，此外还涉及艾儒略和李祖白的著作、《性理大全》《圣教源流》《辩不奉祖先说》等。由之可见此时利氏对中文奉教文献、经典儒学典籍以及中文工具书的涉猎之广和熟悉程度，并不逊色于当时来华的耶稣会士。但就其行文文采和论证说理的结构而言，利安当确不如利玛窦、艾儒略乃至后来的柏应理（Philippe Couplet，1623—1693）、卫方济（François Noël，1651—1729）等人。

三、结语

早期来华的利安当，秉持托钵修会对宗教信仰纯粹性的强调，目睹福建当地民众的多神崇拜以及奉教文人依旧践行祭祖祭孔之礼的行径，震惊于来华耶稣会对此的包容默许，遂与黎玉范一同挺身掀起对于中国礼仪的指责和旷日持久的争论。[①] 此时的利氏对儒家思想乃至来华耶稣会开辟中国传教事业的经验及思考所知甚少，因循心中"宗教与迷信"二元对立的前见

---

① 利安当后来在写给传信部的声明中，回忆他与黎玉范因一同目睹中国基督徒参与祭祖活动，愤然于 1638 年向传信部提交报告，其动机是"这是我与多明我会黎玉范神父当时的所见所闻，现在我不能不说出来并为此做证"。（ [...] quae ego cum prefato patre Dominicano tunc vidi et audi, non possum etiam nunc, non loqui, ac declarare.)，SC, Indie Orientali, Cina, Vol.1, f. 207r.

范式，激烈抨击并试图抑制异质文化中所有不符合其范式的社会存在。这也是此时的利氏与后来将中国礼仪之争推向白热化的多明我会士闵明我在思想上的共同点。

二度来华的利安当，伴随着自身传教经验的丰富、对儒学典籍以及中文天主教神学著述的深入研读，以及个人交际网络的变化（他早期主要是与福建当地的多明我会士建立反对在华耶稣会传教方针的同盟，后期频繁地在中国各地活动，直接与汤若望、成际理、卫匡国等在华耶稣会士就自己心中的疑虑进行对话，并受到与之交好的耶稣会士汪儒望的深入影响），其中外文著述中所呈现出的儒学观亦日益丰满、复杂，甚至出现部分自相矛盾的观点，例如，他一方面全然赞同和支持龙华民有关中国古代及当代文人都是无神论者的观点，另一方面又对利玛窦评价甚高——他称之为"一个做出了出色功绩的人"（insigni meriti vir），熟读并频繁征引《天主实义》书中的观点，肯定中国古代典籍中的"上帝"即是基督宗教的 Deus，两者只是命名上的不同，但孔子的后世阐释者"不想相信真正的天主，尽管听到过福音侍者的话，却违背他们已听到的真理，有悖自然理性地发表了许多荒诞之说"。① 《天儒印》一书的诞生，可视为利安当对利玛窦耶儒互通诠释路线的肯定及亲身实践。但终其一生，基于对信仰纯粹性的追求，他在其中外文著述中始终如一地反对中国礼仪、视当下中国社会的儒释道三教为充满偶像崇拜的"人为之教"，有别于圣教"有教"，在其外文报告中更是严格要求中国奉教者应摒弃礼仪旧俗，"经由其基督徒的活动来转变自身"（ut melius dicam, avertant se ab actionibus Christianorum）。尽管如此，利氏在其外文书信中从未表露出基督教中心主义的世界观抑或民族主义视角下对中华民族及其文化的偏激否

---

① Hoc est: liber utique antiquorum discusis[sic], scietur quidem illum Altissimum dictum xang ti, a vero Domino Deo solummodo denominatione differre. At moderniores commentatores Confucii, aliique huius temporis litterati, plurima iuxta hoc etiam contra rationem naturalem dicunt absurda: in verumque Deum etiam auditis Evangelii ministris, librisque eorum perlectis, adhuc credere nolunt. Immo a veritate avertentes auditum, ad fabulas autem conversi, caelum ac terram, suum Confucium aliosß[sic] varios spiritus magnis sacrificiis adorant, tam ipsimet sinici reges, quam alii regni sui sapientiores et rudes. SC, Indie Orientali, Cina, Vol.1, f. 202r.

定。①更加难能可贵的，是他能超越修会之间的争执与门户之见，理解并借用来华耶稣会的中文神学著述及其传教方式服务于共同的牧灵工作，这亦使之成为基于自身的纯粹信仰，认真考量耶儒异同以及探讨儒学宗教性问题，践行早期汉语神学书写的杰出表率。

---

① 与利氏不同，多明我会士闵明我在其著述中表露出一种鲜明的基督宗中心观。在其《概论》一书中，他一方面挥洒自如地引用了古希腊和罗马的哲学典籍、《圣经》和教中多位圣父的观点、诸多耶稣会士论及中国的著述，也不时会对中西文化的某些异同进行比较和分析，可见其博学勤勉，堪称当时西方学者的典范。另一方面，闵氏基于基督教中心观对异教文化持有强烈的优越感，不仅屡次强调基督宗教至高至圣，需由它来引领儒家文化，甚至还为西班牙殖民者借助暴力屠杀的手段来归化菲律宾群岛上的原住民这一血腥事件辩护，认为这与他们此前对美洲大陆印第安人的所作所为一样，值得宽恕，因为"这些可怜的受造物们，他们唯一的罪过在于他们的诞生。他们承受苦难的唯一理由便是他们存在于世上，以至于下达了如此多虔诚、高贵、仁慈且有益于他们的命令，却在他们身上收效甚微，多次想要挽救这些卑劣的人，但他们仍甘愿受缚堕落。" *Tradatos históricos, políticos, éthicos, y religiosos de la monarchia de China*, Al pio, y curioso lector, punto 5, pp. viii–ix.

Preliminary Study on the Confucian Views of Antonio a Santa Maria Caballero

Luo Ying

Abstract: The Spanish Franciscan Missionary Antonio a Santa Maria Caballero (1602–1669) was a most important figure in the history of Chinese Catholicism during the Ming and Qing Dynasties. As founder of the Franciscan mission in China, he composed a series of treatises against the toleration of the Rites honoring the ancestors and Confucius among the Chinese Christians and was regarded as critic of the method of accommodation founded by Matteo Ricci SI (1552–1610). Based on his Latin treatises conserved in the Propaganda Fide Historical Archives, this paper aims to present his views on Confucianism and makes a preliminary analysis on the causes.

Keywords: Franciscans, Antonio a Santa Maria Caballero, the Rites Controversy, Image of Confucianism

明末中英首次正式接触中的译者

—— 以《彼得·芒迪欧亚旅行记》中记载的译者/通事为中心[①]

叶向阳[②]

摘要： 本文主要利用记录中英首次正式接触的《彼得·芒迪欧亚旅行记：1608—1667》中的一手素材，辅以其他中西相关史料与回忆录，以服务于英人的译者或通事为中心，尽量详细地建构出明末中英双方在首次官方接触与对峙中的相互沟通的状况，以及译者或通事在其中所扮演的角色及发挥的作用。由于在中英直接接触的早期，中英双方均难以找到对于彼此的语言有足够认知与实际运用能力的译者，再加上当时的中国通事被赋予多种职责，而且英人须在广州官府"推荐"下被迫聘用像李叶荣这样的外文素养与职业操守均较为低下的通事，使得其在居间沟通与中介服务方面往往问题重重，这在较大程度上决定了这些中国译者/通事在英人心目中整体上处于负面形象。另外，由于明朝政府的防夷排外态度，这些为英人提供服务的译者/通事大多出身卑贱，自然成为官府防范与蔑视的对象，他们在中国文献里大都呈现为"奸民"形象。

关键词： 译者研究　李叶荣　中英首次官方接触　威德尔　《彼得·芒迪欧亚旅行记》　明末

中英之间有据可查的首次正式接触是 1637 年夏英国的威德尔船长

---

① 本文为作者叶向阳主持的 2019 年度北京外国语大学一流学科建设科研项目"西方的中国形象史：自中世纪至当代"（项目批准号：YY19ZZA0515）的阶段性成果。

② 叶向阳，北京外国语大学国际中国文化研究院副教授、硕士生导师。研究方向：中英文学文化关系、西方的中国形象研究等。

（Captain John Weddell，1583—1642）率商船队来远东贸易，访问澳门和广州，自该年 6 月 27 日抵达澳门港外，到同年 12 月 29 日离澳门返航，停居于广东近海与内河共 6 月余。[①]关于此事件的史实，中外史家——如张轶东、万明、马士（H. B. Morse，1855—1934）[②]以及《明史·欧洲四国传》等——已有或简或详的论述。另外，季压西、陈伟民在其专著《中国近代通事》（2007 年）的附录里设置了《1636 年：英国首次来华通商船队与通事》一节，在勾勒史实的同时，较多涉及通事在该事件中所扮演的角色，但内容较为简略，而且主要使用马士的相关叙述等二手素材，未触及一手文献，即本文重点使用的《彼得·芒迪欧亚旅行记：1608—1667》（*The Travels of Peter Mundy in Europe and Asia*.1608—1667, Vol.3, part one, 1919）。关于广州贸易及通事问题，目前所见较为系统的研究，是荷兰裔美国历史学家保罗·范岱克（Paul A. Van Dyke）的专著《广州贸易：中国沿海的生活与事业（1700—1845）》（*The Canton Trade. Life and Enterprise on the China Coast*, 1700—1845, 2005）。本著专设"通事"

[①] 英国首次试图与中国建立贸易关系是在威德尔船队抵达前两年的 1635 年。该年 1 月份，英国东印度公司总督 William Methwold，乘坐威德尔船长的 Jonas 号，抵达果阿（印度），同行的还有另外三艘东印度公司的船只。他与葡萄牙总督 Miguel de Noronha, Conde de Linhares 达成了协议。该协议结束了长达 36 年的英葡之间在东方的敌对与冲突。英船 London 号于当年 4 月从果阿出发抵达澳门，并于次年的 1 月份返回。船上管理货物的英商 Henry Bornford 撰有该次航行的旅行记。Mr Foster 编《英国商馆：1634—1636》（*English Factories, 1634-1636*）刊有节选（第 226—228 页）。本文以下将大量出现 factory 这个近代英文词汇，意为"驻外商业基地"。PETER MUNDY. The Travels of Peter Mundy in Europe and Asia[M]. Ed. Sir Richard Carnac Temple & L. M. Anstey. 5 vols, Vol 3, part I. Cambridge: Printed for the Hakluyt Society, 1919: 160, note 1; 167, note 1; 210, note 7. 关于 factory 的词源，亨特在其《口岸条约前的广东"番鬼"》指出："factory 这个词是来自印度的外来词，在印度的东印度公司的商业机构就是如此命名的，与 agency（代理处）同义。" WILLIAM C. HUNTER. An American in Canton (1825-1844)[M]. Hong Kong: Deerwent Communications Ltd, 1994: 12.

[②] 张轶东. 中英两国最早的接触 [J]. 历史研究,1958(5); 万明. 明代中英的第一次直接碰撞 [M]// 中国社会科学院历史研究所学刊：第三集. 北京：商务印书馆, 2004; H. B. MORSE. International Relations of the Chinese Empire. 3 vols[M]. London, New York: Longmans Green and Co., 1910-1918; The Chronicles of the East India Company Trading to China, 1635-1834. Vol. 3[M]. Oxford: Claredon Press, 1926-1929.

（"Linguists"）一章。该作者后又连续出版了《广州与澳门商人》（*Merchants of Canton and Macao. Politics and Strategies in Eighteenth-century Chinese Trade*, 2011）等三部相关专著,译者 / 通事作为广州中外贸易重要的一环,自然常有涉及,但均以 18 世纪及之后为讨论对象,基本未涉及之前状况。王宏志论文《通事与奸民:明末中英虎门事件中的译者》(刊《编译论丛》,台北,2012 年 3 月,第 5 卷第 1 期,第 41~66 页)首次以通事为中心来重建此次中英首次接触或称 "虎跳门事件(Bogue Incident)" 的史实,梳理、比较了诸多中英第一手资料,具有较高的原典实证学术价值。本文将以笔者目前所掌握的中外第一手材料为主要论述基础,将研究重心聚焦于为本次来华商船队即威德尔船长一行服务的译者,并试图通过译者在整个过程中所扮演的角色与发挥的作用,为早期中国翻译史研究与西方的中国形象研究添加一个活生生的个案。

威德尔商船队 1736 年从英国出发时,已配备有一位通晓葡萄牙语的商人兼翻译托马斯·罗宾逊(Thomas Robinson),但他只能应付在澳门的事务。威德尔船长的以上做法,印证了王宏志所称,"【明朝后期以来】欧洲其他国家的商人来华,都必须找来一名懂葡语的人随行"。① 当船队进入珠江并与中国守军发生短暂的武装冲突后,他们接待了一位由中国官府派来的叫诺莱蒂(Paulo Norette,本旅行记又写作 Plabo Noretti 等,中文名李叶荣)② 的中国人,此人曾混迹澳门多年,懂得葡文。自此,被英人称作 "我们的官老爷"（"Our Mandareene"）③

---

① 王宏志. 第一次鸦片战争中的译者,上篇:中方的译者 [M]// 王宏志. 翻译史研究(第一辑). 上海:复旦大学出版社,2011:85.

② 当时不少中国通事(在英文文献中一般译为 linguist,有时也译为 interpreter)都有个外国名字,据《明史·和兰传》载,其中国名字叫李叶荣:"十年,驾四舶,由虎跳门薄广州,声言求市。其首招摇市上,奸民视之若金穴,盖大姓有为之主者。当道鉴壕镜事,议驱斥,或从中挠之。会总督张镜心初至,力持不可,乃遁去。已为奸民李叶荣所诱,交通总兵陈谦为居停出入。事露,叶荣下吏。谦自调用以避祸。"(转引自刘鉴唐,张力. 中英关系系年要表:第一卷 [M]. 成都:四川省社会科学院出版社,1989:117. 下划线为笔者所加)

③ PETER MUNDY. The Travels of Peter Mundy in Europe and Asia[M]. Ed. Sir Richard Carnac Temple & L. M. Anstey, Vol 3, part one. Cambridge: Printed for the Hakluyt Society, 1919: 207, 208, 212, 213, 227。

的这位中国通事便成了威德尔与广州官吏之间的中介,也是中英首次正式交往中受到中国官方指派的主要译员。

记录此次中英交往的《彼得·芒迪欧亚旅行记(1608—1667)》在"一位官大人上船。1637 年 7 月 1 日"小标题下对于中英的首次"官方交往"有如下描写:

> 一位中国官大人及其他一些中国人来到了船上。如其所言,目的是要知晓我们的意图与需求,以便他们可照此向驻在广州的大官员申请许可证。他穿着一件黑色的薄绸或亚麻薄布质地的长衫或外套,底下是其他的服装,头上还有奇特的头饰。他的胸前挂着块写有中文字的宽板,似乎是证明其地位与职责的标牌。其他人的穿着同样怪异。[①]

据笔者推断,这些与该"官大人"随行的"其他人"中,一定会有通事帮助中英双方的语言沟通,否则这位不通外文的"官大人"便无从知晓这些英人进入珠江向广州航行的"意图与需求"。然而,遗憾的是,芒迪对此并未予以特别提及。[②] 不过,自 7 月 12 日英人派遣"安妮"号舢板船(Pinnace Ann)勘察广州珠江水道,直至同年 8 月 15 日,中国通事李叶荣被广州官方派遣与英人交涉前,倒是有多处提及中方通事及英人雇佣的"民间通事"介入中英间的交往沟通。例如:

> 【7 月 18 日】……一支大约有二十艘大舢板船的舰队与我们相遇,

---

① PETER MUNDY. The Travels of Peter Mundy in Europe and Asia[M]. Ed. Sir Richard Carnac Temple & L. M. Anstey, Vol 3, part one. Cambridge: Printed for the Hakluyt Society, 1919: 171。该"官大人"在中国文献中被认为是"粤督的代表"。参见刘鉴唐,张力. 中英关系系年要表: 第一卷 [M]. 成都: 四川省社会科学院出版社,1989:115.

② 芒迪在随后的"自广州来的货船"(The lanteea or Caphila arrived From Canton)一节中提及该官员"再次来到船上,随行的有位年轻的绅士(yong cavallero)"。笔者认为这位绅士很有可能就是通事。PETER MUNDY. The Travels of Peter Mundy in Europe and Asia[M]. Ed. Sir Richard Carnac Temple & L. M. Anstey, Vol 3, part one. Cambridge: Printed for the Hakluyt Society, 1919: 172.

该舰队由副总兵指挥,自广州驶来。我们非常礼貌地请他们停船,他们照办。约翰·芒蒂内与托马斯·罗宾逊马上登船,面见舰队司令。船上有若干位黑人,自葡萄牙人处逃亡,担任他们之间的<u>通事</u>。[①] (下划线为笔者所加,下同)

在此,罗宾逊显然是要担任英方译者的角色的,其与上述"黑人通事"的共同语言应该是葡语。

【8月6日】自官大人的舰队来了一位<u>信使与通事</u>,希望我们不再向广州驶进,而是调转至一个叫 Lantau (即万通炮台)附近停靠。在那边将能得到补给,同时他们将尽量让我们获得贸易许可证。他们同时还告知,已在我们的航线上沉下若干船只以阻碍前进……[②]

【8月6日】我们都来到了上述的荒凉城堡面前。通过几位瘦小的<u>通事</u>,我们不久与军舰上的各位官员进行了沟通,让他们知晓了我们到来的目的,即向他们表达了和平与友谊,并希望像葡萄牙人那样,能自由地交易,以便用金钱能为船队购买到物质补给。他们许诺将向海道、总兵及其他驻扎在广州的重要官员恳求给予满足。[③]

关于上述同一事件,船队舰长威德尔有如下记载:

……在我们驶往广州过程中,遇见了 40 艘战舰,质问我们向前航行的目的。我们答复那位<u>操中葡文的信使</u>道,我们前往广州寻求贸易机

---

① 芒迪在随后的"自广州来的货船"(The lanteea or Caphila arrived From Canton)一节中提及该官员"再次来到船上,随行的有位年轻的绅士(yong cavallero)"。笔者认为这位绅士很有可能就是通事。PETER MUNDY. The Travels of Peter Mundy in Europe and Asia[M]. Ed. Sir Richard Carnac Temple & L. M. Anstey, Vol 3, part one. Cambridge: Printed for the Hakluyt Society, 1919: 177−178.

② PETER MUNDY. The Travels of Peter Mundy in Europe and Asia[M]. Ed. Sir Richard Carnac Temple & L. M. Anstey, Vol 3, part one. Cambridge: Printed for the Hakluyt Society, 1919: 185。

③ 同②: 186.

会。他告诉我们必须即刻在原地抛锚，等待广州官员的回复。……①

8月6日船队所遇"通事"或"信使"显然是属于中方的。

【8月11日】我们从舢板船上岸到了一个集镇，另外一艘带有<u>通事</u>的小船被派往了其他地方。②

紧接着，芒迪对于上述英人所雇民间通事有一个较为详细的描写：

上述的通事是泉州人（a Chincheo），在我们逗留澳门时从葡萄牙人处逃出，会讲一点蹩脚（不准确）的语言③。另一位叫安东尼奥，是埃塞俄比亚的黑奴，来往传输口信，其语言水平同样糟糕，也是从葡萄牙人处逃亡，投奔了中国人。黑奴因心生不满而从其主人处逃亡是常有的事，一旦生活于中国人中间便得到了保障，并为中国人提供服务。④

这是英人在中国海域首次使用当地的通事，而对于他们的语言水平显然很不满意。其实，这些通事均仅会些中葡混合语，且一般仅限于口头，而不通英文，因此，他们为中英双方所做的翻译还需要通过英国商船队里通晓葡萄牙语的商人兼译者托马斯·罗宾逊来做接力传译（relay interpretation），才算最终达成了勉强的言语沟通。

【8月11日】下午，芒特内、我与通事上岸向炮台走去，手里举着白旗……他们告诉我们他们将派一位中国人过来。我们已做出了努力，但

---

① PETER MUNDY. The Travels of Peter Mundy in Europe and Asia[M]. Ed. Sir Richard Carnac Temple & L. M. Anstey, Vol 3, part one. Cambridge: Printed for the Hakluyt Society, 1919: 186.

② 同①: 191.

③ 指葡语。

④ PETER MUNDY. The Travels of Peter Mundy in Europe and Asia[M]. Ed. Sir Richard Carnac Temple & L. M. Anstey, Vol 3, part one. Cambridge: Printed for the Hakluyt Society, 1919: 192.

还是不能购买物品,因此我们期望能直接与大官员进行交涉。他们回答说这不可能,我们还得等待四天才能得到答复。听罢,芒特内先生丢下了白旗转身离开。他们叫唤着我们,而我们头也没回。①

【8月13日】第一艘被我们俘获的舢板船上的【中国】人登上了他们自己的拖船,携带着一封用中文写的信件送往广州。信里表明了我们如此行为的理由,并说明了我们的期望是在其国家获得友谊与自由贸易。其余【被俘获的中国】人须在他们返回后获释。②

上述这封中文信应出自那位"泉州"通事之手。

自8月15日开始,李叶荣作为中国官方派遣的通事,开始担任此次中、英直接交往的主要译者兼中介。在芒迪的"旅行记"中,李叶荣被安排在"中国人前来谈判"(The Chinois come to parley)标题下登场:

【1637年】8月15日来了一位低级官员,手擎停战旗。他由上级派出,来了解我们的不满与要求。听后,他许诺将尽其所能来满足我们的期许,即可以进行自由贸易,并提供一个方便的地方停靠船只,一所房子可以让我们休息。上述以及其他合理主张,他相信将能轻易并快速地得到满足。我们便表达了十分的满意,并许诺将恢复战前秩序及归还原物,从此信守友谊。他随后离开,我们释放了运盐船。③

这位奉上级之命的中国"低级官员",即 Paulo Noretty(又作 Pablo Noretti,即李叶荣),他显然是来替上司向强悍的英商口头回复后者两天前派"中国俘虏"送达的那封中文信(禀文)的。在紧接着的"威德尔关于以上面

---

① PETER MUNDY. The Travels of Peter Mundy in Europe and Asia[M]. Ed. Sir Richard Carnac Temple & L. M. Anstey, Vol 3, part one. Cambridge: Printed for the Hakluyt Society, 1919: 195–196.

② Ibid., 201.

③ PETER MUNDY. The Travels of Peter Mundy in Europe and Asia[M]. Ed. Sir Richard Carnac Temple & L. M. Anstey, Vol 3, part one. Cambridge: Printed for the Hakluyt Society, 1919: 206–207.

谈的记载"中,有关于李叶荣身世与现状的进一步说明:

> 该官员从前在澳门担任仆人与中介,由于受到葡萄牙人的粗暴
> 对待,甚至受到威胁将其卖身为奴,便逃到了广州,转为澳门总兵服
> 务。①……他目前住在总兵家里,老婆与孩子住在澳门,在过去的六七年
> 时间里,担任葡人在广州市场的通事。葡人为在广州的市场每年要投资
> 一百五十万两银子。②……李叶荣是位中国人,葡人让其皈依圣教,并雇
> 用其为通事。在 1636 年即威德尔商船队来华的前一年,他离开了葡人
> 回乡。据称他曾犯有诈骗和舞弊罪。③

如果英人以上情报可信的话,那么李叶荣此前主要为在澳门与广州的
葡人担任通事,应该仅会些葡语,而且在诚信等道德方面可能有很大缺陷。

这次,这位"通事兼使臣"在接受了英商的礼物以及让他代缴的贸易税
款后返回了广州城。④李叶荣除了在中英之间进行口译及承担中介代理事
务外,所提供的文字、公文及其传输服务主要有以下两件:一、为英商用中文
起草禀文(petition)一份(由罗宾逊与芒特内签署);⑤二、由其带来的广东海
道(Aitao)和总兵(Campeyn, or governor)的中文文件(即对于英商禀文的回
复)及葡文译文一份。⑥在旅行记的"广州之行的更多细节"一节里,对于李

---

① PETER MUNDY. The Travels of Peter Mundy in Europe and Asia[M]. Ed.
Sir Richard Carnac Temple & L. M. Anstey, Vol 3, part one. Cambridge: Printed for the
Hakluyt Society, 1919: 207.

② Ibid., 208.

③ Ibid., 208, note 3.

④ Ibid., 206, note 2; 207, note 1; 刘鉴唐,张力. 中英关系系年要表:第一卷 [M].
成都:四川省社会科学院出版社,1989:116,117.

⑤ 按明朝政府规定,外国商人的禀文,只许用汉字书写,不能同时写自己的文
字,更不可能只用自己的语言。司佳. 从"通事"到"翻译官"—论近代中外语言接
触史上的主、被动角色的转移 [J]. 复旦大学学报(社会科学版),2002（3）; 中国知网
（www. cnki.net）本文第二页。

⑥ 英译文见 PETER MUNDY. The Travels of Peter Mundy in Europe and Asia[M].
Ed. Sir Richard Carnac Temple & L. M. Anstey, Vol 3, part one. Cambridge: Printed for
the Hakluyt Society, 1919: 213–215,中方回复的葡文版为在华耶稣会士 Bento de
Matthes 所译,但当时不能取信于英人。

叶荣起草禀文以及英商受到广东"总兵"接见进行了描写：

> 1637 年 8 月 18 日。次日，收到了上述李叶荣（Noretty，此后成为我们的代办 Keby or Broker）正式起草的禀文，他们（指芒特内与罗宾逊）大约在下午三时被唤上了岸，并被请进了衙门，殿前摆放了大量大小火炮。他们见到官员时，根据该国的习俗，被要求下跪。同时，罗宾逊高举着打开的禀文，交给了李叶荣，由他转递给总兵。禀文的内容非常合乎情理，他即刻表示同意，并允诺将尽其所能提供协助。他同时指责葡萄牙人，这些针对其纳税者【指英商】的诽谤，才产生了此前（中英之间）的各种障碍。确实，他此后成为我们的忠实朋友，后续的事实将足以证明。①

显然，有关总兵对于禀文的当场回应，英商是通过李叶荣作为通事从中传译才获知的。至于翻译是否忠实准确，英商此时当然是无从知晓的。

根据本旅行记所提供的英译文，上述英商禀文的主旨如下：

> 1. 希望能在中国居住以便从事贸易活动。
>
> 2. 我们原为投奔在澳门的葡人而来，期望他们能给予指导。但他们生性奸诈，靠不住，非但未能提供帮助，还在给我们的食物中投毒，毒死了我们四十余人（在第二份禀文中将此数字增加到 70 余人），并将我们赶往虎门。虎门的官员拒绝接待我们。多亏了海道与总兵的好意，李叶荣携官方许可证而来，并带来以银子标价的货物。他心地善良、真诚，没有欺诈，带来的货物也是货真价实。
>
> 3. 澳门总督曾派下级官员来，请求我们前往澳门贸易。我们并非不愿意去，但我们害怕澳门葡人可能会算计我们，并拿走我们的银两，再杀死我们。

① 英译文见 PETER MUNDY. The Travels of Peter Mundy in Europe and Asia[M]. Ed. Sir Richard Carnac Temple & L. M. Anstey, Vol 3, part one. Cambridge: Printed for the Hakluyt Society, 1919: 209-210，中方回复的葡文版为在华耶稣会士 Bento de Matthes 所译，但当时不能取信于英人。

4. 我们共有六人【来广州】办理此事。我们希望其中两人与李叶荣前往我们的商船，取来两万两缴纳国库的税款。银两像在澳门时那样须公开过秤，并有澳门代办与葡人在场。其他四人留在广州直至我们返回。当一切圆满结束，他们便可以离开，我们也将自由踏上返程。[①]

如上所言，结果共有英商两人（芒特内与罗宾逊）跟随李叶荣乘坐后者的小舢板进入广州，[②] 递交禀文，并为达到禀文所列目标，带上了贵重礼物以贿赂、取悦中国官员。三天后，李叶荣带来了用中文书写的、据说出自海道与总兵的许可证，被贴在挂在其胸前的大尺寸牌板上。据李叶荣提供给英商的翻译，其内容如下：

由于葡萄牙人拒绝在澳门给予（英商）贸易的方便，而威德尔愿意缴付皇上税款，所以中国官府决定给予英国人在广州买卖任何商品的自由，指定三处给威德尔选择作为船只的啶泊地。指定委任李叶荣（此处写作 Paolo Nurette）为英国人的经纪人，以便进一步协商并协助办理相关事务，要求在一两天内派两三个英国商人到广州，以便准备购买所需货物。[③]

威德尔船长对李叶荣的文件译文信以为真，表示非常满意，随即归还了在此前冲突中缴获的所有大炮与船只及船上人员，并按许可证上的“要求”做出了安排，派商务代表三人跟随通事前往广州，携带大量银圆，准备送给官吏与用作购货用。据称，英商穿着中国官服进入广州，并入住李叶荣亲戚家。[④] 结果英国代表一去便杳无音信（后来英人发现是被扣留了）。同时，还派人前

---

① PETER MUNDY. The Travels of Peter Mundy in Europe and Asia[M]. Ed. Sir Richard Carnac Temple & L. M. Anstey, Vol 3, part one. Cambridge: Printed for the Hakluyt Society, 1919: 210−211.

② Ibid., 216.

③ Ibid., 212−213.

④ PETER MUNDY. The Travels of Peter Mundy in Europe and Asia[M]. Ed. Sir Richard Carnac Temple & L. M. Anstey, Vol 3, part one. Cambridge: Printed for the Hakluyt Society, 1919: 217, note 2.

往调查"文件"上所列的三处"啶泊地",结果发现都不能停靠船只。恰在此时,台风即将来临,船长要求官府准许他们向前驶入内河,但被拒绝,甚至被要求离开中国海域。9月10日深夜,也就是李叶荣给英商带来贸易许可证后若干天,有五艘舢板船向英船发起火攻,意在烧毁英船,但由于英船躲避及时,并未得逞。于是,威德尔的美梦破灭了。此时威德尔开始怀疑通事李叶荣的信誉,并为已跟随其前往广州的英商的人身安全担忧。^①在英商9月27日致信澳门总督,答复后者于9月7日发来的抗议信时,威德尔明确指称李叶荣(Pablo Norete)为葡方"掮客"(假扮作官员的你们的掮客,"your agent, Pablo Norette, acting as Mandarin, which he was not"),"一个江湖骗子,迄今一切阴谋诡计的始作俑者与实施者(an imposter and your leader and agent in all the treachery that occurred)",^②与上述英商禀文第二条中对于李叶荣的评价判若两人。当然,该禀文为李叶荣本人所拟,其内容未必完全为英商了解,不排除这位中国通事有自我标榜之嫌。

诚然,从本旅行记的下文我们便可得知,这份文件其实根本不像李叶荣所翻译的那样乐观,而是说,在允许外国船只驶入内河之前,他们必须将此事向上级请示,如未取得他们颁发的执照,外国船只是不能擅自进行贸易的,并指示下级军官命令"红毛夷船"立即起锚驶出外海。文中还力陈中国法律严明,若有违抗,即予以严惩。文件中还特别指出,为防止外夷因不谙而触犯中国法律,特别指派官员(指李叶荣)携带给"红毛夷"(red-haired barbarians)此命令,"一旦接到该命令,英人须即刻起锚向外海驶去。你们竟大胆试图通过武力达到贸易目的,而我们一直予以禁止。你们如此行为,在我们看来简直像小狗、山羊,既无知识也无理智"。^③文件的中文原文是以这样严厉的警告结束的:"如尔等胆敢损坏一草一木,余必下令士卒歼灭尔辈,使尔等片帆

① PETER MUNDY. The Travels of Peter Mundy in Europe and Asia[M]. Ed. Sir Richard Carnac Temple & L. M. Anstey, Vol 3, part one. Cambridge: Printed for the Hakluyt Society, 1919: 229, note 2.

② Ibid., 244.

③ PETER MUNDY. The Travels of Peter Mundy in Europe and Asia[M]. Ed. Sir Richard Carnac Temple & L. M. Anstey, Vol 3, part one. Cambridge: Printed for the Hakluyt Society, 1919: 214−215.

不留,则尔等后悔莫及,罪不可逭(逃避)。"①

李叶荣误导真相的情况在该事件接近尾声时终于为英人所知。芒迪(Peter Mundy)在其旅行记里专门有 "Our Choppe or Patent From Cantan Falsely interpreted by Nurette" [李叶荣虚假地翻译了来自广州的海关监督牌(贸易执照)] 一节,斥责他的翻译与原意 "完全相悖且极其虚假,完全为了迎合我们(的意图)而翻译,诸如【谎称】我们每年可以来四艘船进行自由贸易,提供一处方便地点供居住并停靠船只,这些与上述事实完全相反",并说已看透了李叶荣,是他在广州周密部署了陷阱让英商往里钻以便骗取钱财 "我断言他是我们这一切遭遇的背后指使者。" 此时,英商转而相信那位精通汉语的耶稣会士的译文,甚至所俘获的舢板船上的商人及私下为他们帮忙的那位黑人通事安东尼奥(Antonio),虽然这后两位用于表达的词汇量非常有限,但其传译的大部分内容被认为是与这位耶稣会士一致的。②

随后,鉴于李叶荣的失信,英商重新起用了此前曾私下协助其与中国官员交涉的埃塞俄比亚籍黑人安东尼奥。此人不仅随船传译,还给英商提供建议。例如,关于中国官员要求英船在珠江上暂停十日,他告知英商此建议纯属中方的拖延策略,"不过是要等待福建舰队来到而已,这是这些官员所日夜盼望的。再加上恰逢月黑夜,便于火攻战术实施,船只停靠不动将极

① 该段文字的中文原文出处不详。由葡文转译的现代英文译文为 "I warn you that should you have the great boldness to harm so much as a blade of grass or a piece of wood, I promise you that my soldiers shall make an end of you, and not a shred of your sails shall remain, should you do such a thing; and you shall have no time for repentance and your sin shall not be forgiven." 该葡文于当年 10 月 27 日(汉语原文于 8 月 21 日由李叶荣带给英商并为其先译)由 "熟练掌握中文的耶稣会士" 所译。同 ①: 215 & note 1. 在后文,芒迪转述该部分内容的大意时,英文如下:…the effect of the Contents was Thatt how wee Durst with our Shippes come uppe soe Farre—willing us to beegon, elce they would use all the Force they could to expel us, and that they would not leave us one Ragge of saile, which was one of their termes, and other things of the same Nature. The Jesuit had it worse, wee being stiled redhaired barbarians, etts. 同 ①: 260.

② PETER MUNDY. The Travels of Peter Mundy in Europe and Asia[M]. Ed. Sir Richard Carnac Temple & L. M. Anstey, Vol 3, part one. Cambridge: Printed for the Hakluyt Society, 1919: 260-261.

其危险"①。除此之外,在英商与驻澳葡萄牙官员的交往中,还有位从马六甲坐英船来到澳门的耶稣会士巴托洛梅乌·德罗博雷托神父(Bartholomeo de Roboredo,1607—1647,葡萄牙人)曾充当英葡之间的信使与调停人的角色。②

另外,在这次中英交往中,还有两个文件需要通事参与翻译。一是英商发给中方的第二份禀文(Second Petition made by the English to the Mandarins of Canton),起草于1637年10月7日,当月12日由罗宾逊与芒特内联合签署。该禀文内容与第一份禀文类似,要求在澳门之外辟出一块地供英商进行贸易,然后给予开具一份执照,以便货船搬运货物,并写明所有物品,展示官方许可证,最后许诺在达此目的后英商船队将离开,永不再来,也不会再次实施破坏,云云。③关于该禀文英译文,本旅行记的编者在注释里指出"禀文多处意义含混,无疑是因为在从英文译到中文再从中文译到葡文过程中,译者的语言能力有限。"④二是英商给中方的"保证书"(The Undertaking signed by the English),于1637年12月10日在澳门由英商斯旺雷(Richard Swanley)、芒特内与船队司令威德尔联合签署。该文件原文的正文为西班牙文,宣誓词为葡文。⑤此前,李叶荣已完全失去了英商的信任,不可能再次担任翻译之责。以上两个文件的中文译者更有可能是上文提到的泉州籍译者或埃塞俄比亚籍黑人译者(后者可能性较小)。

在芒迪关于中国的旅行记部分,我们最后看到关于李叶荣的记载是在

---

① PETER MUNDY. The Travels of Peter Mundy in Europe and Asia[M]. Ed. Sir Richard Carnac Temple & L. M. Anstey, Vol 3, part one. Cambridge: Printed for the Hakluyt Society, 1919: 241.

② Ibid., 245, 247.

③ 在芒迪旅行记有关这个文件的注释里,编者指出:"如果照英商日记所言,禀文签署于10月12日,早在10月7日或9月27日即已翻译则不太可能。因此,可能的情况是,禀文起草于9月27日,并于次日连同'致英船'信一起被送到了罗宾逊手中,与此同时,芒特纳在等待,直至罗宾逊从舢板船中被释放后回到了广州,他们联合签署了这个文件。"同①: 280-181, note 5.

④ 同①: 279, note 3.

⑤ 同①: 288-289. 该保证书的大意如下:因不知中国法律,在进入中国之时,我们做出了无法挽回的事情。作为遥远的异国国民,我们期望得到中国皇帝的宽容和恩典,实际上我们已经得到了其巨大的恩典和宽容。今后我们保证遵守中国法律,永不再犯。如我们有违反此保证的行为,愿承受澳门当局和官员给予的任何惩罚。

1637 年 12 月 25 日（即英船队离开广州返航前 4 天），标题为"一封来自李叶荣的信"（A letter from Nurette）：

> 在圣诞节这天，我们收到了李叶荣从广州发来的信，明确告知总督已到达那个城市，只要我们每年交付二万两银子、四门大炮与五十条火枪，即可获得在该国的自由贸易权以及一处住所。然而，鉴于其曾在交给我们的官方牌照上严重造假，而且一直是我们所有麻烦的推波助澜者，我们如何能信任他呢？①

显然，该信件里所报告的"好消息"又是李叶荣的"一厢情愿"，其实此时新任总督——张镜心——"防夷"的决心与策略远强于前任。我们可以摘引两则关于英人威德尔来广东要求通商事的中文文献来为李叶荣的说法证伪。第一则来自《明史欧洲四国传》（下划线为笔者所加）：

> 十年，驾四舶，由虎跳门薄广州，声言求市。其酋招摇市上，奸民视之若金穴，盖大姓有为之主者。当道鉴壕镜事，议驱斥，或从中扰之。会总督张镜心初至，力持不可，乃遁去。②

第二则来自蒋擢主修《磁州志》（卷十六）：

> ……粤地滨海，番舶奸商，时勾海外诸番为患。……适红番依舀泊舟乞市，镇臣陈谦豢之以为利，镜心至，劾谦罢去，檄参将黎延庆驻师近舀，而命以市货给归之，红番逐去。乃环视地形，凡要害皆设兵守之，自是海上无警。③

---

① PETER MUNDY. The Travels of Peter Mundy in Europe and Asia[M]. Ed. Sir Richard Carnac Temple & L. M. Anstey, Vol 3, part one. Cambridge: Printed for the Hakluyt Society, 1919: 297.

② 张维华. 明史欧洲四国传注释 [M]. 上海：上海古籍出版社，1982:118-119.

③ 蒋擢主修《磁州志》卷十六，第 16 页。

据《明史欧洲四国传注释》作者张维华考证："是则红番求市事，……乃英人 John Weddell 事也。……盖英人初至中国，华官以其人似和兰，故亦以红番称之。"①

至于中英早期交往中的首任官方通事——李叶荣——的形象，中、英双方的态度竟高度"一致"：中文文献里以"奸民"称之，罪责是为金钱所诱，与洋商勾结，行贿总兵陈谦，而结局是"事露，叶荣下狱"。《明史·和兰传》称：威德尔等"为奸民李叶荣所诱，交通（贿赂）总兵陈谦为居停出入。事露，叶荣下狱，谦自请调用以避祸。为兵科凌义渠等所劾，坐逮讯。自是奸民知事终不成，不复敢勾引……"②。在英文文献里，作者芒迪用了"treachery"（阴谋诡计）"betraying"（出卖）"imposter"（江湖骗子）"agent"（掮客/间谍）等强烈字样来斥责他。总之，这位中国通事在整个事件中的劣迹主要有为一己私利而轻易许诺英人要求，故意误导英国人，在翻译文件时，擅自隐瞒原文的真实内容，协助甚至教唆英人对中国官员大肆行贿，并利用职务之便，侵占英人财物。当然，其语言水平也颇令英人怀疑，不过，以上也正是当时英商对于在华所雇通事的较普遍看法。

其实，以上"通事形象"在中国明清时期西方人的文献中也得到了进一步的验证。例如，利玛窦在其"札记"中记录了一则其在广东香山（Ansam）所见贴在城门上盖有新任郭总督（Viceroy the Co）的告示："据各方严讼，现在澳门犯罪违法之事所在多有，皆系外国人雇用中国通事所致。此辈通事教唆洋人，并教会其我国习俗。尤为严重者，现已确悉彼辈竟教唆某些外国教士学习中国语言，研究中国典籍。……上项通事倘不立即停止所述诸端活动，将严行处死不贷。"③ 显然，这些与洋人有较密切联系的中国通事，被中国官方看作是蔑视违反本国法规，专事教唆、勾结洋人，泄露我方秘密，简直与

---

① 张维华.明史欧洲四国传注释 [M].上海：上海古籍出版社，1982:119.

② 同 ①：118-119.

③ 利玛窦，金尼阁.利玛窦中国札记 [M].何高济等，译.北京：中华书局，1983:156-157.笔者参照上述译本的原文 China in the Sixteenth Century: The Journals of Matthew Ricci: 1583-1610 (LOUIS J. GALLAGHER. S. J. translated. New York: Random House, 1953: 143-144) 对译文略加修改。

汉奸无异，将其下狱杀头乃罪有应得。另外，鸦片战争前在广州替外商处理商务事宜的美国人亨特（William Hunter，1812—1891）在其回忆录中对于中国通事评价道："除了行商外，与外国人团体关系密切的其他中国人就是'通事'了。之所以传统上如此称呼，是因为他们除了自己母语外，对于其他语言一无所知。"① 亨特及其回忆录的研究者称，"在中国政府的期待中，通事须让西洋人遵纪守法，而西洋人反过来把他们看作是某种官府派来的间谍"。② 虽然利玛窦、亨特与威德尔商船队来华时间有先后，但李叶荣作为英国商人与明末中国官府之间的"居间"人物身份，其尴尬形象与悲惨遭遇与上述看法如出一辙。

———————

　　①　WILLIAM C. HUNTER. An American in Canton (1825−1844)[M]. Hong Kong: Deerwent Communications Ltd, 1994: 31.

　　②　PHILIPPE DE VARGAS. William C. Hunter's Books on the Old Canton Factories (1939)[M]// WILLIAM C. HUNTER. An American in Canton (1825−1844)[M]. Hong Kong: Deerwent Communications Ltd, 1994: 13.

The Interpreters in the First Sino-British Official Encounter in 1637

—With a Focus on the Interpreters/Linguists in *The Travels of Peter Mundy in Europe and Asia*

Ye Xiangyang

Abstract: The present paper attempts to reconstruct the roles played by the interpreters/linguists in the Sino-British communication and understanding during their first encounter towards the end of the Ming Dynasty (1368–1644), based on the *The Travels of Peter Mundy in Europe and Asia: 1608–1667* , and other English and Chinese primary and secondary sources. Due to the difficulties of finding the qualified interpreters who were proficient in both languages and the fact that the Chinese interpreters/linguists were invariably endowed with many other duties beyond interpretation and translation, many problems arose in their services. And to make things worse, the English merchants had to accept such linguist as Paulo Norette recommended by the Chinese authority with doubtful language proficiency and professional morality. This contributes largely to their negative images as being treacherous and deceitful in the English records generally. Besides, these interpreters/linguists were presented as malefactors and traitors in the Chinese literature because of their serving the "western barbarians" and being usually of humble and doubtful origins.

Key words: interpreter study, Paulo Norette, first Sino-British official contact, John Weddell, *The Travels of Peter Mundy in Europe and Asia*, end of Ming Dynasty (1368–1644)

尼尔斯·马松·雪萍及其游记初探

阿日娜①

摘要:本文将17世纪"欧洲中国热"开始之际,瑞典对中国文化接受的情况作为入手点,对第一位在文献中介绍中国的瑞典人尼尔斯·马松·雪萍及其游记《途经亚洲、非洲以及众多异教国家、岛屿》进行评述,特别对他笔下有关中国的记录进行介绍与分析,总结了雪萍及其游记在中瑞文化交流史中的意义与地位。

关键词:尼尔斯·马松·雪萍 游记 17世纪 中瑞文化交流

提到瑞典汉学,我们的关注点往往集中在20世纪那些卓有成就的瑞典汉学家,如考古学家安特生(Johan Gunnar Andersson,1874—1960)、音韵学家高本汉(Bernhard Karlgren,1889—1978)、翻译家马悦然(Göran Malmqvist,1924—2019)等人,但事实上瑞典很早就对中国发生了兴趣,中瑞两国的接触可以追溯到四百年前的17世纪。

一、17世纪瑞典对中国的认识

在所有涉及中瑞文化交往历史的作品中,作者几乎都会从尼尔斯·马松·雪萍(Nils Matson Kiöping,1621—1680)入手。雪萍甚至被认为是第一位来访中国的瑞典人,这样的表述其实不甚准确。雪萍在中瑞文化交往中究竟起到了怎样的作用? 我们可以通过历史文献找到比较准确的答案。

斯特林堡(August Strindberg,1849—1912)在《瑞典与中国及鞑靼国家

① 阿日娜,北京外国语大学欧洲语言文化学院讲师,北京外国语大学国际中国文化研究院比较文学与跨文化研究专业博士研究生。研究方向:中西文化交流史。

的关系》(*Sveriges relationer till Kina och de Tartariska länderna*)一文的开篇
这样写道：

> 依据现有的印刷文献资料显示，瑞典同中国的交往早在 17 世纪便
> 已经开始了。
>
> 1655 年，众人熟知的尼尔斯·马松·雪萍拜访了中国，这位前"海
> 军上尉"的旅行日记由维辛茨堡的约翰·坎克尔出版社(Johan Kankel
> på Wiisindzborg)于 1667 年印刷出版。与基歇尔(Athanasius Kircher,
> 1601？—1680)所著的《中国图说》(*China Illustrata*)同年出版。
>
> ……………
>
> 这部合著的作品名为《包括日本王国在内的三次游历简述》
> (*Een kort Beskriffning Uppå Trenne Resor och Peregrinationer, sampt
> Konungarrijket Japan*)第一章：途经亚洲、非洲以及众多异教国家、岛
> 屿，尼尔斯·马松·雪萍著。第二章：广袤而神奇的日本王国。第三章：
> 关于东印度——中国与日本——旅行的描述，乌洛夫·埃里克松·威
> 尔曼著。第四章：从莫斯科到北京，一位俄国外交使节著。维辛茨堡，
> 1667 年。[①]

这段文字表述至少可以说明两个问题：第一，尼尔斯·马松·雪萍是当
时(即斯特林堡时期)已出版的文献资料记载中到访中国的第一位瑞典人；
第二，雪萍生活的时代，瑞典已有若干关于中国的书籍与文献，关于这一点我
们还可以从其他方面得到辅证。

瑞典虽然地处北欧，但与欧洲大陆的交往却十分频繁，特别是 17 世纪，
瑞典在经历了"三十年战争"(1618—1648)之后，一跃成为一个北欧帝国，
国家在政治、军事力量不断壮大的同时，在文化方面也试图向欧洲大国靠
拢。瑞典女王克里斯蒂娜(Drottning Kristina,1626—1689)曾邀请哲学家笛
卡尔(René Descartes,1596—1650)来瑞典做客。欧洲出版发行的各类图书

---

① AUGUST STRINDBERG. Kulturhistoriska Studier[M]. Stockholm: Albert
Bonniers förlag, 1881: 3.

也都源源不断地传入瑞典，其中自然包括当时由"礼仪之争"引发的各种关于中国的书籍与文献。目前虽尚不能明确究竟有哪些关于中国的书籍在此时传入瑞典，也不能明确这些书籍具体收藏在何处，但我们可以从许多瑞典人的著作中确定这类书籍文献的存在。

1694 年，瑞典乌普萨拉大学的一位青年学者尤纳斯·洛克奈尤斯（Jonas Locnæus，1671—1754）提交了一篇名为《中国的长城》（"Murus Sinensis brevi dissertatione adumbratus"）的学术论文，对长城的位置、规模、历史及作用进行了讨论。一些学者认为这篇论文算作"瑞典关于中华帝国学术兴趣的首次显示"[①]，但其意义与影响却十分有限，斯特林堡道出了其中的缘由："此文虽然是洛克奈斯所著，但文章的内容完全基于基歇尔、金尼阁（Nicolas Trigault，1577—1628）、门多萨（Juan Gonsales de Mendoza，1545—1618）以及卫匡国（Martino Martini，1614—1661）的著作，没有任何新的见地。"[②]三年后，学者埃里克·罗兰（Erik Roland）的论文《论中华大帝国》（"De mango Sinarum imperio"，1697 年）同样也参考了上述著作的内容。而进入 18 世纪以后，乌普萨拉大学东方学学者乌拉乌斯·塞西尤斯（Olavus Celsius，1670—1756）的学生乌洛夫·汉宁（Olof Hanning）更是以柏应理的著作《中国哲学家孔子》为基础创作了的论文《中国哲学家孔子》（"Exercitium academicum Confucium Sinarum Philosophum leviter adumbrans"，1710 年）；约翰·阿恩德特·贝尔曼（Johan Arndt Bellman，1664—1709）则将法国耶稣会传教士米歇尔·布德罗德（Michel Boutauld）所译的《论语》转译为瑞典语，并起名《儒家箴言八十则》（Les conseils de la Sagesse，1723 年）……由此可见，自 17 世纪起便有大量有关中国的书籍文献传入瑞典，并对瑞典的学术文化产生了一定的影响，加之荷兰、英国东印度公司将大量中国茶叶、瓷器贩卖至瑞典，使得瑞典在不自觉的情形下慢慢加入了"欧洲中国热"的潮流之中。

---

① 艾黎.中国的长城 [M]// 跨文化对话（第 21 辑），南京：江苏人民出版社，2007:65.

② AUGUST STRINDBERG. Kulturhistoriska Studier[M]. Stockholm: Albert Bonniers förlag, 1881: 5.

二、雪萍及其游记

尼尔斯·马松·雪萍的游记多少也顺应了这样的潮流。虽然整部游记涉及中国的内容仅有三个章节,但确实成为首部由瑞典人撰写的关于中国的文献,在中瑞文化交流历史中有着里程碑般的意义。

瑞典历史文献中有关雪萍的生平记录很少,根据学者卡丽娜·利德斯特罗姆(Carina Lidström,1958—)的考证,尼尔斯·马松·雪萍1621年出生在一个牧师家庭,"雪萍"并不是他的真实姓氏,而是他父亲工作的教区的名字。1641年,雪萍进入乌普萨拉大学学习,1647年前往荷兰学习航海,之后的八年,雪萍跟随荷兰船只游历了非洲与亚洲的多个地区。特别是1650年以后,雪萍在印度尼西亚的巴达维亚(Batavia,今雅加达)进入荷兰东印度公司,1654年他与荷兰东印度公司驻台湾的最后一任总督,同是瑞典人的揆一(Fredrik Coyet,1615—1687)来到中国,探访了中国东南沿海的部分地区,随后又一同前往台湾。1656年雪萍回到瑞典,就职于瑞典皇家海军,但不久后便被辞退。17世纪60年代及之后,雪萍一直生活在斯德哥尔摩,直至1680年因溺水身亡。[①]

《途经亚洲、非洲以及众多异教国家、岛屿》(*Reesa som genom Asia, Africa och många andra hedniska konungarijken, sampt öijar medh flijt är förrättat*)正是雪萍1647年至1656年八年游历的记录。游记从第一人称"我"的视角出发,依据地理位置,对其所到达并探访的地区逐一进行描述,从非洲西海岸开始,到红海、西奈半岛,从亚美尼亚、波斯到印度、锡兰,从苏门答腊、泰国再到中国、印尼,雪萍一直尽量详细客观地将自己的亲身经历展现在读者眼前。正是因为雪萍,瑞典语词汇中第一次出现了"香蕉""椰子""狒狒""猩猩""变色龙"等一系列新词汇,瑞典民众也第一次阅读到了用本国语言书写的游记。这部游记连同前文提到的其他几部游记共同由约翰·坎克尔出版社于1667年出版发行,引起了极大的轰动,首版500册很快便销售一空,之后该书又于1674年、1743年、1759年即1790年再版了四次,可见其

---

① Carina Lidström. Berättare på resa, Svenska resenärers reseberättelser 1667–1829[M]. Stockholm: Carlssons, 2015: 43.

受欢迎的程度。

事实上，随着航海大发现时代的开启，欧洲民众对于外部世界的猎奇心理与日俱增，同一时期各类游记层出不穷。雪萍的游记相较同时代充满奇幻风格的其他游记而言，最突出的贡献在于对"相对客观"的描述。在雪萍的游记中看不到"喷火的巨龙"或"唱歌的人鱼"，只有对事物的还原与探究。当然，由于各方面的原因，雪萍的描写存在许多错误，例如，他听说大象怀胎三年才能产子，但这并没有掩盖他不断试图解开事实真相、验证固有思想的努力与尝试。他指出犀牛身上并没有大家想象的铠甲，鹈鹕也不会像传说中那样用自己的血肉喂养幼鸟。雪萍的游记因此也成为之后瑞典各类游记作品的标杆。

三、雪萍笔下的中国

雪萍作为第一位用瑞典语写作的游记作者，在瑞典语言学、文学历史上都占有极为重要的地位。瑞典学者对于雪萍的研究也多集中在语言、文学领域。斯特林堡是第一个指出雪萍及其游记在中瑞文化交流历史中占有重要地位的学者。

根据现有资料推测，雪萍极有可能不是第一位到访中国的瑞典人。雪萍是跟随荷兰东印度公司的船只来到中国的，成立于1602年的荷兰东印度公司一直都雇有大批瑞典雇员。一位与雪萍同一时期的海员乌洛夫·埃里克松·威尔曼（Olof Erikson Willman）在自己的游记中曾写道，仅1654年一年驻扎在巴达维亚的瑞典人就有24名[①]，其中不乏身居要位的高级官员，揆一便是其中之一。所以在雪萍之前，很有可能有其他瑞典人来过中国，只是目前还没有发现相关的文献记录。

雪萍跟随揆一来到中国的年份——1654年，也是荷兰首次派使团出使清朝的年份。由于雪萍的游记并没有注明具体时间，所以不能确定二者是否有某种关联。另外，由于当时清朝还在与南明各部打仗，中国东南沿海地区

---

① Carina Lidström. Berättare på resa, Svenska resenärers reseberättelser 1667—1829[M]. Stockholm: Carlssons, 2015: 47.

形势依旧十分严峻。雪萍在大陆地区停留了很短的时间便起航驶去台湾了，因而他对中国大陆地区的描述十分笼统概括，文中甚至没有写明他所到之地的名称，而且可以看出其中大多数信息是转述，但也将中国当时的情况讲述得比较清晰。

1. 中国大陆地区

雪萍在介绍中国的开篇就极尽赞美之词：

> 中国一直被视为世界上最美好、最强大也是最富有的国家。那里有诸多技艺超群的匠人、和善、聪颖又博学的民众，更不要说他们的官员以及学识渊博的学者。所有人都遵纪守法。那里还有高超的占星术和医术。（有身份的人）外出时不需要走路，而是坐轿子。如果细致地描述这个国家，则需要很长的时间。我仅到过沿海地区的几个地方，这里同这个国家其他地方一样都遭遇了鞑靼人（满人）的破坏，但当地居民仍然被允许自由地供奉自己的神明，从事原有的手工制造和其他生意。①

雪萍眼中的中国人是"一个非常勤俭的民族，任劳任怨的从事各种工作"。②

在之后的篇幅中，雪萍主要介绍了明清之间的战争，并特别提到了郑成功，为下文介绍台湾做铺垫：

> 蜿蜒四千余公里的长城本阻隔在鞑靼人与汉人之间，现如今已被攻克。（大明）的皇帝与贵族死的死，逃的逃，从未做出任何有效的抵抗与还击。在仅有的积极抗清人士中有一位名叫一官（Eequa）的将领③，

---

① Nils Matsson Kiöping. Reesa som genom Asia, Africa och många andra hedniska konungarijken, sampt öijar medh flijt är förrättat[M]. Falun: Scandbook, 2016: 141.

② Ibid., 141.

③ 即郑芝龙（1604—1661）。

他死后①，其子郑成功（Kokokhinga）率领父亲旧部继续抗击清廷，无奈时运不济，屡屡战败，不得不退守金门岛（Aionam）以作海盗劫掠船只为生。1655年我们在该岛给船只做补给，郑成功还希望暂时留下我们船上的几名船员。②

接着，雪萍忽然话题一转，谈到了中国的货币：这里的流通货币是一种串成一吊吊的铜钱③。而在本章结尾处，雪萍介绍了澳门与南明皇帝朱由榔：

> 葡萄牙人在中国取得了一个非常漂亮的城市作为据点，名为澳门。他们在那里从事大型的贸易活动，并建起了教堂与修会，总共有一百多位中国人在那里皈依了基督教。那位被鞑靼人赶下皇位的皇帝连同他的家人都接受了洗礼④。这位皇帝将"康斯坦丁"（Constantinum）作为自己的教名，但对于中国人来说"康斯坦丁"的发音太困难，所以大家都愿意称他为"塔提姆"（Tamtim）。（这就是他充满聚变的人生。）澳门在战乱中也遭到了满人的破坏，这位皇帝不得不再次出逃，远走他乡⑤。

2. 台湾与金门岛

雪萍接着用整整一个章节介绍了台湾：

> 台湾是一座方圆超过三千公里的岛屿。在我1655年去的时候，荷兰人已经控制了该岛半数地区。那里景色优美，气候宜人，物产丰富，

---

① 实为降清，雪萍在这里记述有误。

② Nils Matsson Kiöping. Reesa som genom Asia, Africa och många andra hedniska konungarijken, sampt öijar medh flijt är förrättat[M]. Falun: Scandbook, 2016: 141.

③ 同①：142.

④ 即南明末代皇帝朱由榔（1623—1662），雪萍在这里的记述也存在偏误。

⑤ 同①：142.

盛产水稻、棉花、豆子、小麦、甘蔗等作物,但岛屿上最珍贵的资源当数山泉冲下来的金沙。荷兰人在这里拥有两个坚固的据点,一个称为泽兰官(Zelandia)[1],另一个称为巴克萨姆博依(Backsamboy)。这里的居民肤色黝黑,荷兰人控制地区的原住民都皈依了基督教,其他地区则仍是异教徒。那些不受荷兰人管控的住在高山之上的原住民,拥有自己的家畜、稻田和果园,(因而)不需要与山下的居民接触,倒是山下的居民时常去找他们,用金沙换取一些棉布衣。山上的原住民与山下的原住民说的是完全不同的语言,相互之间都听不懂。荷兰人曾多次尝试到山上探访,但每次荷兰人一来,他们就跑到另一座山上去了。山上原住民还有一种悬挂在树上的树屋,用植物的根茎编成,荷兰人一出现,他们就躲进高高的树屋,那些来不及躲藏的就会割颈自杀。这里所有的居民都是奔跑高手,也十分擅长投掷标枪,猎捕鹿和野猪。山林中的鹿和野猪为数众多,给居民的生活造成了极大的困扰和破坏,原住民会生吃鹿肉生饮鹿血。

雪萍接下来介绍了发生在他离开后郑成功攻打荷兰人夺取台湾的情况:

> 我听说郑成功于1659年带着自己的舰队突袭了这里,他们只遇到了大约一千人的抵抗,整个岛屿对他来说完全是开放的。在一次战役中荷兰人的巴克萨姆博依据点丢失了,郑成功转战泽兰官据点,那里的统帅是瑞典出生的揆一,他拼尽全力尽可能长时间地守住据点,并做好了充足的战略贮备,但糟糕的是这里没有淡水,最后揆一不得不要求和谈。中国人一直将他们扣留到荷兰舰队再次到来,并将他们送至巴达维亚。

雪萍对事件没有做出任何评价,只是作为一个旁观者尽可能地将所见所闻再现。而在金门岛一章,读者可以从字里行间感受到雪萍对郑成功的恐

---

① 即热兰遮城,又称平安古城。

惧。金门岛是雪萍游记的第八十五章，也是介绍中国的最后一章，雪萍记述
了自已在岛上为船只进行淡水及食物补给的情形，文中特别提到了一种岛
上特有的螃蟹，同时也讲到了船员不敢在岛上多做停留，虽然他们得到郑成
功的允许上岸补给，但对于这位名声大振的"海盗"，所有人都是心存顾忌的，
因而还是早早登船离开为好：

> 金门是一座面积约为四五百平方公里的小岛，1655 年仍在郑成功
> 及其党羽的控制之下。当时我们获准上岛汲取一些淡水，距离海岸不
> 远处就有一片淡水湖，湖中有许多螃蟹，有点类似龙虾(Taskekräftor)，
> 我们把它从水中钓起，太阳晒不多久就会变得像一块儿石头，但我们
> 可以像掰断一支烟管一样掰开它。我们用棍棒插在水中，尽可能多地
> 将捕到的螃蟹晒干，最后我们所有的器皿都装满了这种"石头"。大家
> 都不敢在此地久留，因为我们害怕那位海盗，尽管我们上岸补给是经
> 他允许的。

四、意义

斯特林堡在《瑞典与中国及鞑靼国家的关系》一文的开篇便对雪萍的
游记进行了介绍，依据他的考证，雪萍的著作绝对可视为中瑞文化交流历史
中的开山之作，同时斯特林堡认为雪萍是一个"纯真的"讲述者，"他深受基
歇尔那个时代关于中国态度的影响，即中国是一个充满智慧与幸福的国家，
虽然他是在满人登上皇位十一年后才来到那片国度。"[①]

目前尚无法证明雪萍是第一位来到中国的瑞典人，但是雪萍确实为已
出版文献中第一位介绍中国的瑞典人。由此可以推断中瑞两国最早的接触
始于 17 世纪，诚然这种接触尚属个人行为，却为中国形象在瑞典的传播画上
了极为重要的一笔。雪萍的游记恰好与基歇尔的重要著作《中国图说》同年
出版，因而斯特林堡才将二者并列提出。虽然雪萍游记所产生的影响远不及

---

① AUGUST STRINDBERG. Kulturhistoriska Studier[M]. Stockholm: Albert Bonniers förlag, 1881: 4.

《中国图说》,但斯特林堡对其评价却也十分中肯。结合各方评说,我们可以将尼尔斯·马松·雪萍及其游记所产生的意义总结为如下几点:

首先,雪萍来到中国的时间正值清朝初年,东南沿海一带仍然战事不断。雪萍对自己到达中国的具体时间和地点都一概未提,由此可以肯定他在中国大陆地区仅仅是匆匆停留。但从他的表述中又可以发现,雪萍一定阅读并了解大量关于中国的信息,包括满人入关、郑成功父子抗清、南明皇室皈依基督等,虽存在这样或那样的偏误,但基本还原了当时中国境内各方面的情况,为当时瑞典了解中国国情现状提供了一手资讯。

其次,雪萍对中国的态度是积极的,这与他所处时代欧洲"中国热"日渐兴起有着直接关系。雪萍只是通过"亲身经历"验证了"中国是世界上最美好、最强大也是最富有的国家"。虽然他经历的很可能是仍处在战乱中的中国部分地区,但雪萍继续采取了一种非常正面的方式去讲述中国。大约是斯特林堡对雪萍是否如实还原所经历的中国心存怀疑吧,所以才会用"纯真的讲述者"来称呼雪萍。

最后,雪萍一行与郑成功有过间接的接触。读者可以感受到当时在中国沿海地区活动的荷兰人对郑成功的恐惧。但雪萍在书写过程中并没有夹带偏见,只是将郑成功的身世,以及后来他从荷兰人手中攻下台湾的史实讲述出来,没有做任何评价,而将这个权利留给读者。正是这种抛开个人偏见,尽量客观还原事实的做法,为之后瑞典游记写作以及瑞典汉学研究奠定了基础。

尼尔斯·马松·雪萍的通篇游记有一种找寻"伊甸园"的主题,而雪萍从一开始便将这个主题设定在一个开放的环境中,尽量不受宗教与政治的影响,因而这个"伊甸园"可能存在于某个非洲部落、某座阿拉伯城市、某个热带岛屿或是某个繁荣的帝国,雪萍用了八年的时间去经历、去验证,有惊喜也有失落:惊喜的是,他在所到之处都能发掘某些新鲜的事物,这些事物可能与《圣经》或神话传说完全一致,也可能与它们背道而驰;失落的是,他并没有找到真正的"伊甸园",但在他看来所到之处都有"伊甸园"的影子。正是这种博爱与包容使得雪萍的游记突破了时代的限制,并大受欢迎,以致在其首版后 150 年里一直连续出版发行,最新的一版更是在 2016 年重装发行。

　　雪萍在中国的经历虽然是短暂的甚至是片面的，但无疑对他个人产生了震撼，而他又将这种震撼通过写作传递给了更多的瑞典人，从而开启了中瑞文化交流的序幕。

Nils Matsson Kiöping and His Travel Notes about China

Arina

Abstract: In the 17th century, when *Chineiserie began* in Europe, Sweden was also affected by Chinese culture. The article focuses on Nils Matson Kiöping, the first Swedish who wrote about China in his travel notes, and analyzes his meaning and status in the history of cultural exchange between China and Sweden.

Key words: Nils Matson Kiöping, travel notes, 17th century, history of cultural exchange between China and Sweden

金庸武侠小说在越南的译介略述

许阳莎　王　嘉①

摘要： 金庸武侠小说在 20 世纪中国文学史上具有重要的地位，既传承古典武侠小说和旧派武侠小说的精魂，又开启了新派武侠小说的高潮。自诞生之日起，金庸武侠小说不仅受到国内读者的追捧，并被翻译成多国文字，吸引了大批外国读者，其中尤以在越南的影响为甚。本文通过对金庸小说在越南三个时期的传播情况进行梳理，对金庸小说在各个时期的传播特点、在越南深受欢迎的原因以及对越南所产生的影响进行深入的分析。

关键词： 金庸　武侠小说　越南　翻译　传播

中国和越南山水相连，两国之间有着悠久的文化交流传统。尤其是在文学领域，中国古典文学对越南古代文学产生了巨大的影响。20 世纪以前的中国文学主要是以汉文形式流传，进入 20 世纪以后，越南开始使用国语字翻译中国的文学作品，中国文学因此得以以一种全新的面貌走入越南民间。在 20 世纪的 100 年中，中国的文学作品在越南得到持续的翻译与传播，从明清小说、鸳鸯蝴蝶派，到鲁迅、郭沫若，再到金庸、琼瑶和 20 世纪后期的莫言等，都在越南产生了深入而广泛的影响。其中，金庸无疑是被翻译最多、影响最广的作家之一。

包含"飞雪连天射白鹿，笑书神侠倚碧鸳"在内的 15 部金庸作品都被译介到了越南，并经久不衰。一些金庸武侠小说的影视改编，使得金庸作品更

① 许阳莎，广东花城出版社文学编辑。研究方向：越南文学。王嘉，北京外国语大学亚洲学院越南语教研室副教授、硕士生导师。研究方向：越南文学、中越文学交流史。

加深入人心。直至今日,金庸的武侠小说在越南书店依然被摆放在醒目的位置。

然而,金庸武侠小说在越南的传播研究仍然有很大的空白。在越南,金庸研究不是一个新领域,但大部分学者都倾向研究金庸作品本身的艺术价值,而较少关注其在越南的整体传播情况;在中国,研究金庸武侠小说在海外的传播情况,也鲜少有人注意到越南。因此,本文试图通过统计对比等方法,系统梳理金庸武侠小说在越南的翻译与传播情况。

作为武侠小说的集大成者,金庸的作品不仅深深地影响了中国的读者,还被翻译成多种语言在世界范围内广泛流传,在汉文化圈的几个亚洲国家更曾掀起一阵热潮。以 1975 年为分界线,金庸武侠小说在越南的传播经历了盛行、被禁、复兴等三个历史时期。

一、金庸小说在越南的传播

1. 金庸小说在越南传播的黄金时期（1975 年以前）

20 世纪 50 年代中期,金庸开始了武侠小说的创作,其作品在 60 年代初期就传入了越南,并由越南华侨徐庆奉(Từ Khánh Phụng)率先开始将《碧血剑》和《倚天屠龙记》[1] 两部作品翻译成越南语介绍给了西贡的读者。自此,越南开始了金庸小说阅读热潮,并逐步形成了"金庸现象"。据笔者的统计,1975 年之前,在越南南部一共有 11 部金庸小说得到翻译出版 [2]。

这一时期的金庸小说,在越南的传播方式保留了以往越南译介外国文学作品的传统,即先采用在报纸上连载的方式,然后再由出版社进行出版。这种方式使得越南读者可以以几乎同步的速度阅读到金庸小说最新章节的

---

① 越南语版为《屠龙女》(Cô gái đồ long)。

② 因有一些作品只在报纸上进行了连载,未正式出版(如《雪山飞狐》只看到了报纸连载的译文,没有找到正式出版的译作),因此本文的统计与研究只限定于正式出版的译作。这 11 部作品是:《书剑恩仇录》《碧血剑》《射雕英雄传》《神雕侠侣》《飞狐外传》《倚天屠龙记》《天龙八部》《连城诀》《侠客行》《笑傲江湖》《鹿鼎记》。

内容。到 1963 年时,西贡的 44 家日报社全部都会刊载金庸武侠小说,无一例外,因为"无金庸,不可卖报"①,如果天气不佳导致香港的飞机不能把金庸小说的最新章节送到越南,那一期报纸便要登告示致歉读者,还常常要面临卖不出去的风险。可以说,金庸小说挽救了许多行将停办的报纸,甚至连一开始不愿刊载的带有严肃政治色彩的《政论》,最终在短暂停版后,也不得不开始刊登金庸小说。

为了吸引读者,一些报社甚至不惜刊登金庸小说伪作。其中最典型的是一位笔名为 T.L 的作者,他编造了一些荒唐离奇的故事,冠以"金庸小说"的名号欺骗读者。此外,多家报社刊登的金庸作品也有不同,主要是因为译者 [如寒江雁(Hàn Giang Nhạn, 1909—1981)] 翻译金庸小说时,通常是用复写纸抄印,然后发给各家报社的记者,因此"幸运的拿到上面几张,字还很清楚,手慢的人拿到底层的纸,只能半读半猜。所以有时同一个版本各家报社却刊载不一"。②

与此同时,新世纪(Tân Thế Kỷ)、时代(Thời Đại)、安兴(An Hưng)、开山(Khai Sơn)、香花(Hương Hoa)、忠诚(Trung Thành)等 10 家西贡出版社参与翻译出版金庸小说。出于商业目的,这些出版社争相出版金庸作品,从而导致一本金庸小说有多个不同译本③或同一译本由不同出版社出版④的情况。

这个时期有 5 位以上的译者参与翻译金庸的小说,其中以徐庆奉和寒

---

① 武德星海. 金庸武侠小说走近越南读者 [EB/OL].[2016-03-05].http://nld. com.vn/vanhoa-van-nghe/tieu-thuyet-vo-hiep-kim-dung-den-voi-ban-doc-Việt Nam-2013110309356664.htm.

② 武德星海. 我一生中的金庸(下卷)[M]. 胡志明市:年轻出版社,1999:98.

③ 如《连城诀》分别有寒江雁版本(译作名称为《素心剑》(Tố tâm kiếm)、时代出版社,出版年份不详)和徐庆奉版本(译作名称为《连城诀》(Liên thành quyết),愉快生活出版社,1972 年。

④ 如徐庆奉翻译的《倚天屠龙记》(译作名称为《屠龙女》)就曾由忠诚出版社(出版年份不详)、香花出版社(出版年份不详)、新世纪出版社(1964 年)三家出版社分别出版;潘景忠、陀江子翻译的《神雕侠侣》[译作名称为《神雕大侠》(Thần điêu đại hiệp)] 曾由开山出版社(出版年份不详)和花香出版社(1965 年)两家出版社出版。

江雁最为突出。徐庆奉当时每天就要为越南多达六七家报纸提供金庸作品的译文。据阮丽芝（Nguyễn Lệ Chi）在《翻译金庸作品的越南译者回顾》一文中的介绍，徐庆奉的翻译方式非常特别，常常是通过口头翻译，并由其子或好友抄录而成。因此其翻译风格十分贴近百姓日常口语，深受越南读者的喜爱①。在出版的译作中寒江雁的译作最多，有 5 部，其次为徐庆奉（3 部）和潘景忠（Phan Cảnh Trung）、陀江子（Đà Giang Tử）（2 部）。②（见表 1）

表 1　1975 年前金庸小说译者统计表

序号	译者	翻译金庸小说数量
1	寒江雁	5
2	徐庆奉	3
3	潘景忠、陀江子	2
4	商兰	1
5	三魁	1

　　为了吸引读者，不少译者都会给越南语版的金庸小说起一个新的名字，如潘景忠、陀江子将《神雕侠侣》翻译成《神雕大侠》，三魁（Tam Khôi）将《飞狐外传》翻译成《神刀胡大胆》（Thần đao hồ đại đảm）③；徐庆奉将《倚天屠龙记》翻译成《屠龙女》，寒江雁将《连城诀》翻译成《素心剑》等。这些名称上的变化，更加符合越南语的表达习惯，也更具吸引力。

　　该时期的金庸小说吸引了不同社会阶层的读者。"不止大众平民、学生、造船工匠和手工业者、私营人员，连知识分子，那些在欧美留学回国，取得法学或科学最高学位的人，也像染了烟瘾一般迷上了金庸武侠小说"④，甚至

---

　　① 阮丽芝．翻译金庸作品的越南译者回顾 [N/OL]．明报，2019-11[2021-05-30]．https://mingpaomonthly.com/article/details/ 專題 %EF%BC%8E 特輯 %2F2019-11%2F1590997488234%2F 特輯：翻譯金庸作品的越南譯者回顧（阮麗芝）.

　　② 以上数据只限定在出版书籍范围，报刊译作不在其列。寒江雁翻译了《天龙八部》《连城诀》《侠客行》。

　　③ 由忠诚出版社 1964 年出版。

　　④ 陈黎华等．越南金庸现象初探 [J]．文学杂志，2003(3):53.

"僧侣也喜欢武侠,大使先生派人回国取东西的时候也要带一堆金庸小说,以便在他乡阅读。妇女也喜欢武侠。教授和学生们讨论武侠,孩子们游戏时也玩武侠……"相比同时期鲁迅、郭沫若等严肃作家的作品在越南只受到知识分子和文学界关注的情形,得到越南各阶层读者的广泛接受,正是金庸小说在越南传播的一个重要特点。

可以说,金庸热潮在越南是独一无二的外国文学接受现象,作家阮梦觉（Nguyễn Mộng Giác, 1940—2012）曾评价道:"撇去所有成见和自尊,我们必须承认金庸小说对现在越南人的精神生活产生了极大的影响。使大众痴迷根本不是易事……只有金庸是唯一能维持这种痴迷的外国作家。"①

2. 金庸小说在越南传播的被禁时期（1975—1990）

1975年4月,南方的越南共和国政权倒台,北方的越南共产党统一全国,成立越南社会主义共和国。当时的文化政策推崇越南北方的社会主义现实文学,打击南方的"资本主义"文学艺术。

1975年8月20日,越南社会主义共和国文化信息部出台决议,决定禁止流通"反动和淫秽类书籍",金庸小说位列其中。抨击金庸武侠小说为"忘本和腐朽的文化"②的文章不断出现,由此,金庸小说在越南的翻译与出版进入了停滞时期。然而在民间,金庸读者群并没有因此消失,许多人仍然暗地里偷偷阅读金庸小说。据越南作家翁文松（Ông Văn Tùng, 1932— ）回忆,1978年到1983年,他在街角开了一家地下书店,出租金庸武侠小说,"人们像赶庙会一样赶来,半夜了依然是人影幢幢","租金翻了多少倍也不计较"③。虽然1975年后金庸武侠小说被越南官方所禁,但其在民间仍有一定的吸引力和影响力。

在这一时期,十分值得注意的是大量批判、抨击金庸作品的文章的出

---

① 阮梦觉. 金庸之彷徨 [J]. 百科杂志,1971(342):32.
② 陈黎华等. 越南金庸现象初探 [J]. 文学杂志,2003(3):53.
③ 翁文松. 漫谈金庸武侠小说 [J]. 外国文学,1998(2):12.

现,金庸作品甚至被冠上了"美国新殖民主义思想和文化奴役工具"①的帽子。这些文章对金庸小说的批判焦点主要在于:

第一,混淆黑白和正邪。越南作家潘得立(Phan Đá Lệ)认为,金庸"对'正派'人物表示反感,毫不掩饰地公开赞扬他称之为'邪派'的人物",因此"金庸的正邪观念很符合美伪政权的心理宣传战术"。②

第二,宣扬虚无主义,危害青年思想。潘得立认为,金庸"无招胜有招"的武学思想,实际上是虚无主义的体现,鼓励"与国家机制对立的极端个人主义生活方式",对那些"和殖民者同流合污,但心中有愧"的人来说,是一剂"精神鸦片"。③

第三,歌颂暴力和杀戮。批评者认为,金庸小说充斥着暴力,视人命如草芥,主人公通常为成为武林高手不惜滥杀无辜,这严重危害了青少年的思想。

第四,有反科学倾向,与唯物主义背道而驰。批评者认为,金庸武侠小说中看似自成体系的武学、医学、哲学、历史等知识,实际上是反动、庸俗的,"偶然性"情节不符合社会发展规律,因此符合美国殖民者的愚民政策需求。

第五,用虚假的武侠世界迷惑青年。批评者抨击道,金庸武侠小说使青年沉浸于虚假的武侠世界,忽视现实、逃避现实,不寻求救国之路,反而麻醉自己。

第六,隐含种族歧视思想。批评者分析,在《笑傲江湖》和《鹿鼎记》等作品中,金庸认为大汉民族是才智双全的,而其他民族是愚昧的"蛮夷"。

通过以上分析不难发现,该阶段越南学界对金庸小说的批判主要出于政治立场,而不是用纯粹文学的观点,因此有些意见不够客观、过激、缺乏严密的逻辑,并且忽视了金庸小说的优点。潘得立甚至得出如下结论:"金庸的

---

① 该时期此类文章主要有:丰贤的《1965—1975年越南南方新殖民主义的一些思想工具》、潘得立的《金庸武侠小说—— 美国新殖民主义思想和文化奴役工具》、陈重登坛的《1954—1975年越南南方服务于美国新殖民主义的文化艺术》、陈友佐的《1975年以前外国书籍在越南的地位、影响和危害》。

② 潘得立.金庸武侠小说—— 美国新殖民主义思想和文化奴役工具 [J].文化,1977(4):66.

③ 同②:66.

书是一类毒品,腐蚀读者的心灵。"① 后来一些越南知识分子回顾这段历史时,也承认这些批评意见过于极端,但一直到 1990 年后,这些观点才得到纠正。

3. 金庸小说在越南传播的复兴时期（1990 年以后）

1986 年开始推行革新开放政策后,越南在 1990 年左右开始放宽了禁书令,金庸武侠小说重新回到越南读者的视野中。起初,各省的一些出版社把金庸小说的旧译本重新刊印,但此前的译者、出版社和一些注释全被删减,使得统计和研究该时期的金庸小说译本变得十分困难。直到 1999 年,时任越南南方文化公司版权部部长阮丽芝女士作为公司代表前往香港与金庸先生会面,并取得了《笑傲江湖》《射雕英雄传》两部作品的正式版权。自此之后,拥有版权的越南语版金庸小说才正式面世②。随后,金庸武侠小说重新被大量、广泛地翻译,重要的译者包括武德星海（Vũ Đức Sao Biển,1948—2020）、高自清（Cao Tự Thanh,1955— ）、东海（Đông Hải）、范秀珠（Phạm Tú Châu,1935—2017）等人。

据笔者的不完全统计,1990 年后在越南翻译出版的金庸小说中,《射雕英雄传》的再版次数最多,其次是《射雕英雄传》《笑傲江湖》和《鹿鼎记》,再版次数最少的是《碧血剑》《飞狐外传》和《连城诀》,都只有一次再版。（见图 1）

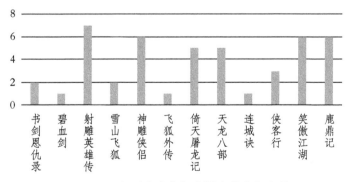

图 1 1990 年后金庸各部小说在越出版次数

---

① 潘得立.金庸武侠小说——美国新殖民主义思想和文化奴役工具 [J].文化,1977(4):78.

② 阮丽芝.翻译金庸作品的越南译者回顾 [N/OL].明报,2019-11[2021-05-30]. https://mingpaomonthly.com/article/details/ 專題 %EF%BC%8E 特輯 %2F2019-11%2F1590997488234%2F 特輯:翻譯金庸作品的越南譯者回顧(阮麗芝).

从出版社角度来看,文学出版社出版的册数最多(32 册),其次为年轻出版社(7 册)。至于出版年份,则 2012 年出版的数量最多(7 册)。(见图 2)

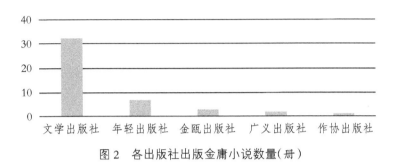

图2　各出版社出版金庸小说数量(册)

总体看来,从 2001 年到 2014 年,除了 2008 年和 2010 年,金庸武侠小说在越南的出版数量每年相对较平均。(见图 3)

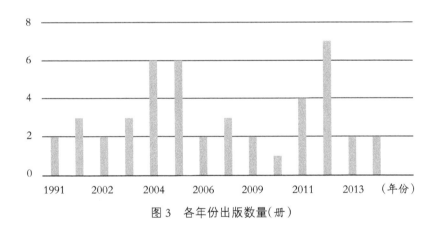

图3　各年份出版数量(册)

在这个时期,金庸小说越译本与 1975 年前的各译本相比,有一些显著的不同。首先是依据的原作不同。该时期的译本都是基于 1980 年已经金庸本人的修订和补充的《金庸作品集》,因此新旧译本在内容、章节安排上也有很大差别。其次,由于书籍出版较之报纸连载而言,译者更能把握作品全局,也有充分时间斟酌考虑、雕琢译作,新译本普遍比旧译本准确度高。这个特点在人名、地名和武功招式的翻译上体现得最明显,比如旧译本的"欣离"(Hân Ly)改为"殷离"(Ân Ly)、"成坤"(Thành Khôn)改为"成昆"(Thành Côn)、

"杨戈"（Dương Qua）改为"杨过"（Dương Quá），"郭蔷"（Quách Tường）改为"郭襄"（Quách Tương）等。对于一些汉语多音字，新译本也改正了旧译本中的一些错误，比如"降龙十八掌"的"降"用 [xiáng]（Hàng）而不用 [jiàng]（Giáng）音，"丘处机"的"处"用 [chǔ]（Xử）而不用 [chù]（Xử）音等。再次，新译本更加越南化。新译本的译者大量减少了汉越词的比例，力图使译作语言更符合越南人的表达习惯。例如，在高自清翻译的《射雕英雄传》（越南文学出版社，2005）中，对于金庸原作中的诗歌，译者不采用汉越音直译的方法，而是在尊重原作内容、风格的基础上，按照越南的诗歌韵律来翻译。此外，这一时期的越南语版译作名称都与金庸小说原作名称保持一致，没有再像1975 年之前那样为译本另取名字。

20 世纪 90 年代之后，随着越南国家社会的稳定及革新开放政策的实施，其文化政策也有所放松，曾被冠以"反动、堕落"污名的金庸小说重新被接纳，并通过获取版权的方式正式引进金庸小说，邀请越南优秀的译者进行更加规范的翻译，并得到多家出版社出版和再版。从上述再版次数来看，可以说，金庸小说在 20 世纪 90 年代之后的越南又一次掀起了阅读热潮，这也充分显示了越南读者对于金庸小说的高度接受与认可。不过值得注意的是，随着中国香港和大陆根据金庸武侠小说拍摄的影视作品大量进入越南市场，越南年轻人（80 后、90 后）了解金庸主要是通过影视剧，而不再是金庸原作。

二、金庸小说在越南深受喜爱的原因

1. 中国文学在越南有着广泛的读者基础

中国和越南毗邻而居，越南文化长期深受中国文化的浸染，中国文学也素来为越南读者所钟爱。在武侠小说之前，中国侠义小说和英雄传奇小说在越南都有广泛的读者群体。在 20 世纪初的中国明清小说翻译潮中，《绿牡丹》《三侠五义》等公案侠义小说都在越南得到翻译，并深受越南读者的青睐。受此影响，越南本土作家也用章回体创作了一批带有侠义色彩的小说作品。由此可见，侠义类小说在越南有良好的阅读基础，这也为后面与侠义小说一脉相承的武侠小说的流传创造了天然的接受环境。

作为武侠小说的集大成者,金庸武侠小说蕴含了丰富的中华文化遗产,包括花文化、酒文化、书法艺术、中医、音乐、中华饮食文化等,是庞大的中华文化宝藏。此外,越南读者在阅读金庸时,还"在人物身上找到了他们自己固有的品性,比如忠、孝、节、义、智、勇、礼、信,刚正不阿和英雄主义等"①。这是我们研究金庸武侠小说在越南影响的一个重要基础,也是金庸作品在越南的接受度远远深于、广于其他国家的重要原因之一。

2. 金庸武侠小说满足了当时越南人民的精神需求

从1954年到1975年,越南人民经历了持续的时局动荡。结束抗法战争后,签订《日内瓦协议》,随后开始抗美战争,国家一分为二,南北分治。同时,第二次世界大战结束后,世界局势也发生了复杂变化——1947年开始的冷战持续了数十年,科学技术革命和全球化趋势继续蔓延,深深影响了现代人的生活方式。

在此背景下,存在主义荒诞思想蔓延到整个越南。在战火频仍中,越南青年感觉失去了人生方向,自己成了荒漠中的一叶孤岛,世界是荒诞而非理性的,因此他们迷茫而彷徨,理想在现实中破碎。正是在这个时候,金庸武侠小说以奇幻的情节和一个崭新的世界,为他们提供了一个绝佳的逃避现实的途径。沉浸在金庸小说中,使越南青年们暂时得以忘却冷酷的现实。正如作家李正忠(Lý Chánh Trung,1928—2016)所说:"我连续读了金庸的《倚天屠龙记》《射雕英雄传》《神雕侠侣》,是由于局势越来越黑暗复杂,不知道该做什么好……读武侠如今是为了逃避混账的时局。""是寻求解脱的途径。"②

其次,贯穿金庸作品始终的是两对突出的矛盾,即理想和现实,世界的

---

① 黎玉翠.中国小说在20世纪越南南部文化生活中的兴衰[EB/OL].[2016-03-05].http://khoavanhoc-ngonngu.edu.vn/en/uncategorised/2379-bc-thng-trm-ca-truyn-tautrong-i-sng-vn-hoa-nam-b-th-k-xx.html.

② 李正忠.关于武侠小说的一点回忆和思考[M].胡志明市:文艺出版社,1966:36.

无限性和人的有限性之间的对立。金庸作品中的武侠人物都有挽救时局和造福苍生的抱负，但现实往往不成全这种理想，最典型的即是《天龙八部》中乔峰的悲剧。不过，尽管无力改变大局，但金庸赋予侠客们以武功，让他们以一己的智慧和能力超越人类的有限性。这对当时空有抱负却无从施展拳脚的越南青年而言，无疑是一种有力的精神慰藉。

最后，在金庸小说中，儒家思想和封建伦理不再坚不可摧，诸如正与邪、小人与君子、幸福与痛苦、荣与辱、道与非道等概念频频遭到质疑，杨过、赵敏、令狐冲和韦小宝等亦正亦邪型人物的塑造，表明了金庸对"正""邪"界限的有意淡化。这也吻合了当时越南的怀疑主义风气，变化过快的世界和摇摇欲坠的价值体系使人们迷惘不知所措，不知道应该相信什么、怀疑什么。作家杜龙云曾说："金庸武侠小说经常是英雄寻找自我的故事：他们被抛入一个难解的世界，需要自己做出选择。然而正非正，邪非邪，世界堕落、危机四伏，只有重重的疑问，又该怎么选择呢？"

除了上述三个层面，如上文所述，金庸武侠小说还因高超的艺术魅力而吸引越南读者。总体来说，"金庸武侠小说确实是虚幻小说和历史小说，娱乐和哲理，黑暗现实与伟大抱负，人类本质的有限性和追求的无限性的完美结合。它进入越南恰逢其时，为那些厌倦现实、理想破灭的心灵带来了慰藉。而这正是金庸武侠小说超越以往中国小说的重要特点"①。

三、金庸小说对越南的影响

1. 金庸小说语言丰富了越南语词汇

金庸小说在西贡的盛行，还带来了许多流行词语和俗语。比如《倚天屠龙记》（越文译作为《屠龙女》）发行时，西贡大街小巷都传唱着"屠龙女孩玩鱼虾蟹②"的歌谣。"走火入魔"原指练功出错后的一种危急状态，后来被越南人用来代指失去理智的状态。类似的还有"丐帮"（指乞丐）、"打一掌"（指

---

① 杜龙云．我们之中的无忌或越南的金庸现象 [M]. 西贡：敷陈出版社，1968:15.
② 越南的一种赌博游戏。

打一巴掌）、"师父"（指长辈）、"长老"（指某机构领导）、"洗手搁剑"（指放弃原来的职业）、"再出江湖"（指重操旧业）、"凌波微步"（指悄悄行动,不被发现）等词,都发端于金庸小说,进而进入越南人民的日常词汇体系。

金庸作品中一些性格典型的人物也被人们用作一类人的代称。比如"伪君子,不择手段之人被叫作'岳不群',阿谀奉承之人叫'韦小宝'等。"①类比越南人借越南古典名著《金云翘传》中的"楚卿""马监生"等人物代指一类性格的现象,也可从侧面说明金庸武侠小说当时的影响之深。

此外,还有一些源于金庸作品的词语在实际运用中转变了词义,并成为现代越南语的一部分。比如"招"原指武术招式,但现用于指"某种特别的方式",比如"你别给我来这一招"。再如,现在越南语中用得最广泛的"魔教"一词。在金庸武侠小说中,摩尼教原指明教,后被称作魔（摩）教,到了越南,魔教被用于指代出尔反尔、喜欢背叛,比如"你别跟我玩'魔教'、他这个人很'魔教'"等。②

在越南,曾掀起全国范围内阅读热潮的异国作家也许不止金庸一人,但可以说,几乎没有哪位作家拥有金庸这样的待遇——被喜爱到了日常生活中也要用"武侠语言"的地步。如越南著名的金庸研究专家武德星海所言,"金庸武侠小说给越南语言带来了一些新的词语,丰富了口语并拓宽了一些概念"③。金庸武侠小说对越南读者的影响,由此可见一斑。

2. 越南作家对金庸小说的态度

和普通民众一样,一些越南作家也喜爱读金庸小说,并给出了很高的评价。作家王智闲（Vương Trí Nhàn,1942— ）在回忆20世纪五六十年代时说:"初识金庸时,多少已经认了写作的命,总体来说对自己的工作也有一些意识。然而还是抵抗不了乍一看都是妖魔鬼怪的文章!"④不仅如此,他的一些作家同事,如春策（Xuân Sách,1932—2008）、阮楷（Nguyễn Khải,

① 武德星海.我一生中的金庸(下卷)[M].胡志明市:年轻出版社,1999:32.
② 同①:32.
③ 同①:32.
④ 王智闲.天外有天——反思金庸武侠小说[J].外国文学,1998(2):198.

1930—2008）、严多文（Nghiêm Đa Vân）、林光玉（Lâm Quang Ngọc）、何恩（Hà Ân，1928—2011）和陈黄百（Trần Hoàng Bách）等都喜爱阅读金庸，经常互相借阅、谈论金庸小说，并因此而成为知己。另一个例子是诗人武黄章（Vũ Hoàng Chương，1916—1976），他喜爱《倚天屠龙记》到了"哪天报纸上没有女侠的身影，哪天抽烟就了无兴味""一整张报纸只看武侠小说部分，看完就扔掉"的地步①。甚至有些作家、记者因为喜欢金庸，而取其作品中的人物为笔名，比如柯镇恶（生活报主笔周子 Chu Tử，1917—1975）、何足道（生活报黄玉潘 Hoàng Ngọc Phan）、乔峰（黎必调 Lê Tất Điệu，1942— ）等。

越南作家和记者们还写了很多关于金庸小说的专著，或分析作品中的人物、情节，或表达自己的思考，或介绍金庸生平。著名的有孝真（Hiếu Chân）的《浅谈武侠小说》（Bàn về tiểu thuyết võ hiệp，1967 年）、阮梦觉的《金庸之彷徨》（Nỗi băn khoăn của Kim Dung，1967 年）、杜龙云（Đỗ Long Vân，1934—1997）的《我们之中的无忌或金庸现象》（Vô Kỵ, giữa chúng ta, hay là hiện tượng Kim Dung，1968 年）、李正忠（Lý Chánh Trung，1928—2016）的《关于武侠小说的一点回忆和思考》（Vài kỷ niệm và cảm nghĩ về truyện kiếm hiệp，1965 年）等，这些专著中从内容、艺术等方面金庸作品做出高度评价。但也有一些作家批判当时读金庸的风气，他们辛酸地说道："多少年做报纸的心血都付诸东流，使报纸畅销的既非主笔又非主任，而是一个写书给中国人看的外国人，我们把他的作品搬来，还读得津津有味！"②还有人认为阅读金庸的风气是一种"怪象"③，劝青年要"多读中国文学的代表作品，比如鲁迅、巴金、林语堂的书，而不是把时间浪费在武侠和侦探小说上"。④

客观来说，上述赞扬金庸武侠小说的文章主要是作家的主观感受和片面想法，而不是严肃专业的文学批评，"他们（对金庸作品）的喜爱使得研究

---

① 潘毅. 关于金庸小说的佳话 [J]. 今日知识，1991(67):33.
② 陈黎华筹. 越南金庸现象初探 [J]. 文学杂志，2003(3):55.
③ 同②：55.
④ 同②：55.

变得不客观,因为粉丝同时兼任了评论人。"①

3. 越南的金庸研究

在重新译介金庸作品的基础上,1990 年后越南学界开始重新审视、思考金庸武侠小说,金庸作品研究日益专业化、系统化,且更加科学。《今日知识》杂志是最早开始刊登研究金庸作品文章的地方,到 1998 年,《外国文学》杂志推出了金庸武侠小说研究特辑(1998 年第 2 期),除了《雪山飞狐》新译本外,还刊登了研究中国文学的知名学者如范秀珠、杜来翠、王智闲、翁文松等人对金庸作品的文学批评文章。此外,该阶段还陆续出现了一些研究金庸及其作品的专著,如陈式(Trần Thức)主编的《金庸:作品与舆论》(*Kim Dung: Tác phẩm và dư luận*,越南文学出版社,2001 年)、黄玉战(Huỳnh Ngọc Chiến,1954—2021)的《小酌江湖之酒》(*Lai Rai Chén Rượu Giang Hồ*,越南文学出版社,2002 年)、阮唯正(Nguyễn Duy Chính,1910—1985)的《读金庸了解中国文化》(*Đọc Kim Dung tìm hiểu Văn hóa Trung Quốc*,越南年轻出版社,2002 年)、武德星海的《法律显微镜下的金庸作品人物》(*Nhân Vật Kim Dung Nhìn Qua Lăng Kính Pháp Luật*,越南年轻出版社,2004 年)、徐成智勇(Từ ThànhTrí Dũng)的《金庸义气》(*Nghĩa Khí Kim Dung*,越南新出版社,2004 年)。

综观该时期评论金庸作品的文章和专著,可以看到 1990 年后越南的金庸研究有一个突出特点:如果说 1975 年分析金庸作品的文章和专著主要是描写作者本人阅读金庸作品后的个人感想和心得,1975 年到 1990 年主要是从政治角度来批判金庸,那么该时期的金庸作品研究才真正算得上"文学批评",学者们使用专业的文学理论来研究分析金庸,因而更加客观、科学。最后,越南学者们普遍同意"金庸小说是一种文学"的观点,并认为越南作家们可以从金庸作品中吸取有益的文学创作经验。

除了撰文分析金庸作品,越南学界还组织或参加金庸研讨会。2000 年,

① 黎玉翠. 中国小说在 20 世纪越南南部文化生活中的兴衰 [EB/OL].[2016-03-05].http://khoavanhoc-ngonngu.edu.vn/en/uncategorised/2379-bc-thng-trm-ca-truyn-tautrong-i-sng-vn-hoa-nam-b-th-k-xx.html.

越南组织了"金庸研讨会"，参会的有许多越南知名作家、学者、文学批评家，围绕金庸武侠小说给出了许多不同意见，但总体上肯定了金庸武侠小说是继承中国小说传统的一种文学类型。2003 年，两位越南作家范秀珠和王智闲代表越南作家协会，参加了在中国浙江举行的"第四届国际金庸研讨会"，就越南的金庸研究成果进行发言，并与中方交流研究资料。

四、结语

中国与越南文学交流历史悠久，中国文学作品在越南有广泛的传播与深远的影响。从 20 世纪 60 年代初期开始，金庸武侠小说在越南得到翻译出版，并收获了大批的越南读者。1975 年后，虽经历了十余年被列为禁书，但1990 年后，当金庸小说以一种全新的面貌重新出现在越南时，立即获得大量越南读者的追捧，金庸小说的词汇甚至进入越南语日常词汇体系中，这足以显示金庸武侠小说在越南的广泛接受度与影响力，而"金庸现象"也成为越南学界所关注的话题。然而，对于这一重要的文学外译现象，目前国内尚十分缺乏深入的研究，研究金庸小说在越南的译介活动将有助于我们更好地了解中越文学交流的历史，从而更好地促进中越人文交流活动。

A Study on the Translation and Diffusion of Yong Jin's Wuxia novels in Vietnam

Xu Yangsha, Wang Jia

Abstract: Jin Yong's *Wuxia* novels have occupied an important position in China's history of literature in the 20th century, serving as a connecting link between the classical martial arts fiction and the new martial arts fiction. Jin Yong's seventeen works written between 1955 and 1972 not only enjoyed a wide readership in Chinese-speaking areas, but were also translated into different languages, having won a large readership abroad and in particular, in Vietnam. This article mainly studies the translation and diffusion of Jin Yong's *wuxia* novels in Vietnam in the 20th century, explores the translation, publishing, readers' responses, social influences and evaluations of Jin Yong's *wuxia* novels and furthermore, analyses the future opportunities and challenges that they may meet.

Keywords: Jin Yong, *Wuxia* novels, Vietnam, literature translation, diffusion

经典翻译

文化振兴:中国戏剧在美国

[美] 庞元元 / 著

管　宇 [①] / 译

　　译者按: 译作原文刊载于 *Comparative Drama* 第 39 期第 3/4 号(2005–06 秋 / 冬)上, pp. 361–396 : "Early Asian Drama: Conversation and Convergences"。作者庞元元(Cecilia J. Pang),美国戏剧学副教授,2003 年起任教于科罗拉多大学波尔得分校戏剧与舞蹈系。美国加州大学伯克利分校戏剧艺术导演专业博士,旧金山州立大学戏剧艺术专业硕士,加拿大安大略省圭尔夫大学英语专业学士。曾导演戏剧 50 部,制作电影 7 部,备受好评。此外,她还担任纽约齐淑芳京剧团艺术策划。全文梳理了中国戏剧在美国传播的四个分期,具体分析了每个时期的代表人物和传播情况,并注重与中国移民身份的联系。

　　二百多年来,京剧一直是中国文化重要的表达方式。全世界的观众都被其华丽的服饰、精致的妆容、优美的音乐以及激动人心的武打动作所吸引。虽然被全球观众接受和喜爱,但京剧在国内正逐渐失去以年轻人为代表的观众。快餐和流行音乐等文化的涌入已经改变了新一代的态度和品位。他们如今认为,与西方电影电视的光鲜产品相较,京剧节奏太慢,与现实脱节。中国政府通过各种创新方式试图振兴京剧,如缩短每个节目的长度,加入夺人眼球的特效,甚至是补贴京剧票价等。然而,虽然创新和改革不断进行,但是《洛杉矶时报》(5.23, 1997)报道称:"京剧曾经垄断了中国舞台,但

---

　　① 管宇,中国社会科学院大学外国语学院讲师,北京外国语大学国际中国文化研究院比较文学与跨文化研究专业博士研究生。研究方向:中国文化和文学在英语世界的译介与传播。

是"文革"的破坏和当下年轻人的忽视使其正在迅速没落消亡。据估计,京剧目前每年流失的观众多达 5%。如果这一趋势持续下去,专家们预测这种有着二百多年历史的伟大艺术形式将有可能在一代人的时间内消失。"2002年 12 月,为了寻找一线生机,中国政府派团前往纽约,学习百老汇之所以能够吸引大批观众并取得成功的经验。

鉴于中国政府对于美国音乐剧的兴趣,人们也许会认为中国戏剧也许会在百老汇剧界或美国音乐界寻找合作伙伴,但是事实并非如此。实际上,虽然一些学者强调中国戏剧带有强烈的种族认同色彩,但是它在美国正引起越来越多的关注,发展势头强劲。饶韵华(Nancy Yunhwa Rao)认为,中国戏剧在美国的边缘化是"取决于……预先构建的中国性概念",这种概念是深深植根于美国文化中的。然而笔者认为,关于"中国性"和"非美国性"的假设是错误的①。中国戏剧不是像人们所想象的那样通过音乐进入美国文化界的,而是通过电影和戏剧。

本研究中,笔者将分析中国戏剧在美国如何从一个由巡回演出的中国艺术家提供、主要面向中国移民的娱乐活动演变成一个由美国华裔移民承担的、面向多元美国观众的文化现象。这一发展历程和中国移民身份的社会学演进过程同步。第一代移民通常依恋祖国,第二代移民倾向于适应和同化,而第三代移民则似乎体现出一种全新的杂汇性,同时包容了旧传统和新理念。本文中谈及的中国戏剧艺术家凭借他们的艺术形式,使得现代美国的多元文化越发丰富;与此同时,他们也实现着自己的中国梦。

美国的中国戏剧史主要分为四个阶段。第一阶段始于鸿福堂。作为文化的培植者,鸿福堂于 19 世纪 50 年代为远在他乡的中国移民提供了娱乐。第二阶段以梅兰芳赴美为标志。20 世纪 30 年代,他以文化使者的身份向美国观众介绍了中国戏剧。第三阶段指的是成龙、袁和平等香港功夫明星的涌入。20 世纪 80 年代和 90 年代,他们以混合的文化行为进入美国银屏。第四阶段指齐淑芳京剧团的崛起。如今,它正稳步闯出一方天地,促进了美国多元文化的发展。

---

① Nancy Yunhwa Rao. Racial Essences and Historical Invisibility: Chinese Opera in New York, 1930[J]. Cambridge Opera Journal 12, 2000, (2): 156−157, 162.

有关中国戏剧的大多数论述都特指京剧，即在中国内地和台湾被研究的国剧形式。此类话题的所有著作也都将京剧作为参考点。但实际上，按地区和方言划分，中国有一百多种不同类型的戏剧。"中国戏剧"这一术语指的是包含多样表现形式，如表演、朗诵、武术、杂技、哑剧、诗歌、散文、器乐、歌曲和舞蹈等的包罗万象的戏剧娱乐。尽管音乐创作、角色类型和剧本来源的通则相同，但是具体戏目、场景和风格则各不相同。为了满足中国不同地区大众的需求，戏剧使用独一无二的当地方言。在这些不同风格和不同方言的戏剧中，京剧被认为是最为复杂的，而在流行度和音乐优美性上，粤剧位居第二。

一、鸿福堂：沟通文化

粤剧是首个被引入美国的中国戏剧，它成为 19 世纪美国"中国戏剧"的代表。这种以广东方言唱和说、来自广东地区的当地戏剧形式紧随加州发现金矿后的第一代中国移民潮。这些移民大多数来自中国南部，所以讲粤语。1852 年 10 月 18 日，金矿发现后的第三年，一个由 123 名表演者组成的公司——鸿福堂——从广东出发，前往旧金山表演第一出中国戏剧。当时，演出由中国经理人负责，最初是由广东的一群商人赞助，而公司的部分员工在此项事业中担任股东。[①]演出背后的动机在于：1. 中国当时正处于鸦片战争和义和团带来的内忧外患之中。1854 年，一位粤剧演员领导了一场反对清政府的起义，结果粤剧表演被禁，直到 1868 年禁令才得以解除。因此，粤剧节目十多年内只能在海外公开表演，而广东人集中的北美西海岸则成了粤剧的避难所之一。2. 旧金山的淘金热吸引了成千上万的中国移民前来淘金。作为寄居者或"金山客"，这些工人不想永远留在美国。几乎所有中国移民都希望在实现了"金山梦"、积累了财富后回归祖国。他们的数量不断增长，在 1852 年达到约 2.5 万人。

这些早期赴美的中国人从未致富。由于工作繁忙，他们无法回国。除

---

① Ronald Riddle. Flying Dragons, Flowing Streams: Music in the Life of San Francisco Chinese[M]. Westport, CT: Greenwood, 1983: 20.

了在金矿工作外，他们还要修建铁路，在沼泽地排水，在种植园劳作，在罐头厂、工厂和农田充当廉价劳动力。此外，雪上加霜的是，他们的工作招致了非华裔劳工的嫉妒。面对白人劳工流露的民族敌意以及针对中国居民的高税收立法，中国移民结成联盟。和其他移民群体一样，中国移民保留了他们的传统习俗和生活模式，包括习惯、语言和饮食。随着他们从工人变成店主，他们建立了联系紧密、具有活力的社区，即唐人街。唐人街包括合法的商户、餐厅和药店，也有不太合法的鸦片馆、妓院和赌场。尽管中国社区十分热闹，但是娱乐活动十分短缺，其中最为流行的就是戏剧。所以，在当时，鸿福堂的到来受到了热烈欢迎。

鸿福堂预先制造了临时的戏院，可容纳至少1000名观众。商贩可在表演中往来其间。管弦乐队可以看到所有的观众，演奏者位于表演者后方的舞台中部。鸿福堂的首场演出包括早期中国历史和民间传说的戏剧，形式多样，既有喜剧也有悲剧。所有剧目都是中国移民熟悉的，而对于初听中国戏剧的西方观众而言则十分陌生。

对于中国戏剧内行而言，戏剧的看点在于演员如何让熟悉的曲调配合其独特的唱腔，而外行通常关注演员的服装和动作。美国评论家认为中国戏剧堪称视觉盛宴，并认为其中的杂技表演颇为惊艳，并且为演员所着戏服的艺术美折服。但是，他们也有诸多不满之处。如管弦乐队成员在中场休息时公开抽烟，铜、鼓等打击乐的声音太过刺耳、喧闹，中国观众从不鼓掌并在表演全程喋喋不休等。但总体上，美国评论家认为表演"创新性高""值得一看"。①

鸿福堂在中国观众中取得巨大成功，连演五个月。对于美国的中国社区而言，中国戏剧就是"社会伦理的课堂，教授着关于正行、善行的经典道理，是活生生的文学课程，是音乐、演唱、武术和杂技的课堂"。粤剧成了旧金山唐人街生活的主要组成部分。

然而，对于习惯本土叙述方式的美国观众而言，中国戏剧美学的异国情调太过浓重，其场景和道具体现出强烈的非现实主义风格。当时，西方

---

① Alta California,1852-10-20.

戏剧的现实主义以及日常现实主义倾向不断发展，导致中美戏剧的文化鸿沟扩大。受到易卜生（Henrik Ibsen，1828—1906）著作的影响，剧作家开始创作三维场景的戏剧，人物展开真实的对话。相比之下，中国戏剧的象征性场景在美国观众看来是原始的。中国戏剧中象征主义大于现实主义，集中体现在手势的使用。这种模式是当时的美国人不习惯的。但是，随着时间的推移，西方观众开始对中国戏剧越发着迷。他们逐渐理解了中式幽默，原谅了舞台置景工的出现，并开始习惯管弦乐队在台上表演。虽然美国评论家缺乏对中国戏剧的美学欣赏，但是中国表演者的多才多艺确实给他们的美国同行留下了深刻印象。在美国戏剧界，中国戏剧的难度和艺术性得到了应有的肯定。

值得注意的是，"金山"年代中国戏剧演员的生活并不光鲜亮丽。他们的住宿空间十分拥挤，更衣室环境恶劣。此外，他们通常一天表演两次，一周无休，工作强度极大。台上他们是名角，台下他们却无法适应美国生活，不能融入非华裔美国人群。他们的目的只有一个：为辛苦的早期移民提供娱乐，满足他们的文化需求。与他们的中国观众一样，中国戏剧团的成员们也没有定居美国的打算。然而，中国剧团和中国移民都深深地扎根在美国的土地上。

19世纪，粤剧的表演者和观众基本上都是男性。中国女性移民来美后，中国戏剧成为她们最爱的消遣方式，1881年后，她们逐渐从一小部分观众变成了参与制作和表演的积极分子。然而，真正激发华裔美国女性的社会意识，并最终使得女性在中国戏剧中蓬勃发展的因素，则是美国的女性选举权运动和辛亥革命中女性的解放。

二、梅兰芳：推广文化

梅兰芳是中国戏剧界的偶像，京剧中首位男扮女装者，20世纪最著名的京剧演员，在国内外享有盛名。正如斯科特（A. C. Scott）所言，"没有其他演员曾达到或保持梅兰芳的独特地位"。[①] 就像来旧金山的游客必须去唐人街

---

① A. C. Scott. Mei Lan-fang: Leader of the Pear Garden[M]. Hong Kong: Hong Kong University Press, 1959: 1.

一样，在当时去中国旅游就必定要听一场梅兰芳的演出，此意义和爬长城等同。即使是在中国之外，梅兰芳的影响力也同样很大。20世纪30年代，他的美国之行尤为重要，因为此行促进了国际文化交流，并将中国京剧提升到国剧的地位。反过来，随着京剧这种此前被低估的艺术形式重获认可，梅兰芳也获得了中国国家文化偶像的地位。[①]

梅兰芳8岁开始京剧训练，11岁时登台首秀，20岁出头在全国声名大噪。之所以选择男扮女装，一是因为追随家族的事业，二是因为他的身段可以很好地展示女性的优雅和灵活。梅兰芳专攻注重唱和舞蹈的青衣、舞蹈突出的花旦以及刀马旦。梅兰芳表演技艺精湛，他将自己的成功主要归结于终身学习，而对知识永无止境的追求也是他访美之旅背后的动机之一。然而，虽然梅兰芳曾与众多戏剧艺术家会面并展开文化交流，如斯坦尼拉夫斯基（Stanislavsky）、萧伯纳（George Bernard Shaw）、皮斯卡托（Erwin Piscator）、布莱希特（Bertolt Brecht）等，但是关于他是否正式学习过美国戏剧却不得而知。尽管如此，梅兰芳1930年访美之旅确实向美国传播了中国的戏剧美学，成为中国戏剧在美国发展的又一转折点。

和鸿福堂1852年赴美不同，梅兰芳访美之旅背后还有政治原因。当时，中国文化在国内外都不受重视。南希·盖（Nancy Guy）称："儒家思想、传统社会和经典文化在当时被知识分子认为是中国落后、无法实现现代化以及此后无法抵抗外国侵略的原因。"[②]此外，一系列美国政府出台的法令，如《1882年排华法案》《1888年斯科特法案》《1922年凯布尔法案》都限制了华裔美国人的发展，并给他们和他们的文化营造了负面的形象。在这种情况下，由梅兰芳领衔的海外京剧团对于中国政府而言格外具有吸引力，可以借此赢得对这种中国经典的表演艺术以及对中国和中国文化的认可。

---

① Mei Lanfang. Reflections on My Stage Life[M]// Wu Zuguan, Huang Zuolin, and Mei Shaowu. Peking Opera and Mei Lanfang. Beijing: New World Press, 1980: 11.

② Nancy Guy. Borkering Glory for the Chinese Nation: Peking opera's 1930 American Tour[J]. Comparative Drama 35, 2001–2002 ,(3–4): 382.

确定访美后，评论家、学者齐如山①开始了长达十年的准备和策划工作。齐如山担任梅兰芳的代理人、经纪人和公共关系官员，致力于让京剧为更多外国人接受和消费。理查德·库林（Richard Kurin）将齐如山称为"文化经纪人"。为了更好地取悦外国观众，齐如山利用了西方人对异国情调的着迷情绪，结果实现了萨义德（Edward Said）所说的东方主义。为将中国文化引入美国，齐如山采取了四位一体的战略。第一，在确定节目单前，他调查了看过京剧表演的外国人的喜好。通过数千次访谈，他最终设计了一份易于理解又在视觉上吸引人的节目单。第二，为了吸引观众的注意力，齐如山和其他的组织者确定晚间节目的时长应为两小时，一个标准节目应当包括一个群体杂技表演和三个由梅兰芳演出、突出其唱跳和表演的片段。第三，齐如山营造了充满中国异国情调的环境。他在演出会场融入诸多中国元素来激发外国观众的想象，如灯笼、书法和中山装。第四，齐如山设计了一个39页带插图的节目单，除了有梅兰芳的生平简介，还有关于乐器、服饰、舞台道具的说明，关于梅兰芳戏剧技巧的赏析指导、戏剧的具体梗概、故事来源的信息以及京剧历史传统的解读，等等。每一场舞台体验都是为了将美国观众带入异国的氛围，对中国文化进行全面推广。此外，齐如山澄清，旦角与同性恋之间毫无联系，扫除了西方人长久以来的偏见。除了利用西方人对异国情调的着迷情绪外，齐如山还关注华裔美国观众，唤起了他们的爱国主义情感。在梅兰芳赴美之前，一场宏大的媒体攻势就已经展开。齐如山称："此次访美不仅是梅兰芳个人的荣誉，而且是每个中国人的荣誉。"在他的号召下，大量的华裔开始提供赞助或前来捧场。

梅兰芳的纽约之旅持续六周。美国媒体一片好评。罗伯特·利特尔（Robert Littell）在《纽约世界》中写道："梅兰芳是有史以来最伟大的演员。他集演员、歌唱家和舞蹈家于一身，融合得如此巧妙以至于无法辨清三者的界限。"②

① 齐如山（1877—1962），戏曲理论家、剧作家、导演、社会活动家，他作为梅兰芳访美的总策划，在前期宣传、剧目设计、剧场布置、经费筹措等各个方面做出卓越贡献，是梅兰芳访美成功的关键性人物。

② Robert Littell. Review of Mei Lanfang's performance[J]. New York World, 1930-02-17.

布鲁克斯·阿特金森（Brooks Atkinson）在《纽约时报》上说："这种禁锢的古代戏剧形式几乎不追求虚幻，也没有现实主义元素。但它美得宛如古典的中国花瓶和织锦。"[①] 斯科特则指出："梅兰芳的美国之旅迎合了美国人当时的时代心理。当时公众对于去现实主义的戏剧艺术是持接受态度的。"[②] 当时美国正值大萧条时期，戏剧的主题都逃不开政治，被现实主义充斥，梅兰芳京剧恰好为乏味、自然主义的西方戏院提供了调剂。

简而言之，梅兰芳在美国的成功归于齐如山的经营和对文化的沟通，他将此次美国之行量身定制以符合美国人对异国情调的偏好。然而，讽刺的是，与第二代移民通过被美国主流文化同化而取得成功相反，梅兰芳的成功策略则是"自我东方化，从民族主义出发为中国文化赢得了尊重"。

访美之旅也产生了意想不到的学术反响。梅兰芳获得南加州大学、波摩娜学院的荣誉博士学位，许多学校对他进行了隆重的接待。要知道，当时美国还没有一所大学开设非西方戏剧的课程。[③] 从国际局势来看，随着美国加入"二战"、占领日本并卷入朝鲜战争与越南战争，一个具有异国情调的东方世界开始呈现在西方人的面前。西方戏剧学家论中国戏剧的书籍开始涌现，以斯科特的《中国的经典戏剧》（*The Classical Theatre of China*）为代表。1954 年，夏威夷大学开设名为《东方戏剧研讨》的课程。不难看出，20 世纪40 年代起，中国戏剧开始进入美国的教育体系。

访美之旅的又一影响在于，许多华裔美国作家开始在京剧中寻找创作灵感，其中以黄哲伦的《蝴蝶君》（*M. Butterfly*, 1988 年）为代表。毫无疑问，这两部作品的成功都助力中国戏剧迈向了更广的舞台。然而，他们对于男扮女装者的描述却进一步深化了西方人眼中"中国戏剧界充斥着同性恋"的偏见。

---

① J. Brooks Atkinson. China's Idol Actor Reveals His Art[J]. New York Times, 1930−02−17.

② A. C. Scott. Mei Lan−fang: Leader of the Pear Garden[M]. Hong Kong: Hong Kong University Press, 1959:108.

③ James Brandon. A New World: Asian Theatre in the West Today[J]. The Drama Review, 1989 (2): 25.

三、成龙和袁和平：渗透文化

一群独特的男性武术演员、导演和动作指导的到来，改变了好莱坞的刻板看法，并将中国戏剧的欣赏价值和影响地位提升到了前所未有的高度。随着 20 世纪 70 年代武术演员李小龙和他格斗式表演的出现，充满阳刚气的香港动作电影开始产生影响。但是，直到 20 世纪八九十年代成龙和袁和平崭露头角，美国银幕上才真正出现了武术艺术。这些演员或导演的英语并不流利，他们未曾受过大学教育，但是他们的共同点在于都受到过严格的京剧训练。元奎、洪金宝、成龙都毕业于香港的中国戏剧学院，师从著名的京剧武生演员、香港武术电影之祖于占元。于占元组建了戏班"七小福"，而成龙就是成员之一。

"七小福"成员接受严格的京剧武术训练。除了后空翻、倒立和翻跟头之外，成龙和他的演员兄弟们还要学习唱歌和舞蹈、背诵经典中国戏剧、学习如何化妆等。角色的分配取决于天赋和身材。成龙的中等身材和灵活度使得他适合扮演"美猴王"等净角。于占先督促学生在京剧的每项技能上精进，以成为完美的艺术家。这些严苛的训练表面上看像是倒退到二三十年代的京剧中无情的培训方式，但是演员们习得的技能为他们在香港动作电影界和好莱坞的发展奠定了坚实的基础。

成龙由于家境贫寒，早年进入京剧学校学习，8 岁开始接受每天 17 小时的训练，开始作为儿童演员在电影和传统中国戏剧中表演。18 岁时，他离开香港的中国戏剧学院，开始了特技替身演员的生涯，并在《精武门》（1972 年）和《猛龙过江》（1973 年）中和李小龙合作。他的精湛技艺和勇敢精神给制作人留下深刻印象，因此，他被认为是李小龙的接班人。然而，之后的多部功夫电影屡遭失败。成龙开始意识到自己的风格与李小龙截然不同，最终探索出自己的特色。他的武打没有令人毛骨悚然的噪音和动作，没有流血和性，在青少年观众中备受欢迎。他的戏剧肢体语言十分精准，经常被比作巴斯特·基顿（Buster Keaton）和卓别林（Charlie Chaplin）的趣剧风格。成龙的戏剧天赋来源于他的京剧训练，体现在他敏捷的动作和杂技技巧。然而，和面无表情的基顿不同，成龙有自己独特的不露声色的调皮喜剧风格，他以自己对打戏和戏剧的融合为豪,并拒绝被定义为单纯的动作明星。

虽然成龙在亚洲声名斐然,但是他融入美国文化的过程却比较缓慢。他在美国初期的电影《炮弹飞车》和《杀手壕》票房惨淡,失败的原因在于文化和语言差异以及工作方式的不同。但是随着成龙语言能力的提高,他在1995年参演的《尖峰时刻》终于大获成功,票房收入近 3.5 亿元。成龙也开始明白要制作两类电影,一类针对美国市场,一类针对中国市场。[①]而他这种服务中国和美国观众的想法与新一代移民的观点也是一致的——现代移民在融入西方文化的同时,怀着强烈的故土情结。

成龙和“七小福”美国化的同时,另一位受过京剧训练的导演和武术指导——袁和平开始以其东西融合的惊险动作片在美国大银幕上崭露头角。袁和平出生于京剧世家,孩提时代也接受过京剧训练。起初他担任特技替身演员,之后担任武术指导,最后成为导演,在香港动作电影行业取得成功。如果说成龙的武打风格是以其独特的喜剧时间点为标志的,那么袁和平的专长就在于其对东方与西方以及经典和现代的融合,这在他指导的《黑客帝国》和《卧虎藏龙》中有突出体现。在《卧虎藏龙》(2000 年)中,他将中国剑术和西方审美融合,并且用竹林烘托的动作场景吸引观众的注意。在《黑客帝国》(1999 年)中,他既使用矛、三叉戟等中国兵器,又频繁使用特技和电脑数码图像。但是他的传统还是基于京剧的训练以及武术电影的动作效果[②],他的武术目标是呈现艺术形式的唯美主义,通过引入舞蹈动作创造美感。

袁和平通过《黑客帝国》三部曲创造了武打片的科幻奇幻风格,使得好莱坞开始大量引进受过京剧训练的动作指导,如元奎受聘指导《X 战警》及其续集。这些动作指导将中国戏剧的动作技能和编排感传授给未曾受过武

---

① Fred Topel. Action Adventure Movies: An Interview with Jackie Chan. Part I, Rush Hour II, 1. Available at http://actionadventure.about.com/library/weekly/2001/aa070901a.htm.

② Andrew Schroeder. All Roads Lead to Hong Kong: Martial Arts, Digital Effects and the Labour of Empire in Contemporary Action Film[J/OL]. E-Journal on Hong Kong Cultural and Social Studies, 2002−02:1: Articles. Available at www.hku.hk/hkcsp/ccex/ehkcss01/ frame.htm?mid'2&smid'1&ssmid' 7.

术训练的外国演员。这些演员需要经历六个月的武打训练,强度极大,最终的目标是甄于完美。

在中国戏剧史上,传统的表演者同样也是知名的武术演员。成龙、袁和平和其他动作指导证明了中国戏剧演员必须拥有很好的灵活度、力量、平衡性和控制力。他们将传统戏剧中的武打顺序和基本步骤与真实的攻击和防御动作相结合,以突出戏剧运动的美学。和在新城市工作的移民一样,这些多文化背景的艺术家能够将自身传统的文化身份和新的文化融合,从而创造出一种全新的具有创造力的艺术方向。

需要指出,这些香港电影人才大都是在后殖民时期外流到好莱坞的。他们一方面希望学习美国模式,了解他们的电影行业和工作模式;一方面想要征服好莱坞,获得经济收益。这些演员、导演和武术指导在实现个人梦想的同时,为美国输入了自己的文化传统。典型的美国电影打斗场景关注的是死亡、创伤、痛苦的嘶喊以及其所带来的心灵震慑,从而将现实主义最大化。相比之下,中国的武打场景则充满编排感和艺术感。

四、齐淑芳:开拓文化

当香港的武术指导继续在美国西海岸进行中西合璧的创新尝试时,齐淑芳也开始在纽约发展自己的京剧事业。正如 19 世纪的鸿福堂一样,齐淑芳在美国的表演起初是针对中国群体。但是,和鸿福堂的寄居者思维不同,齐淑芳扎根于美国,将美国视为自己的艺术基地。

齐淑芳生于 1943 年,长在新中国。她 4 岁开始学习京剧,后被录取进入上海戏剧学校。1959 年,她在北京参加庆祝中华人民共和国成立 10 周年的戏剧节,其节目《杨排风》赢得具有潜力年轻演员竞赛环节一等奖,并从梅兰芳手中接过荣誉奖杯。1965 年,江青亲自挑选 21 岁的齐淑芳扮演革命样板戏《智取威虎山》中常宝一角。这部戏帮助齐淑芳在全中国一炮打响。改革开放后,齐淑芳开始游历各国,并曾为撒切尔、丹麦国王等国际政要表演。1987 年,在美国表演期间,她选择定居下来。为了延续她对艺术的执着,齐淑芳和其他九位京剧艺术家组成了齐淑芳京剧团。

齐淑芳京剧团的创办不仅实现了齐淑芳的目标,而且使其他一些京剧演员实现了梦想成为可能。受到齐淑芳感召力的激励,很多成就斐然的演员都加入齐淑芳京剧团。作为移民,他们生活艰难,但这不影响他们对于艺术的追求。从某种程度上看,齐淑芳和唐人街的服装店老板和餐馆经理一样,在他们的移民社区为新移民提供工作岗位,使得他们得以在相对安稳的社区谋生。[①] 然而,齐淑芳并不满足局限于唐人街。为重塑京剧当年的荣光,齐淑芳经常资助京剧演员和音乐家访美。今天,齐淑芳京剧公司已经成长为中国以外唯一一家专业的中国戏剧团,公司是来自中国的全明星团队,其成员都是来自中国各个地区的一线京剧演员。

齐淑芳秉承着传统的演员管理模式,她向团队展现必备的技能、热情和个人领导力,从而树立榜样。如果说成龙代表华裔美国人的阳刚化,那么齐淑芳则是台上和台下女斗士的化身。精湛的技艺和执着的精神成就了她辉煌的事业。然而,演员管理者的生活远不如早前光鲜亮丽。齐淑芳需要自己招聘演员、租赁场地、售票、设计海报并遴选戏目,事无巨细,无不操心。和其他团员不同,齐淑芳没有兼职。她的成功即使对于美国主流演员而言都是非凡的成就,因为美国演艺界成功的概率只有1%。

实际上,齐淑芳在观众的数量和广度上已经超越了梅兰芳。齐淑芳经常给纽约以外的学区送45分钟的京剧表演。所到之处,反响都十分热烈。据艺术动力公司(ArtPower)创始人马克·布莱克曼(Mark Blackman)预测,在他们十年的合作中,齐淑芳的表演在34个州吸引了总共50万的观众。她的成功取决于她的决心、纯熟的技艺和严格的训练。

齐淑芳的最终目标是进入美国主流社会,被主流文化接纳。这个梦想在2003年秋天实现了。当时,齐淑芳京剧团在42街新工厂剧院表演了一出足本剧目《杨门女将》。此外,她还尝试过非传统戏剧形式。1998年,她参与表演华裔中国诗人陈文平的获奖作品 *Details/Body/Cannot/Wants*。她的公司成员也积极参与到其他借鉴中国戏剧传统的戏剧事业中,如参演《蝴蝶君》《红色》,跟随太阳剧团作巡回演出。这种做法实际上是间接地在文化实践中

---

① Peter Kwong. Forbidden Workers: Illegal Chinese Immigrants and Chinese Labor[M]. New York: New Press, 1997: 114.

推动多元性的发展。

齐淑芳认为，美国生活最艰难的问题在于资金，有了资金，齐淑芳京剧公司的演员就不必兼职，而可以全身心地投入到京剧表演当中，从而将中国戏剧更好地传播给美国观众。齐淑芳的故事是华裔移民追寻艺术自由的代表，也反映了实现艺术梦想的现实局限。

五、结论：京剧文化振兴的新起点

鸿福堂、梅兰芳、成龙和齐淑芳对于中国戏剧在美国的发展产生了重要影响，但是其背后的动机、他们的目标受众以及成功的影响却各不相同。这四个人物代表着美国的中国戏剧史和移民文化发展的四个重要分期。

鸿福堂来到美国是为了满足早期中国移民的特定文化需求。作为文化的培植者，鸿福堂代表从未切断与祖国纽带的第一代移民。

相比之下，梅兰芳访美之旅则是建立国际友好关系的政治策略。华裔美国人和西方观众都支持他的表演，但是此行的主要目的还是娱乐西方人。作为文化使者，梅兰芳是第二代移民的化身，他孜孜不倦地研究适应环境、同化和适应文化的途径。

成龙和袁和平闯入好莱坞则是精心酝酿的商业计划。他们通过博得国际观众的喜爱而实现事业的快速发展，但他们的粉丝却不把他们的技能和京剧等同，实际上也都不一定是京剧的支持者。第三代移民跨越双重文化身份并改变着文化，凭借中国戏剧培训的扎实基础，他们得以在戏剧和电影中实现创新。

齐淑芳的追求集中于艺术自由。她的培养对象包括戏剧行家和外行，她的观众来自不同年龄段和不同民族。作为文化枢纽，她也体现了第四代移民的特性。她对于所有中国的新兴移民而言都具备母亲般的吸引力，她在中国定制戏剧服装和场景，从而与中国保持着纽带关系。在节目制作上，她遵照梅兰芳的基本模式，但是又有所超越，包含足本戏剧。她不断扩大活动范围，参与到现代亚裔美国戏剧中，她的公司成员也参与到太阳剧团的表演中。然而，齐淑芳最大的贡献在于其孜孜不倦地向美国观众推广中国戏剧。

通过保留中国戏剧的传统美学,齐淑芳正在重塑美国文化。

鸿福堂、梅兰芳、成龙和齐淑芳证明了中国戏剧不再是种族化或边缘化的,也不再是如饶韵华所言的"在美国的想象构建中湮没了",相反,它采取了新的策略,在美国随处可见。通过努力,这些戏剧艺术家让古老的艺术呈现出新的表现形式。正如罗纳德·高木(Ronald Takaki)在他的一本有关亚裔美国人历史的书籍中所述,这些艺术家代表了那些证明自己"不再是寄居者"的移民形象,他们的艺术贡献"使得他们得以在美国定居,成为华裔美国人"。① 中国戏剧在美国的变迁与斯图尔特·霍尔(Stuart Hall)对文化身份的定义十分吻合:"文化身份关乎'成为'和'存在'。它既属于未来也属于过去。它不是业已存在的事物,而是超越了地点、时间、历史和文化。文化身份有其历史沿革。但是,和所有历史事物一样,文化身份经历着不断的转变。它们绝不是永远固定在某段过去的历史当中,而是受到历史、文化和权利之间不断博弈的影响。"②

为了拯救京剧,中国尝试了一些策略来吸引观众。一方面,面向游客的京剧表演活动包括参观北京饭店内经改造的戏台和观赏多部独幕剧。其中,戏台的装修模拟古代茶楼,茶楼中有幕帘和中国书法等元素;独幕剧包括以场景和杂技出彩的《孙悟空大闹天宫》《拾玉镯》《三岔口》。另一方面,面向年轻观众特别是大学生,许多剧团创造了新的戏剧。2004 年,北京京剧团上演了《梅兰芳》,反响热烈,戏中演员既穿现代服装又着古装,有现代场景元素和交响乐团,给予信息和场景同等的重视。与其同时,中国戏剧在美国处于接受、同化和变革的关键时期,不仅体现在其本身的艺术形式方面,而且体现在其影响西方艺术形式的能力方面。

---

① Ronald Takaki. Strangers from a Different Shore: A History of Asian Americans[M]. Boston: Little Brown, 1989: 131.

② Stuart Hall. Cultural Identity and Diaspora[M]// Jonathan Rutherford. Identity: Community, Culture, Difference. London: Lawrence and Wishart, 1990: 225.

中国古典戏剧[①]

[俄] 弗拉季斯拉夫·费奥多洛维奇·索罗金 / 著

姜明宇[②] / 译

译者按: 本文作者 В.Ф·索罗金(Владислав Фёдорович Сорокин,1927— 2015),汉学家,文艺学家,俄罗斯科学院远东研究所高级研究员,著有《13—14 世纪中国古典戏剧:起源·结构·形象·情节》(*Китайская классическая драма XIII-XIV вв. Генезис. Структура. Образы. Сюжеты.* 莫斯科科学出版社,1979 年)一书,是苏联汉学史上第一部专论元曲的著作。本文原载于《东方古典戏剧》(莫斯科,1976 年),本文对中国戏剧起源、发展做了清晰的脉络梳理,从 7 世纪戏剧雏形到明清时期的传奇剧,作者不仅论及中国古典戏剧的内容、形式特点、时代背景,而且还以他者之角度将中国古典戏剧置于异质文化中重新定位与审视。

戏剧文学作为一种文学主流样式在中国诞生较晚,比诗歌和散文整整晚了数千年,与其他古文明诞生的中心地——希腊和印度相比,中国戏剧艺术的繁荣期也晚了几个世纪,现存下来的中国戏剧最早可追溯到 13 世纪。

显然,中国戏剧在 7 世纪就已具备戏剧形式的雏形:滑稽戏 — 参军戏,但却并没形成明显的戏剧风格。参军戏一般设两个角色,其中一个叫"参军"(一种官职名),总是扮演比较滑稽的角色,被戏弄。几百年后,宋朝时

---

① 本文系北京外国语大学"双一流"建设重大标志性项目"中国戏曲海外传播:文献、翻译、研究"(项目批准号:2020SYLZDXM036)的阶段性成果。

② 姜明宇,北京外国语大学中国语言文学学院 比较文学与跨文化研究专业博士研究生,研究方向:中国古典小说海外传播与翻译研究。内蒙古大学外国语学院俄语系讲师。

（10—13世纪）出现了一种较为流行、复杂，但也同样是喜剧形式的杂剧，一般杂剧不计歌者和舞者共五个演员。"杂"的概念源于三段不同的表演，而且这些表演之间不一定存在必要联系。很明显，这一时期已经出现了专业的脚本，尽管这些脚本并没被保存下来。为大众所熟知的"杂剧"曲目近千种，当时在中国南部占绝对优势，北方跟这类似的被称为"院本"，依据角色名字来看，诸如郎中、僧侣、穷人、不得志的小吏等一系列的人物形象是中世纪滑稽戏中最为常见的角色，但是这剧中也不乏一些历史人物、将军甚至是帝王，不过这些角色都是前朝的人物。

与此同时，各种类型的故事、抒情歌和歌曲伴奏的组舞也越来越受欢迎。音乐在所有这些类型中发挥了重要作用，许多散文和诗歌结合在一起——已基本具备了中国传统戏剧的全部必备特征。"杂剧"包含的故事、歌曲和舞蹈通常在同一个戏台上搬演，极大地丰富了这些艺术形式：叙述者和歌者有时会"进入角色"，一段时间内转变为作品中的主角，同一戏剧经常配有音乐和歌曲。因此，形成了一种成熟、综合的戏剧表演形式——包括对宾白、唱词和科介。

当时中国南方政权是宋朝，统治一直持续到12世纪以南戏的形成为止，南戏的意思即"南方的戏剧"。从1126年始中国北方女真人执政，1234年被成吉思汗的蒙古族军队和他的继承者占领，直至13世纪前半叶，一种新的戏剧形式出现，这在中国文学史上并不罕见。革新都是穿着传统的旧衣服，新的戏剧形式也是沿用大家惯用的叫法——"杂剧"。这一题材在整个元朝统治期间（1260—1368）一直被沿用并占主导地位，后期"元剧"逐渐兴盛。蒙古于1278年灭掉了南宋政权，"杂剧"一度在当时南部地区居民文化生活中居主导地位，甚至都将早期的戏剧创作形式"南戏"遗忘了。只在21世纪偶然寻到了13—15世纪初三部"南"戏的脚本（《张协状元》《小孙屠》《宦门子弟错立身》），尽管其文学性、艺术性由于受到场地的局限并不十分完美，但是戏中已加入了逼真的戏剧情节，布局巧妙、语言生动，其主题依然沿袭传统——佚名作者表达对弱者和被欺凌者的同情。

诚然，令我们惊讶的不仅仅是那些散佚作品的数量，当时戏剧创作繁荣这一事实本身也很让我们吃惊，因为很多人物形象流传至今已经不那么完整，或者说，已经不是最初的样式了。要知道，中国历史上少有像元朝那么不利于文学和艺术发展的时期，尤其是元朝统治的前几十年。"侵略者"对中国社会传统的政治和经济秩序破坏严重，他们将很多人囚禁或奴役、摧毁城市、将大量的耕地变为牧场，大力推行民族和社会歧视政策，极力打压当时受过教育的知识分子阶层。最初元朝统治者并没有效仿前朝的异族政权，没有广纳官僚贵族，执政初期也未实行科举制度，这一选拔制度一直是官员选拔的主要方式，知识分子们在前朝都身居要职，而到了元朝，只能做小吏或在一些收入极低的职位上任职。

元朝后期，原有社会秩序有所恢复，但对官僚知识分子的打压迫害以及他们地位的日趋下降的状况一直持续，造成的最直接后果就是"高雅"文体——五言或七言诗、宋词、韵文和小说等文学语言的明显衰落。这些文学形式的前沿地位在文化生活舞台上被更为大众、广泛应用的口语所取代，首先体现在戏剧和叙事话语上。其实宋朝起就已经有了此种端倪，但当时这些并未能引起知识分子们的足够重视，现在很多原特权阶层的人们为寻求生计或实现自我，也开始从事这一行当，并将积累起来的广博知识和更完美的艺术手段融入古典文学之中。

与此同时，观众数量逐渐增长，勤劳的人民重建被破坏的家园，小手工业者的产品在蒙古帝国广袤无垠的大地上传播开，人民重新富裕起来，开始追求舞台表演和娱乐活动，说书人、歌姬、舞姬、乐师是他们主要追捧的对象。文化教育基础读本价格低廉，汉字简明教程、小说和诗歌——对这些出版物的需求催生了"书会"。"书会"为职业文学创作者与手工业部门的结合提供了可能性。就篇幅而言，民间小说比短篇小说更长，还有歌集等，并非全部的出版物都由书会出版，但可以说，绝大部分的戏剧作品都来源于此，作品数量巨大，著名的杂剧剧目约750多部，基本都创作于13—14世纪，保存下来的仅160多部，以剧目题材的广泛性和多样性而著称：现实社会的尖锐冲突、远古传说、近代事件、道教和佛教传说、民间神话等在城市的戏剧舞台上同时也在偏远乡村的大戏台上得以生动呈现；历史著作、文学小说集、民间小说、哲学劝谕甚至著名诗人的诗歌——所有这些原始材料都是戏剧创作的源泉，当然，这些也是其他体裁作品创作的基础。

很遗憾，那一时期没有特别知名的戏剧家，在当时的社会背景下这些人不可能获得官方的认可,他们的生平信息都只见于一些"私人"的出版物,且仅有只言片语,甚至有时还前后矛盾,有的作家甚至连生卒年代都无法确定,只能将他们笼统地列入"早期"或者"晚期"之列,划分的界限是 14 世纪(这样一来,几乎所有名家都属于"早期"之列),差不多四分之一的剧本都无法确定作者,无疑,其中有不少成果是"书会"成员集体创作的产物。

元剧作家中创作最早、成果最多、剧作最全面的,当数关汉卿。他的创作中有经由小说改编的戏剧剧目,取材于三国时期的历史,从中可强烈感受到作者对历史上逝去的、值得颂扬的英雄人物之痛惋;还作有抒情喜剧和日常剧。其作品中社会题材类戏剧一直备受关注,其中尤以《窦娥冤》最为著名,这出剧聚焦了剧作家最关注的两个问题:对权贵专断独行的无情揭露和对妇女阶级的同情。

在此我们需要明确一点,关汉卿大部分剧作主要讲述他所处的时代和他亲眼目睹的社会秩序。如同大多数抒发愤恨的剧作家一样,他的作品中基本未见对蒙元时代特别具体、标志性的表述,保存下来的剧本中,没有一部里面有蒙古人形象出现,哪怕只是在某一场戏中以无关紧要的角色出场都没有。个别中国戏剧研究者,特别想将剧作主旨与元代戏剧家的爱国主义情怀联系在一起,其中当然也包括关汉卿,他们坚信这些作品中的某些反面人物形象,尽管这些人物是汉人的名字,但仍然能看出蒙古人的影子,可这些似乎并不能够令人信服。首先,有严苛的法规来控制具有"诽谤性质"和"有伤风化"的剧目(其中涵盖的范围是非常广);其次,中国北方在蒙古之前同样也是外族政权,而这些普通民众在日常横祸中遇到的只有汉族官员;最重要的一点,这些被剧作家所诟病的罪恶,并非蒙古人特有,蒙古人在中国历史上的统治时期并不长,这些弊病的根源实则为数千年的封建社会关系。

因此,《窦娥冤》中提到的科举制度,事件背景是宋朝,开篇读者就看到了"恶",尤其是元朝统治下高利贷肆虐,穷书生为偿还债务,不得不将自己的女儿卖给放高利贷者为奴为婢,长大后做了放高利贷者的儿媳妇,总之,女孩子就是放高利贷女人的利润:不需要高额的彩礼,家里还有人干活,窦娥的生活注定要早早地走向悲惨的结局——她被诬陷杀人。

这里需要关注的重点是剧作家的艺术手法——如何来谋划情节线索,

他笔下的人物角色没有病态的恶徒，剧中行为只能用最平淡无奇的动因来解释：郎中（赛卢医）还不上老太婆（蔡婆婆）的债务，便谋划勒死她，张氏父子救下了放高利贷的蔡婆婆，但是觊觎她的钱财和年轻貌美却守寡的儿媳妇，婆婆不敢违逆他们，谁料，张驴儿下毒竟意外毒死了父亲，为了自救只能嫁祸于窦娥，贪婪可耻的官老爷根本不在意谁是真凶，只是强行逼着被告认罪。这桩冤案无处申诉，难道只能去谴责无所不知的苍天？但窦娥并没有一味地抱怨，她指问天和地，苍天枉为天，不辨是非、姑息犯人、迫害弱者。最终，上天降下奇迹，为蒙羞的窦娥洗白冤情，找寻她多年的父亲最终为她主持公道并惩治了罪人。

正义似乎得到了伸张，可这一切都发生在女主角冤死之后，那这个剧算是一部悲剧吗？我认为，答案是肯定的：即使是莎士比亚笔下的恶人也会因其罪恶受到惩罚。但就其悲剧色彩以及对人存世矛盾性哲思深度而言，中国古典戏剧明显逊色于文艺复兴时期的欧洲戏剧，因为戏剧作者没有经历人文思想的蓬勃发展，也没有见证它的迅速衰败，这些作品只是时代的产物，当封建阶级还具有强劲的生命力，繁华都市中平民们乐观的处世之道和佛教信奉的"善有善报""恶有恶报"对他们的创作影响比较深刻，除此之外，中国文学自古以来就被视为道德规范和生活教科书，这其中的每一个"例子"都应该有着明确的判词。

许多剧中的"判词"不仅具有形象意义还有法律意义。很多戏剧结局都以宣读皇帝下的判决而结束。最常见的判官形象就是包拯，这是一个具有现实原型的人物形象，11世纪后期被理想化且在民间广为传颂的高官，有时他还会具有超自然的特质——夜里召唤亡者的魂魄，并在这些鬼魂的协助下弄清事实的真相，但多数情况下，他仍是被塑造成一个实实在在的人的形象，只不过比常人更具洞察力和无畏。在现实主义剧作《陈州放粮》中，他揭露地方官盘剥人民的强盗行径，最终惩处了这些（剧作者不详）受高官庇护的贪官。有时即便是权力很大的包拯也无法伸张正义。《鲁斋郎》一剧（关汉卿的作品），包公很容易就断出，与剧本同名的人（鲁斋郎）为地方权贵，此人正是栽赃陷害他人的杀人犯、暴徒，为了获取处决这个恶人的许可，包拯不得不将他的名字换作一个写起来跟鲁斋郎有点相似的人名，因为只有皇族的人才有权力处决他。

元代剧作家笔下的世界充满了各种不公,安分守己的老实人只能忍受或寄希望于类似包拯这样的正义捍卫者,但经常是不堪忍受迫害,于是英勇的人们拿起武器,想凭借自己的力量或智慧来维护正义,这类英雄人物以梁山泊好汉的形象为主,关于这些人物的传说也是构成著名长篇小说《水浒传》的基础。他们出现于元朝末年,小说与剧本的情节片段并非完全一致,但都以叙述这些"自由逃民"高尚精神为主,其中一些主角人物无畏的勇猛精神总是伴随着审视他人的正义感,或许,不需要以现代的观点将这些剧看做是对农民起义的辩护,更何况,这些英雄人物基本上都不是农民出身(元朝的剧场里很少出现这样的人物原型,这是中世纪城市的时代产物)。

当然了,这些人并不是与现有的秩序作斗争,而"仅仅"为了消除个人耻辱,他们起义并不反抗传统的意识形态,况且,儒学还为这种反抗不配位的统治者做辩护。当个人受辱的情况越来越多,那肯定是这个国家的某些秩序出了问题,生活在 12 世纪初的这些人二百年后走下戏台,更多的起义军开始反抗日趋衰弱的蒙古政权并取得胜利,实际上也只是用本族政权代替了外族的残暴政权,而其残暴性并未减少。

剧本中描写梁山好汉的真实历史事件,因其浓厚的民间演义性质和作者想象而辨识度很高。很多戏剧关注的焦点始终是现实社会中的历史事件以及历史事件中的这些人物原型。某些剧看起来就像历史演义文学的简单插图,只局限于再现事件的外部轮廓,注重文献轨迹或是军事情节,但其他剧的重心则是远古时代人物命运、情感和思想,这些在现代观众那里会给出剧作家明确而鲜活的回应,引起共鸣。马致远的《汉宫秋》就是这样的剧本,这部悲剧成为典型的"元曲手抄本"不无道理。

大汉王朝距今也比较久远,国家衰弱,对周围的民族不再构成威胁,游牧民族匈奴逐年强大,以至于汉朝皇帝不得不将自己的爱妃王蔷献给匈奴首领,多年来,她一直因皇帝亲信画家的阴谋而被藏于冷宫,皇帝很久以后才见到王蔷并爱上了她,可是马上就面临离别,无助而又盛怒的皇帝将怒气都撒在懦弱的统帅身上,恨他们不能护国家免受外敌威胁,恨这些依附他的大臣只会让这个国家更贫瘠。但是,难道说这位剧作家只以一腔怨恨来抨击这些前朝不得志的权贵吗？难道他思想萌生的那一刻脑海中就没有浮现宋朝这些只关心个人仕途、从不真正做斗争、不是割地给女真政权就是给蒙古政权的显贵吗？看完王蔷压抑的离别舞台被送往荒凉的草原，很难想象，难道观众不会忆起自己那些前不久被成吉思汗政权赶往四面八方的同胞吗？

史实是王蔷做了匈奴首领单于的妻子，单于死后，按当地习俗，她要嫁给王位继任者。但是剧作家以民间传说的版本呈现：女主人公投到汉朝和匈奴的界河中自尽。单于被马致远赋予了诗意色彩，剧作家以异常吸睛的笔触创作了这一人物形象；他处决了那个造成这一悲剧的罪魁祸首——画师，而极度悲伤的皇帝，沉浸在与常人无异的无助痛苦中，将这些情绪都诉诸于诗歌，成了元朝戏剧诗歌杰作之一。这样，悲剧就有了悲伤的色调，这也符合马致远创作的总体特色，他的戏剧和散曲基调阴郁，使人感受到生命的不完美和飞速流逝，渴望在大自然或道教幻想的世界中躲避生命的灾难。

纪君祥的《赵氏孤儿》是中国第一部传入欧洲的戏剧作品（著名历史剧），18世纪被译介到欧洲，并被威廉·哈切特改编为经典悲剧，更名为《中国孤儿：一出历史悲剧》，剧本题材讴歌尽忠职守的自我牺牲精神以及崇高的复仇意愿，给当时欧洲的戏剧爱好者留下了极为深刻的印象。位高权重的反面人物屠岸贾是晋国大将军，屠杀了忠臣赵盾的全族，只活下了赵盾的孙子，为救这个孩子，孩子的母亲及两个朝臣都牺牲了性命，这个孩子就是未来的复仇者，宫中的御医将自己的孩子以"赵氏孤儿"的名义献出去，而真正的孤儿利用仇人的信任和好感在其家中长大，但终有一天，当孤儿得知自己的身世，正义得以伸张。无论看起来多么强大的恶，最终都不可能逍遥法外，这也正是整部剧的精神主旨，但这沉重的基调很容易让人联想到那些与日本忠诚武士道相关的传说。

剧作主题很快从崇高的精神世界和宫廷剧情转向日常情感，关注常人的喜乐哀愁，我们来看看这类作品，主角常是一些生活在中世纪城市里的普通居民：商人、戏子、小手工业者，或者是一些终日无所事事、游手好闲的人。这些剧主要供人消遣，因为剧中有很多引人入胜的情节、误会和巧合；同时，这些剧作也有一定的教育意义，会倡导亲人之间要有合乎道德的生活方式、节制、善良；朋友间要坦诚、守承诺；夫妻间要忠于婚姻。日常剧风格鲜明，观众犹如被邀请去暂时忘记这沉重的时代、享受这触手可及的快乐一般。道德败坏、爱财如命、纵情玩乐和蓄意欺骗都要受到指责,可戏剧本身却充满轻松、愉快的氛围。与欧洲的道德剧区别很大,剧中基本不会有寓意的痕迹,主人公是现实生活中的人,情景也完全日常化。

佚名作家的剧作《杀狗劝夫》就是对元戏剧艺术创作风格变异的最好诠释。此剧场景设计并不复杂,接近家常轶事,也没什么独到之处:怀有美好愿景的妻子,耍了一点小手段吓唬整日游手好闲的丈夫,引其入正途,这种故事乐见于很多国家的民间文学和民间创作中,但仍然有着很纯粹的中国特色,比如剧中情愿忍受各种耻辱的弟弟,因礼法须敬重、服从兄长,故事情节生动、某种程度上还有劝谕性质喜剧创作中所特有的严肃性,而在人物形象的程式化概括中,仍可以看出元剧特有的细节。元代戏剧与话本小说一样,都将关注的焦点放在普通人的生活上,这也是中国文学走向现实主义最显著的一步。

毋庸置疑抒情喜剧和道德喜剧的创新性,这类戏剧的创作围绕爱情主题展开,这种创新相较于之前的文学作品,对于人追求爱的权利有了更为大胆的想法,他们要去追寻不受世俗制约又非父母之命的自由爱情;还有一点非常重要:一直被灌输三从四德封建思想的那些年轻女性,主动去捍卫追求自由恋爱的权利,且不只停留在语言层面,而是付诸于实际行动。

此类剧目中最著名的是王实甫的《西厢记》(这部剧作在俄罗斯有俄译本),故事情节源自唐代诗人元稹的小说《莺莺传》,经过数次修改加工后,故事发生了翻天覆地的变化。本来讲述的是一段短暂的爱情关系,以传统的"反女权"道德精神箴言结尾,却演变了一出歌颂克服重重障碍而获取爱情的戏。王实甫赋予了情节以最终的样式,因戏剧作品的包容性,主人公的性格更为鲜明、更多面;尤为值得一提的还有王实甫剧本的修辞,他不愧被誉为元代戏剧"文采派"的巨匠。这一风格的具体方针和宗旨是倾向于使用"崇高"词汇,频繁运用文学性暗语,极为考究的比喻和修饰语。关汉卿则是"本色派"的代表,他从口语中广泛汲取内容,甚至对那些粗俗语也不避讳,比起精雕细琢的诗歌,他们更喜欢这种纯自然、更富表现力的形式。第一种流派让人更容易联想到浪漫主义倾向,是书面化的,而第二种流派更具现实性和日常性,但由此就得出一个作品属于哪种流派的结论是片面的,认为这些作品是分属于不同的风格流派,也不科学。

另一种"本色"戏剧则大肆宣扬腐朽的封建教条,而这些在"文采派"剧作中则明显不和谐,这其中就包括《西厢记》。穷困书生张巩和相国的女儿互相爱慕,当女主角的母亲想要破坏他们的幸福时,他们在活泼、机智的侍女红娘(这一形象与欧洲17世纪喜剧中的人物类似,也是王实甫的创新之一)的帮助下,进入了某种隐秘而不为人知的关系。剧作家对于不顾少女矜持违背传统的大家闺秀的同情,在剧中成了一些充满情欲的情节(但是如果跟晚些时候中国文学史上另一部作品相比,那么这部剧也算不得色情),这些正统的伪君子都变得不体面起来,因此这部剧被归到了"淫书"之列。但剧作还是流传很广,打动并鼓舞了"天下有情人",而这也正是剧作家王实甫所关注的重点。但也不能过分夸大《西厢记》作者同传统道德的决裂程度。关汉卿的《调风月》一剧中,戏剧冲突的和解方式更为典型,婢女燕燕勇敢地同名门小姐争夺爱情并且取得了胜利,做了妾室,这出剧里的人道主义倾向已经很明显,主张人在情感上平等,却很自然地默认了旧有的一夫多妻制婚姻形式。元剧中自由表达感情的萌芽已经出现,尽管其程度有限,但标志着中国社会已经逐步开始形成全新的、更人性化的道德规范,但这一过程是漫长的,直到本世纪初,这个过程仍在持续。

中国早期戏剧主题和角色的多样性与其思想基础的多样性相呼应,其中包含儒、释、道三家的思想,主要是宗教融合、传说与迷信、正统的家训都已具有人道主义世界观的萌芽,只不过这些都被通俗化了。这种"混杂"也正是元代的特征,对于各种言论、信仰都相对比较包容。宋朝占据统治地位的儒学(更准确地讲是新儒学体系,与古老的哲学学说相去甚远,实质上已经变成国教)已丧失了其主导地位,朝廷提倡百家争鸣,而不是清除"障碍":不仅庇护中国传统宗教—道教和佛教,还保护包括伊斯兰教、景教甚至天主教在内的宗教徒。总之,诠释儒家晚期思想占据了戏剧的重要地位。首先,唯一值得人去做的是研究儒学规范,通过科举选拔后以其信仰和正义来服务于国家和君王,主要宗旨是无条件服从长辈以及家中男性的主导地位;不过一味强调儒家负面、守旧的功用也是不公正的,儒家要义主要被阐释成精忠报国的形象,奋起反抗剥削与阴谋或是保卫国家不受外敌侵害。

此外,高度颂扬作为儒家典范主要载体的知识分子阶层,元朝统治的最初十年他们都有社会反抗色彩,后期,当信奉儒学的人重又回到皇宫,不接受传统观念的人们又开始从道教和佛教教义中寻求慰藉,拒绝为当权者服务并特别宣传要远离"尘世"。避世在蒙古政权统治时期广为流行,尤其是当起义、战争和无序席卷了整个中国,当生活又变得不稳定、充满危险的时候。

许多源于道教与佛教(有时候他们之间的区分并不明显)传说和观点的戏剧创作有着非常相似的情节构建。某人生活在"尘世间""像众生"一样,沉迷金钱、陷于感情、欺压他人,只不过他自己不自知,实际上他不是一个凡人,而是某个天神的化身,为了赎罪被下放到人间。他面临着寻回自己的"本性",但是顿悟后才能实现,在神的帮助下要拒绝所有尘世间的诱惑,人有时很难做到这一点,神明不得不动用法力来帮助他,甚至恐吓他,最终说服他。

典型的剧情有郑庭玉的《忍字记》,剧中人物刘均佐是汴梁首富,但他却吝啬到在自己的寿宴上都不舍得多给一杯酒的地步,且为人易怒,而佛教忌"嗔"。于是布袋弥勒佛,即中国民间传说中广为流传且最受欢迎的"笑面佛",警醒他应放弃财富、克制天性,除掉尘世间羁绊他的桎梏和枷锁。事实上,刘均佐是犯了错的罗汉,很快他的历劫时间期满变回自己最初的样子,弥勒佛想要通过宣扬"忍"达到让刘均佐顿悟的目的,还用自己的法力来巩固这一效果,每一次奇迹之后,刘均佐都同意追随布袋和尚,但又禁不住诱惑,即使是在寺院他也没法忘掉家中的财富、妻子和孩子,"欲望之火"如从前一样焚烧着他。当刘均佐被获准回故乡探亲时,他才得知:他修道的这段时间,尽管他觉得时间很短,但是实际上"凡间"已经过了百年,亲人早就都已经不在了,他终于开始诚心诚意臣服于无所不能的弥勒佛。

剧本貌似是在宣扬宗教道德,实际上在讲宗教道德与人的"正常"需求、人的情感之间的冲突,只有借助超自然力才能克服这些欲望。在其他杂剧中,如马致远的《任风子》、佚名作者的《蓝采和》(一部剧的主人公),为了实现自我救赎要残忍杀害孩子,舍弃家业,情节与许多的欧洲奇迹剧一样,崇高的宗教理想明显高于寻常的大众道德,属于纯粹的中世纪特征,某种程度上这也是所有元杂剧的特点,这些剧作中表现出来的最显著特征已经对戏剧艺术成就产生了一定影响,但如果不熟悉这类戏剧作品,对这一体裁的整体认知就具有片面性。同时,剧中有一些不受宗教道德束缚的神仙,如杨景贤的杂剧《西游记》是元杂剧中的鸿篇巨制,讲述了受神仙保护的僧人玄奘求取佛教经书,将与妖魔鬼怪的斗争隐藏在正面的宗教传说之下。

到此为止,我们所谈论的都是元杂剧的内容,其形式上的特点同样不容忽视。事实上,杂剧形式很大程度上取决于剧本曲调,每一本包含四折,也偶有五折的(除此之外,在剧本的开始或者是中间会补充进很短的一幕)(注:我们通常称之为"楔子"),同时有宾白,套曲,旋律确定曲调的韵律。通常一个角色会独唱到底,扮演主角的演员,通常被称作"正末"(男主角)或"正旦"(女主角)。其余角色的数量和功用都做严格限定:对白或拉长声音唱出套曲以外的其他戏文,只有丑角有时会唱滑稽唱词。

中国戏剧中散文与诗歌部分的相互关系,与我们通常习惯提及的莎士比亚戏剧有着显著的区别,莎士比亚的创作散文和诗歌交替出现:无论诗歌还是散文都是对情节的必要注释,都能推动情节发展,尽管他们的审美功用不同。杂剧中诗(曲)不具备叙事功用,我们需要通过对话理解剧情,这样就很枯燥,基本上都做传达讯息用,情感方面则通过曲调来揭示主人公的思维和情感,不能将他们与莎士比亚剧本中一些角色的唱词相比。去除歌唱,剧本就失掉了某种附加的色彩继续存在,元杂剧的主要特色在于它的调,没有了曲调的元剧是难以想象的,剧里诗的作用较小。

无论是杂剧的曲调还是唱词(散曲或套曲),都属于歌唱抒情范畴,可单独进行表演,源于民间传说,古典诗歌和各种神话元素使之丰富,更接近口语,在某些方面规则比古典诗歌宽松,但比民歌更具"文学性",更形式化,又有别于民歌。如我们所知,戏剧的文本与口语非常接近,尽管其中也有一些书面语的痕迹,因为16—17世纪保留的大多数元剧版本基本没有对话的原始记录,14世纪初得以保存下来的30部作品几乎没有对话,只有曲调,因此有一种观点认为对话根本没有文字记录而是作者的即兴创作。无疑,即兴创作是存在于喜剧角色中,但是,单从曲调我们无法确定人员的构成、他们相互之间的关系或喜剧情节的变化,所有这一切都只能通过对话揭示,对话至少要以缩略的形式被记录下来。

　　杂剧形式的复杂性在于必须严格将行为限定在一个框架内,并将其集中在一个歌者角色之上,这就要求作者具有高超的技巧性,同时,也对主题的选择和细节程度做了限定。因此,一些剧作家将几个普通规模的杂剧合并成为一个整体,如《西厢记》,实际上是由五折情节统一的剧构成,很多人并不重视这一结构特点,但也绝没将其推向消亡的"南戏"之列:既不限制剧本的篇幅,也不限制唱角的数量,曲调的选择上也相对自由(无论起源是南方还是北方的,杂剧中只会运用后一个)。总的来说,从 14 世纪中叶开始,南戏开始复兴,很长一段时间内杂剧仍然是一个非常有活力的艺术门类(15 世纪初有一位杰出的杂剧家,明朝开国者之孙朱有燉),但是也没有出现特别杰出的人物。

　　不过,优秀元代剧作家创作的情节、主题和形象,并不仅是戏剧和文学史上的财富,其中许多元素都紧随时代需求和变化,一次又一次地在近代剧作家的创作中焕发新的活力。14 世纪中期,基本上所有南戏的著名作品都是对早期剧本题材的再加工。因此,高明的《琵琶记》主要情节与早期的南戏《张协状元》类似:"讲一个年轻人,将农村的妻子留在家中,赴京赶考,中榜后娶宰相之女,抛弃糟糠之妻。"但二者又存在显著差别:"早期的剧本中,奸诈的主角受到强烈的谴责,而高明则是极尽所能地替他辩护,认为他是大环境的牺牲品,并让事件结局趋于圆满(宰相的女儿同意农村的妻子为正室)"。事实上,这一时期剧作家越来越侧重于受过教育观众的品位和想法,关注那些受邀去达官显贵和皇宫中的群体,所以作品结构更紧凑、修辞更考究,但同时也丧失了元朝戏剧"黄金时代"特有的活力与自发性。

　　1368 年,明朝取代蒙古统治者,整顿国家秩序、改善人民地位后,其开国皇帝残酷地镇压自由思想,有一段时间,甚至以律法禁止舞台上出现皇帝、大臣、显贵和圣贤的戏码,但是并没将赞美统治者和无害的童话情节一并禁掉。如此一来,戏剧就成为"受人尊敬"的体裁,即使最尊贵的文学家无法忽略戏剧,包括前面我们提到的皇子朱有燉,同时,他的叔叔朱权还是第一部戏剧和剧作家总集的编纂者。15 世纪初,数十部剧目有幸被列入皇家编撰的百科全书式文献集《永乐大典》,但上层的关注对于戏剧发展来说却是致命的，真正的创作在一个半世纪前就已经消亡了，新的创作高潮期从 16 世纪中叶才开始，这一时期的诞生与改革者反专政的斗争和先进思想家反新儒家正统学说紧密相关。李开先在《宝剑记》中将笔触转向梁山起义者，主人公林冲揭露奸佞"欺世盗国"，这话听起来有点现代。《鸣凤记》（此剧由当时著名的文学家王世贞创作或整理）首次揭开戏剧的"历史性"面纱，重现了重要的政治事件——几位忠臣对抗给国家带来灾难的宫廷奸佞。这两部作品都属于"传奇"（音传奇），实际上仍是"文学"体式中"南戏"的延续。通常，传奇涵盖内容丰富，数十幅画卷铺陈开来，里面有大量的人物形象以及复杂的故事情节，才华横溢的剧作家创作的剧充满尖锐的矛盾冲突，背景描绘详细，人物形象刻画立体；平庸的剧作家依靠一些司空见惯的场景和刻板情节，走在机械增加剧本篇幅的路上。由于后者的不懈努力，千篇一律的"才子佳人"题材广为流传，大体都是穷书生和高贵小姐如何坠入爱河、经历各种波折之后获取美满婚姻的故事。传奇剧多是为了阅读而作，而不是制作——因为数量太多，通常只选择最精彩、最高潮的场景。本文中，我们必须遵循这一传统，让读者了解三个最著名的"惊人故事"。

其中，最著名的是汤显祖 1598 年创作的《牡丹亭》，剧作家在题记中立意"生者可以死，死者可以生"，把情感主观开端与新儒家的现实道德要求相对立。虚实结合，歌颂爱战胜死亡，汤显祖明确反对扼杀爱情的守旧派，女主人公杜丽娘是高官之女，冲破家庭阻挠、冲破世俗和禁忌、冲破教书先生的传统礼法，她幻想和一个梦境中青年的幸福生活。心愿没能达成，她抑郁而亡，虽成了一个游魂也终究没放弃她的理想，她寻到了梦境中的主角并与之结合，她说服情人掘开她的坟墓，重新获得尘世肉身，成为一个真实的、世俗幸福的拥有者，你会认为这只是一个传统的大圆满结局，但这已不再是随机的运气或科举成功的结果，而是主角们不懈斗争的结果，他们相信人类心灵无所不能的信念。

"梦"这一主题在《牡丹亭》中起着非常重要的作用，汤显祖的其他剧作中也同样存在这一元素，但已赋予了另一种意义。剧目《南柯梦》源于 9 世纪同名小说，梦是人类生活的隐喻，是短暂的；梦是虚幻的欲望和对成功、对幸福坚定不移的妄想；戏剧主旨似乎与之前剧目形成鲜明对比，但他们之间也存在内在联系,它体现了剧作家对周围生活的深深不满以及理想上或梦境中超越它的愿望。

尽管这是一种浪漫主义的倾向,然而我们并不这么讲,况且欧洲浪漫主义哲学与16、17世纪之交中国剧作家的世界观之间鲜有共同点。

汤显祖创作的时期,国家处于停滞状态并与其他文明中心相隔绝,变革之势迫近,一些剧作家的创作充斥着悲观情绪也就不难解释了,他坚信追求幸福和自由的愿望,即使没有奇迹一样能实现,并以那些令优雅的鉴赏家们惊叹的诗句表达出来。

几乎是在这之后的一个世纪(1688年)洪昇的历史悲剧《长生殿》中才再现颂扬爱情战胜死亡这一主题。情节源于唐明皇(8世纪)和妃子(贵妃)的爱情故事,这段历史在洪昇之前就已经在许多著名文学作品中出现过,其中包括诗人白居易的《长恨歌》和元朝剧作家白朴的《梧桐雨》①,洪昇借用了前人的一些创作主题,甚至原封不动地从白朴剧中拿来个别的曲调,但在情节处理上仍有其独创性,主要是将杨玉环理想化了。白朴将杨玉环描写成一个轻浮、纵情享乐的女子,安禄山造反、给国家带来无数灾难她有很大责任,她死于愤怒的士兵之手,看起来似乎是公正的,而皇帝也并没有采取任何措施来拯救她,洪昇却保留了一个情节:为了满足妃子的口舌之欲从遥远的南方运来荔枝,而这却大大加重了普通民众的负担,但整体上她被描绘成一个高尚、忠诚、敏感的女人,皇帝愿意为她牺牲性命,但她却为国家选择了自杀。白朴的悲剧以年迈皇帝沉浸于悲伤的情绪、追忆逝去的幸福而结局,洪昇回归到古老传说,给了它一个美好的结局:唐明皇的爱与苦楚感动了上苍,最终让他们在天上重又团聚并长相厮守。

洪昇的剧充满了和谐与优雅,尽管并非剧中每一个形象都具独创性、富有诗意,却广受欢迎。虽然如此,一年后此剧还是被禁演了,缘由是政权认为叛乱的首领安禄山暗指17世纪中占领中国的满族人。

这一事件直接反映在传奇名剧——孔尚任的《桃花扇》中,此剧并未遭到当时执政者的抵制,剧中明朝末期(与史实相符)是最黑暗的时期,这也是

---

① 《唐明皇秋夜梧桐雨》。——译者注

满人入侵的间接原因。剧本中几乎所有的人物都有现实原型，全剧以青年书生侯方域、歌妓李香君的悲欢离合为主线，剧作家全景再现了明王朝的动荡倾覆。孔尚任以表现"存在了三百年的王朝覆灭的原因"为目标，揭露了骄奢淫逸、贪得无厌、利欲熏心的官员，懦弱无能的显贵以及平庸无能的军事将领，他对主角也多有指摘，尽管总体上仍是同情为主。侯方域、李香君二人入道之前，道教中人向他二人怒道："呵呸！两个痴虫，你看国在那里，家在那里，君在那里，父在那里，偏是这点花月情根，割他不断么？"剧作家以此重新将其主题思想拉回每一个体对国家命运的责任，个体无法超越所处的时代而获取幸福。

18世纪以来，尤其是19世纪，中国的戏剧创作艺术呈现颓败之势，但同时剧院、戏剧在这一时期是繁荣期：诞生了全新的地方变种，完善了表演艺术，剧目主要来源是改编早期戏剧、流行小说或故事片段，这些改编都是由一些名不见经传的手艺人或者是演员来完成的，其文学性通常都遵循最初的创作。这一时期最突出的独创性作品要数18世纪60—70年代杨潮观的《吟风阁杂剧》，是为"短剧"的典范，集子收录短剧32种，每剧一折（作者按传统给这些作品命名为"杂剧"，就形式而言，与元剧完全没有任何相似之处）。杨潮观的剧目情节都是从古书、民间传说以及20世纪的传说中汲取素材，剧目中的主人公通常都是作者所熟悉的官场的典型人物。每个剧本都有说教意义，作者在前言中一般都会作简要叙述，痛斥种种陋习，宣扬一些国家官吏应具备的基本素养忠诚、无私等美德，杨潮观在其最优秀的创作中以有限的空间成功塑造了令人振奋的戏剧场景并赋予了一些角色以"特性"，他的剧本事实上是中国古典戏剧史的终结之作。

为中华民族争光：京剧 1930 年的美国巡演

[美] 南希·盖伊 / 著

洪思慧 [①] / 译

译者按： 原文刊载于 Comparative Drama 第 35 期第 3/4 号：Brokering Glory for the Chinese Nation: Peking Opera's 1930 American Tour。作者南希·盖伊(Nancy Guy)，美国民族音乐学家，任教于加利福尼亚大学圣迭戈分校。作者曾在富布赖特奖学金支持下，于 2002—2003 年在台湾从事音乐与生态研究，其研究兴趣包括中国大陆和台湾的音乐、音乐与国家政治以及音乐生态批评。本文主要探讨了四方面的内容：1. 梅兰芳巡演时的中美历史、政治和社会背景；2. 20 世纪 20—30 年代在华外国人群体中梅兰芳的地位；3. 巡演中京剧以何种形式被包装和呈现；4. 巡演的成功及美国人对梅兰芳和京剧的认知与理解。作者借鉴理查德·库林的"文化经纪人"概念，评价了京剧作为一种"中介"在东西方交流中传递的文化意义。

1929 年 12 月 29 日，一个由 20 多名京剧演员、音乐家和艺术顾问组成的剧团离开上海前往美国巡演。剧团团长是中国最著名的京剧演员、当时已在国际剧坛上引起轰动效应的梅兰芳。[②] 这次巡演遍及至少 5 个美国主要的城市，取得了辉煌成功。由于门票供不应求，纽约的演期从两周延长到五周，在此期间，京剧表演收获了满座票房，"黄牛"能够把从售票处花 3.85 美元买到

---

① 洪思慧，北京外国语大学国际中国文化研究院比较文学与跨文化研究专业博士研究生。研究方向：旅华文学与跨文化研究。

② 梅兰芳曾于 1919 年和 1924 年在日本演出，并于 1935 年在苏联演出。他最后一次海外巡演是 1956 年在日本。其他重要的早期旅行包括程砚秋从 1932 年 1 月到 1933 年 4 月在欧洲的长期停留。Ma, Shaobo, et al. Zhongguo Jingju Shi [A History of Chinese Peking Opera], 2 vols[M]. Beijing: Zhongguo Xiju Chubanshe, 1990: 512–518.

的门票以高达 18 美元的价格转出。[①]《纽约世界报》(New York World)的评论家宣布——在剧院看京剧是他有生以来度过的"最激动人心的夜晚"之一。[②]

梅兰芳的表演在纽约取得了巨大成功，为表达对他的敬意，报人俱乐部主办了一场包括市长吉米·沃克(Jimmy Walker)在内的 5000 名宾客出席的荣誉晚宴。这次晚宴是在 1929 年股市崩盘后不久举行的，每张餐桌的价格为 500 美元，阳台上的桌位价格为 1000 美元[③]。剧团一行到旧金山演出时，詹姆斯·罗尔夫(James Rolph)市长带领一个庞大的迎接团招待他们。[④]梅氏一行在芝加哥、洛杉矶和火奴鲁鲁(夏威夷)也受到同样的热情欢迎。那么，是什么原因导致了这次巡演的巨大成功？答案一定在于中国组织这次巡演的动机和美国观众对于这种美学性质上不熟悉的艺术形式给予的热情拥抱上。

表演是一个二元过程，演员具有特定的目标，观众具有特定的需求和期待。一个常见的假设是：演员的主要目的是提供一个审美愉悦的表演。这种观点忽略了其他可能同等重要、有时甚至更重要的动机。同样，一个人观看(或一群人集体观看)一场表演的原因可能不止于希望体验一个艺术上令人满意的瞬间。

梅兰芳 1930 年的美国之行为其提供了一个考察表演者和接受者动机的机会，并且表明中国人和美国人双方的期待都得到了满足。这次旅行受到了高度欢迎绝非偶然，中方的巡演组织者已经系统地研究过曾在中国观赏体验过京剧演出(和中国文化)的外国人的审美需求和审美偏好。他们充当着"文化经纪人"的角色，向非专业化的"他者"表现并展示自己的文化。正如理查德·库林(Richard Kurin)所说，文化中介涉及的"这些表征在某种程

---

① P. C. Chang. Preface[M]// Mei Lan-Fang in America: Reviews and Criticisms. Tientsin, c. 1935: i.

② A. C. Scott. Mei Lan-fang: The Life and Times of a Peking Actor[M]. Hong Kong: Hong Kong University Press, 109.

③ Ibid., 111.

④ Wu Zuguang, Huang Zuolin, Mei Shaowu. Peking Opera and Mei Lanfang: A Guide to China's Traditional Theatre and the Art of Its Great Master[M]. Beijing: New World Press, 1980: 51.

度上是经过协商、对话的，并受到相关各方各种利益的驱动"。①

　　要了解梅兰芳剧团在美国取得成功的背景，我们需要了解巡演构思和启动的背景。中国的环境如何使得巡演策划者产生动机并确定参与巡演的演员？何种原因主导了当时的美国文化，使之营造出一种接受异国和美学上陌生的艺术形式的氛围？欲了解这一切，我们需要从故事的中心人物——梅兰芳说起。

　　1894 年，梅兰芳生于一个著名的京剧演员世家，纵观其一生，他是一位超级巨星，同时是京剧历史上最重要的人物之一。他在年仅 11 岁时就首次登台亮相，20 岁出头便闻名全国。他的专长是扮演年轻女性角色，他塑造的此类角色保有京剧舞台上最受欢迎、最为广泛实践过的舞台风格之一。尽管直到 20 世纪中期，在中国都未曾有过对跨性别表演的专门训练，但是这种表演其实却很普遍。事实上，20 世纪最重要的几位京剧表演者，即包括梅兰芳在内的"四大名旦"，都是扮演年轻女性角色的男演员。②

　　由于梅兰芳的艺术影响，社会上存在着大量关乎他生平和艺术作品各方面情况的著作，其中也包含 1930 年的美国巡演。这次巡演最丰富的记录资料之一来自多产学者、剧作家齐如山，他与梅氏保持有紧密的工作关系，也被誉为"比较戏剧领域的先驱者"③。齐氏生动地描写了梅兰芳的周围环境、他的个人信念和行为动机。在他所著的《梅兰芳游美记》中，齐如山坦率记录了学者、演员和其他的支持者，为努力将京剧包装成一种能够获得外国认可的形式而进行的思考和活动。从齐氏的评论中可以清楚地看出，这次巡演

---

　　①　Richard Kurin. Reflections of a Culture Broker: A View from the Smithsonian[M]. Washington: Smithsonian Institution Press, 1997: 19.

　　②　在中国，从历史上看，戏曲演员的生理性别并不需要与他或她所扮演的角色性别相匹配。早在唐代 (618—907 年) 就有跨性别表演的证据，当时女演员扮演男性角色显然比男演员扮演男性角色更普遍。在元朝 (1271—1368 年)，女性经常扮演男性角色，男性也扮演女性角色。在现代主义意识形态和西方引发的恐同症的推动下，20 世纪的中国 (尤其是 1949 年中华人民共和国成立后) 采取了一项行动，以训练表演者扮演符合其生理性别的角色，然而，仍然有表演者专门从事跨性别表演，特别是在地方戏曲形式上，比如上海绍兴戏。

　　③　Joshua Goldstein. Mei Lanfang and the Nationalization of Peking Opera, 1912–1930[J]. Positions: East Asian Cultures Critique, 1999 (7): 377–420.

不仅被视为梅兰芳和京剧艺术获得海外认可的一种手段，也作为一种文化方式，为提高挣扎在半殖民地境况中的中国的国际地位提供了一个机会。

在这次巡演中，为吸引外国消费而包装京剧的过程近似于米哈伊尔·巴赫金 (Mikhail Bakhtin, 1895—1975) 在《对话性想象》(*The Dialogic Imagination*) 中所概述的修辞话语模式①。这一模式对于研究跨文化呈现策略尤为有效。巡演组织者们积极地与他们的目标观众进行对话，试图激发特定的答案或反应。他们预期了某个答案，并据此构成了他们的呈现。因此，计划巡演和此方案表面组织的工作需要与形成其结构的历史、政治和社会力量一起进行调查。

基于此，我的研究重点将放在四个主要方面：(1)考察赴美巡演京剧的想法诞生时的历史、政治和社会背景。在这方面，应当明确表演者和巡演支持者双方各自的动机。(2)关注梅兰芳的地位，尤其是他在 20 世纪二三十年代在华外国人群体中的地位。这种地位上的成功促使梅氏和他的支持者系统地分析京剧表演和中国文化在哪些方面吸引了西方人。(3)讨论在梅氏的美国巡演中，京剧是如何被包装并呈现的。(4)说明巡演的成功并考察美国人对梅兰芳和京剧艺术的认知理解。

一、京剧艺术

依据不同的地域形式，中国有 360 多种地方戏剧，京剧是其中之一，各地方戏剧主要根据在歌曲、语言以及音乐材料中使用的地域方言而有所不同。与日本能剧、意大利歌剧或爪哇哇扬戏等世界上许多其他伟大的音乐戏剧传统相比，京剧是一种相对较新的戏剧形式，它的诞生一般被追溯到 1790 年。②从 19 世纪中期开始，国家的资助吸引了其他富有的资助者和有才华的表演者

---

① M. M. Bakhtin. The Dialogic Imagination: Four Essays[M] trans. Carly Emerson, Michael Holquist. Austin: University of Texas Press, 1981: 280.

② 那一年，来自中国各地的表演者涌入北京参加庆祝乾隆皇帝八十大寿的活动。对京剧的发展起最重要影响的是来自安徽的剧团，这些剧团专门表演西皮和二黄音乐，形成了京剧音乐的基础。

的兴趣。到 19 世纪晚期，京剧已经成为中国所有戏剧形式中最受欢迎和传播最广的剧种，直到今天，它仍然是中国国内外最著名的戏曲形式。

对于不熟悉京剧的人来说，京剧最显著的特点之一是它广泛地运用了视觉 / 音乐惯例以及象征主义，不像西方戏剧里最常见的那种现实主义。传统京剧舞台几乎是光秃秃的，只有一张地毯、一张桌子、几把椅子，没有背景，几乎没有表现现实的风景。一张桌子可以代表一张书桌，也可以代表宴会厅的晚宴台，或者代表一座高山。演员的手势和舞蹈动作与简单的道具相配合，传达出丰富的戏剧信息，例如，当表演者挥舞着一根带有流苏的程式化马鞭，暗示着这个人物正在骑马。随着程式化动作的发展，演员将马鞭扔到地上，就表示其人已经下马并将马拴在了一根杆子或树上。

象征主义和运用传统惯例也被延伸到京剧音乐的表现上。例如，一种特定类型的旋律调式会传达角色的特定情感和心理状态。有些旋律蕴含有非常特殊的含义，比如某些曲调一响起，就提示观众一个指挥官或高级官员角色即将出场。打击乐中的节奏模式也具有超越音乐以外的意义，以作为对台上视觉构成的补充。例如，每当角色的行动发生在船上，"水声"的节奏型就会被使用。在传统京剧舞台上，往往只用一支船桨来表示这样一艘船的存在。观众必须依靠这个简单的道具、演员的动作和"水声"来补全场景。

二、历史背景

只有置于中国历史和 20 世纪初中国社会政治形势的背景下，才能理解承担这一艰巨任务的京剧海外巡演者的动机。19 世纪以来，中国已经历了多次军事失败和外交挫折。在 1839 年与英国进行灾难性的鸦片战争之后，其他列强也加入入侵中国领土的行列。中国被迫签订一系列不平等条约，这些条约使它成为一个半殖民地国家。在梅兰芳出生的那一年，中国和日本进行了一场战争，结果是（中国）屈辱的失败，并失去了台湾地区的领土主权。

就在赴美巡演的十年前，1919 年的巴黎和约允许日本进一步占领中国领土，从而引发中国学生反对外国帝国主义的抗议。因抗议游行日期而得名的"五四运动"，形成1917年至1921年间的一场知识分子运动。儒家思想、传统社会、古典文化等成为知识分子抨击的致使中国落后、现代化尝试失败以及无力抵抗外国列强侵占的原因。这种看法导致中国受过教育的精英们普遍排斥传统文化及其价值观。

当中国文化在国内受到攻击时，也遭受了来自海外的不尊重。孟治在讨论他于20世纪20年代后期为纽约的美华协进社募集资金的经历时，曾报道说：

> 20世纪30年代末的美国人对中国人更多的是善意而非尊重。他们（美国人）中的大多数人对这个被外国剥削的弱势国家感到遗憾，大多数教会成员会捐款来拯救"异教徒中国人"的灵魂。但当谈到中国文化时，我们听到的是："那是什么？我们何必操心呢？如果中国文化是好的，为什么中华民族会陷入如此糟糕的境地呢？"①

在被列强占领、反传统主义情绪日益增长以及缺乏国际地位的背景下，梅兰芳进行海外京剧巡演的可能性吸引了许多文化传统主义者。支持者们认为，海外巡演是使这一具有典型中国特色的表演艺术获得认可和地位的一种可能方式，进而能将中国及其文化推而广之。

这次巡演的想法是由辞任的美国驻华公使保罗·芮恩施（Paul Reinsch）在其告别宴会上首次提出的。在他六年的外交官生涯中，芮恩施对中国人民形成了一种深刻而真诚的关怀。他1919年的辞职是为了抗议在第一次世界大战结束时召开的巴黎和会上中国受到的不公正待遇。② 为了加强中美两国人民之间的联系，芮恩施在他的告别演说中建议梅兰芳赴美演出。带着这个建议，齐如山和其他人开始着手实现这次巡演。

---

① Meng, Chih. Chinese American Understanding: A Sixty-Year Search[M]. New York: China Institute in America, 1981: 150.

② John E. Findling. Dictionary of American Diplomatic History[M]. Westport, Conn.: Greenwood Press, 1980: 405.

三、梅兰芳和他的外国观众

梅兰芳在中国已经受到那些有幸目睹他表演的外国人的热烈欢迎。因此,芮恩施认为,梅氏在为美国观众留下良好印象这件事上处于非常有利的地位。在梅氏动身赴美前几个月出版的英文著作《梅兰芳：中国顶级演员》(*Mei Lan-fang*: *Foremost Actor of China*)一书中,梁社乾叙述了他(梅)对外国人的吸引力："梅兰芳先生不仅深得国人的喜爱,也给外国人带来了无穷无尽的快乐。由于语言和舞台习俗的障碍—— 不同地域之间的障碍差异又如此之大—— 娱乐来自异乡的观众需要一种罕见的艺术才能。[①]"

1915 年,梅兰芳在北京美籍教职员联欢会上出演了他的新剧《嫦娥奔月》,齐如山宣布,这是历史上外国人接受中国戏曲最早且最关键的一次事件。这部剧以一种视觉上令人惊叹的舞蹈和歌唱风格为特色,因为它使用的服装和发型是从古代中国绘画中移植改装的。第一次看到这部特别的戏剧时,齐如山的一位朋友喊道："从现在起,我们有一部可以给外国人表演的戏剧了。[②]"梁社乾还指出,"古装戏剧"是一种"吸引一般外国观众的戏剧类型"[③]。的确,这部戏剧非常符合外国人的口味,观众对这部剧和梅氏的艺术技巧都留下了深刻的印象。那次活动激发了海外社会对京剧的兴趣,鼓励了"中华民国"政府官员进一步探索这一艺术形式的外交用途。

20 世纪 20 年代,"中华民国"外交部为许多外宾和政要安排了观看梅兰芳的非公开演出。为越南的法国总督和菲律宾的美国总督安排的演出,均在外交部宴会厅举行。瑞典王储在 1926 年到达北京之前,就已经告知他的中国东道主,表示他希望见到梅氏,并在演员家里安排一场非正式的茶话会。梅氏的名声由此在整个外交界传开,观看梅氏的表演成为外国贵宾们的一个特别重要的出访目的,就像去游览故宫、天坛和长城一样。一些来访者甚至联系本国大使馆或驻中国的商界领袖,安排与梅氏进行私人会晤。据齐如

[①]   George Kin Leung. Mei Lan-fang: Foremost Actor of China[M]. Shanghai: Commercial Press, 1929: forward.

[②]   Qi, Rushan. Qi Rushan Quanji [The Complete Works of Qi Rushan][M]. Taipei: Lianjing Chuban Shiye Gongsi, 1979: 1016.

[③]   同 ①：43.

山估计,在十年的时间里,他和梅氏款待外国客人至少80次,会面过六七千名客人。每次外交部举办这样的活动,都派一名官员加以监督和协助①。齐如山说,他接待外国客人主要有两方面的个人动机:第一,他觉得自己有责任促进中国和其他国家之间的面对面外交;第二,他想借此机会宣传梅氏即将开展的美国巡演。②

当齐如山和梅兰芳在梅氏家里招待外国人时,他们会把客人们带入一个精心营造的"典型中国"环境中。客人们不仅能听到梅氏唱戏,还会品尝到中国茶水和小吃,有时甚至是一顿丰盛的晚餐。京剧也是宴会上展示中国传统文化的一个项目。齐如山解释道:

> 我们一直使用纯中国古代风格的器具来招待客人。食物和茶水都是由精美的中国原料做成的。在杯子、盘子、筷子以及房间的装饰中,没有一样东西不是中国式的。我们特别想选出最能代表中国精神的、精致高贵的东西。③

齐如山敏锐地意识到,过去到访中国的西方人对中国剧的印象很差,他相信,他们曾羞于涉足中国剧院。在梅兰芳家中招待客人时,齐氏和其他东道主营造了精致文雅的气氛,将京剧作为中国值得尊敬的一种文化产品进行展示。从齐氏对北京各场表演的文字描述中可以明显看出,这样做的目的是使京剧在国外得到积极的欢迎,他们认为,这反过来也会使他们的国家和文化得到赞赏。这一目的在齐氏的著作《梅兰芳游美记》的第一句话就体现了出来:"梅君兰芳这次到美国去,总算大成功了。这不但是梅君个人的荣幸,凡我们中国人都该怎样的喜欢呢! 因为这是国际的光荣。"④

---

① 即使 1927 年民国首都迁至南京后,驻北京的中国官员仍继续安排梅兰芳与外宾的会晤。

② Qi, Rushan. Qi Rushan Quanji [The Complete Works of Qi Rushan][M]. Taipei: Lianjing Chuban Shiye Gongsi, 1979: 1019.

③ Ibid., 1019.

④ 原文此条注释缺失,应为齐如山 1933 年的《梅兰芳游美记》。——译者注

四、研究"他者"，作为"中介"的艺术

与其被动地希望得到外国的认可，齐如山开始系统地研究京剧的哪些元素对外国人有吸引力，哪些元素对他们来说难以欣赏。借用库林的话来说，齐如山积极地扮演了"文化经纪人"的角色。当库林在史密森尼学会研究文化表演中介时，他写道："文化经纪人以经验和解释的方式研究被代表的文化，得出一种理解的模式，从一大堆类型中发展出一种特殊的表现形式，并把观众和文化承载者联系到一起，这样文化意义就可以被翻译甚至被协商。"[1] 梅兰芳在中国为西方观众表演的经历，可以作为齐如山预测美国巡演中观众对京剧反应的基础。齐氏和其他支持者在设计舞台呈现时强化了被以往观众所接受的元素，同时消除了那些超出外国人鉴赏范围的内容。

这一过程开始于巡演前的七八年，当时齐如山开始通过研究外国观众对特定戏曲的偏好，有条不紊地探索外国人审美接受的问题。他通过询问有海外留学经历的中国学生——因为这些学生对"外国形势"有所了解——预测他们认为哪些剧目最适合外国人欣赏口味，从而展开了他的调查。此外，他还系统地让他在北京接触过的外国人从他们看过的京剧中选出最喜欢的剧目。齐如山解释说，这是一种"调查外国观众心理"的方法[2]，他认为这类调查是筹备海外巡演过程中的一个关键步骤。

在采访了一千多人之后，齐如山已能够列出最受外国观众喜爱的剧目了[3]。他的名单上列出了梅兰芳在纽约表演时的 11 部剧目中的 8 部。此外，齐氏对其他 3 部被纳入海外巡演节目单的京剧所进行的商讨过程，也揭示了中国人对美国人欣赏京剧能力的看法。选择这些剧目的主要标准是通俗易懂，它们的戏剧情节发展必须在很大程度上依赖于视觉元素，如哑剧、清晰的面部表现和舞蹈表演。对于任何曾在中国或其他地方看过京剧演出，特别是专为外国游客准备的京剧演出的人都可以做证，这些标准至今仍然存在。例

---

① Richard Kurin. Reflections of a Culture Broker: A View from the Smithsonian[M]. Washington: Smithsonian Institution Press, 1997: 21-22.

② Qi, Rushan. Qi Rushan Quanji [The Complete Works of Qi Rushan][M]. Taipei: Lianjing Chuban Shiye Gongsi, 1979: 1083.

③ Ibid., 1983.（译者注：疑为第 1083 页）

如，大量使用杂技的戏剧，像以顽皮的孙悟空为主角的戏，以及《三岔口》这种很大程度依赖哑剧表现的戏，通常是为外国观众和中国儿童安排设计的。人们通常认为，外国观众就像儿童一样，缺乏欣赏以歌唱或更微妙的表演技巧为特色的作品的能力。

在准备巡演节目单时，齐如山曾担心“因为美国人不习惯听中国戏曲，他们可能很难保持兴趣。他们自然不愿久坐”。[1] 正如芭芭拉·科尔申布拉特-基布列特（Barbara Kirshenblatt-Gimblett）所指出的，当代民间民俗团体经常采用欧洲的制作标准，来为外国观众筹备演出。[2] 这一策略的部分举措是展示一些多样化和折中的短剧，旨在抓住观众的兴趣，而这正是梅氏美国巡演实行的策略。齐如山和其他策划者们为每晚的演出制定了一个模式，他们决定，一场晚间演出的长度不超过两小时（包括开场介绍、幕间休息和谢幕在内），而一个节目应该由几个片段组成。张彭春教授是齐氏的朋友，也是这次巡演的制作总监，他建议每晚演出应该有四出才好，以确保观众们不会感到厌倦。一旦主要剧目被选中，曾为梅氏的许多剧目编剧的齐如山，就会对每一场戏进行修改和删减。因为不可能将四出戏都删减到每场半小时以下，他们决定每四出戏中都选有一出为舞戏，每个舞戏片段都是从梅氏的全剧中摘录的。通过表演几个不同的场景，“故事、动作和服装都在不断变化”，从而避免观众感到“疲劳”或不知所措的可能性。[3]

挑选和修改剧目只是美国巡演“包装过程”的一个方面。舞台和整个演出环境也备受关注。此外，巡演组织者们认为应该向美国观众提供一定的中国戏曲历史和背景信息，以加强他们的接受和理解。许多北京的巡演祝福者们建议——把每个美国演出场地都装饰成完全的中国风格。他们相信，如果观剧者被带入一个明确无误的中式环境中，他们会更可能以自己所见的方式去欣赏中国戏曲，而不是将其与西方歌剧或戏剧进行比较。为了达到这

①　Qi, Rushan. Qi Rushan Quanji [The Complete Works of Qi Rushan][M]. Taipei: Lianjing Chuban Shiye Gongsi, 1979: 1049.

②　Barbara Kirshenblatt-Gimblett. Objects of Ethnography[M]// Ivan Karp, Steven D. Lavine. Exhibiting Cultures: The Poetics and Politics of Museum Display. Washington: Smithsonian Institution Press, 1991: 421.

③　同①：1079.

一目的，比如在纽约，组织者们就在剧院大门外悬挂了中国宫灯。剧院里则挂着更多的灯笼，连引座员都穿着中式服装。舞台上挂着许多窗帘，每一个都彰显独特的中国设计。① 表演空间的转变是为了将观众从熟悉的世俗世界带入一个奇妙而陌生的环境。科尔申布拉特 - 基布列特恰当地指出，陌生感是旅游话语的一个重要特征："从历史上看……长期以来我们都重视奇异事物的不可思议性，并把它本身作为一种目的。"② 经过多年在中国接待外国人的经历，齐如山和梅兰芳敏锐地意识到外国人对陌生事物的迷恋，以及他们对"真正的"中国体验的渴望。

虽然是为了迎合外国人对异国情调的渴望，但巡演组织者们当然也致力于提高美国观众对京剧表演程式和惯例的熟悉度。为此，一位会说英语的华裔美国司仪被雇来解释每个表演片段的主题，并"引导人们注意相关的表演惯例。"③ 据《纽约时报》报道，杨秀女士"对每段表演简洁而令人陶醉的解释"使表演"易于理解和欣赏"。④

为了进一步加深观众们对展现在他们面前盛大演出的理解，一份 39 页的节目单被分发给各位观众，其中包括梅兰芳的传记梗概和对演出各组成部分的介绍。其中也包括对乐器、服装和舞台道具的描述。题为"中国人从梅兰芳身上看到了什么"的一个章节，介绍并鉴赏了梅兰芳戏剧表演技巧的诸多方面，比如他那双富有表现力的眼睛，他那"著名的双手"，以及"他那优美的台步"。⑤ 节目单中有 15 页专门介绍了巡演中的所有剧目和舞戏。介绍中强调了许多剧目的古代故事原型，给出了古代故事的名称和其发生的王朝历史背景。虽然没有直接宣称这些剧目本身是古老的，但这份节目单的整

---

①　Qi, Rushan. Qi Rushan Quanji [The Complete Works of Qi Rushan][M]. Taipei: Lianjing Chuban Shiye Gongsi, 1979: 1078.

②　Barbara Kirshenblatt-Gimblett. Objects of Ethnography[M]// Ivan Karp, Steven D. Lavine. Exhibiting Cultures: The Poetics and Politics of Museum Display. Washington: Smithsonian Institution Press, 1991: 428.

③　J. Brooks Atkinson. China's Idol Actor Reveals His Art[N]. New York Times, 1930-02-17, sec. 2: 18.

④　Mei Lan-fang Gives a New Program[N]. New York Times, 1930-03-10, sec. 4: 24.

⑤　Ernest K. Moy. The First American Tour of Mei Lan-Fang[M]. New York: China Institute in America, n.d.: 5-6.

体基调强调了其剧目历史之悠久和传统之厚重,例如,其中写道,梅兰芳"带来了中国几千年来戏曲发展的精华"。正如上面所提到的,京剧是一种相对较新的形式,其起源通常只能追溯到 18 世纪晚期,美国观众却对它的"古老"印象深刻。许多评论和文章都证实了这一点。比如,《纽约时报》将京剧描述为"具有两千年传统的艺术"①,而《新共和》(New Republic)评论说:"有趣的是,中国剧院的历史可以追溯到大约三千年前……"②《纽约时报》的另一篇评论将巡演中的一个表演片段描述为"公元前 400 年周朝的舞蹈"③。

美国巡演大获成功。纽约的巡演赞助商名单读来像是上流社会的名人录,其中包括伍德罗·威尔逊夫人(Mrs. Woodrow Wilson)、约翰·杜威博士(Dr. John Dewey)和卡莉·查普曼·凯特女士(Mrs. Carrie Chapman Catt)等人。《新共和》称赞梅兰芳的演出是"自杜塞④来访和莫斯科艺术剧院演出契诃夫戏剧以来,艺术水平最高的演出"。⑤梅氏的其他荣誉包括由波莫纳学院和南加州大学授予名誉文学博士学位。梅氏 1930 年的美国巡演开始时,中国的传统文化正在国内受到攻击,而作为一个国家,中国在国内外都被认为是软弱的。这次巡演的基本目标之一就是提高中国的国际声誉。梅兰芳的表现,加上其在国外的吸引力,被视为实现这一目标的理想载体。为了确保成功,京剧被包装成一种能让美国观众接近的形式。巡演组织者们正确地预料到这次文化对话的反响,这可以从中国巡演团受到积极而热情的接待中得到证实。

然而,美国人对这次巡演的接受程度,为进一步研究指明了一个重要方向。来自 19 世纪末和 20 世纪初的记述显示出对这种美学上遥远的艺术的一种截然不同的态度。例如,在 1882 年的一份报告中,一个中国戏曲乐团被描述为制造一种"可怕的噪音"⑥。另一位坦率的记者在 1895 年的一篇文章中

---

① Herbert I. Mathews. China's Stage Idol Comes to Broadway[N]. New York Times, 1930-02-16, sec. 9: 2.

② Stark Young. Mei Lan-fang[J]. New Republic, 1930-03-05: 75.

③ Mei Lan-fang Gives a New Program[N]. New York Times, 1930-03-10, sec. 4: 24.

④ 埃莱奥诺拉·杜塞(Eleonora Duse,1859—1924),意大利 19 世纪末 20 世纪初最重要的戏剧演员之一,以演技简练且不矫揉造作著称。

⑤ 同②:74.

⑥ George H. Fitch. In a Chinese Theater[J]. Century Magazine, 1882 (24): 189-192.

也表达了类似观点：

> 对于紧张的美国人来说，最精彩的中国戏曲也并没有什么吸引力。听几分钟就能使他一辈子也不想再听了。他想知道，人类怎么能经受住这样令人痛苦的喧嚣……乐队中响起刺耳的铙钹和锣声，演员们在其中以一种高音假声演唱他们的角色，未经训练的耳朵是完全听不懂的……尖锐的弦乐，刺耳的喇叭，狂暴的鼓声如同一场战争，混乱的场面爆发了，观众冲进了黑夜，试图让他悸动的大脑冷静下来。[1]

在不到四十年的时间里，是什么导致了观众们对中国戏曲如此不同的看法？显然，美国的社会状况是使中国戏曲作为一种艺术形式被接受或拒绝的因素之一。亚洲戏剧学者 A.C. 施高德（A. C. Scott）推测，因当时正值大萧条初期，梅兰芳的美国之行"在心理上再合适不过了。公众已经准备好接受这种忽略现实主义的戏剧艺术，这种艺术的冷静价值观是一个有着悠久历史的文明的价值观"。[2] 梅兰芳出色的艺术表现力和精心挑选、精心呈现的剧目无疑对获得美方如此热烈的欢迎起到了重要作用。然而，中国对京剧艺术的呈现只是故事的一半。美国人在这种跨文化对话中的反应还有待进行深入研究。

梅兰芳在洛杉矶演出的节目单封面

---

① 　Frederic J. Masters. The Chinese Drama[J]. The Chatauquan,1895 (21): 441-442.

② 　A. C. Scott. Mei Lan-fang: The Life and Times of a Peking Actor[M]. Hong Kong: Hong Kong University Press, 108.

布莱希特会见梅兰芳①

[意]尼古拉·萨瓦莱赛 / 著

赵韵怡② / 译

译者按： 本文系意大利戏剧学家尼古拉·萨瓦莱赛（Nicola Savarese）所著《欧亚戏剧》③（ *Il teatro eurasiano* ）中的一章。该书于 2002 年由意大利拉泰尔扎出版社（Editori Laterza）出版。作者萨瓦莱赛 1945 年出生于罗马，主要专注于对东西方戏剧关系的研究，曾任教于罗马大学、罗马第三大学，并在多所大学担任客座教授。近些年，他与欧洲戏剧大师尤金尼奥·巴尔巴（Eugenio Barba）合著了《戏剧人类学辞典》（ *Un dizionario di antropologia teatrale* ，1996 年）、《戏剧五大洲》（ *I cinque continenti del teatro* ，2017 年）等作品，在戏剧学界引发强烈反响。本文着眼于梅兰芳 1935 年访苏之旅中与众位西方艺术家的会面，并阐述了这场会面中梅兰芳的表演以及中国文化对德国戏剧家布莱希特（Bertolt Brecht，1898—1956）"陌生化效果"理论的启发与影响。

　　爱森斯坦（Sergei M. Eisenstein，1898—1948）此前从未拍摄过亚洲戏剧，但在 1935 年他曾制作过一部关于中国著名表演艺术家梅兰芳访问莫斯科的短片，在那里梅兰芳得到了俄国戏剧界及当时身处苏联的德国剧作家皮斯卡托（Erwin Piscator，1893—1966）和布莱希特的赞赏。

---

　　① 本文系北京外国语大学 2020 年"双一流"建设重大标志性科研项目"中国戏曲海外传播：文献、翻译、研究"（项目批准号：2020SYLZDXM036）的阶段性成果。

　　② 赵韵怡，北京外国语大学国际中国文化研究院比较文学与跨文化研究专业博士研究生。研究方向：海外中国戏剧研究。

　　③ Nicola Savarese. Brecht incontra Mei Lanfang[M]// Il teatro eurasiano. Roma-Bari: Editori Laterza, 2015: 97–103.

梅兰芳出生在一个伟大的梨园世家,7 岁正式开启他的演员生涯。他在幼年时就因对京剧旦角的精彩演绎而成名。为了驳斥一些认为他身材瘦弱的说法,梅兰芳为自己制定了严苛的训练,这使得他不仅能够胜任如刀马旦这种唱、念、做并重的角色,并且能够在变声期后仍旧活跃在舞台上。1912年[①],梅兰芳 18 岁,他借由一场戏剧竞演首登上海舞台,在 27 万戏迷投票下,他获得了"演员之王"(Re degli attori)的称号。

这时的中国正由几千年的封建帝国向现代共和国转型,而之前被纯粹看作是大众娱乐的戏剧开始得到新生资产阶级的支持,他们想要借助西方思想的影响来对抗本国的传统文化。封建皇权造就了顺从的中国国民,这种服从与传统道德宣扬的隐忍的性格是与落后的专制社会体系相联结的,人们试图以竞争和斗争的精神取而代之。如宣扬盛行于西方国家和新兴日本的民族主义与不妥协的精神。在这种特殊而有利的机遇下,梅兰芳受到鼓舞、启发,创造了名为"古装戏"的新戏剧风格。这些新戏大多数都是着古装演绎的舞剧,由古代流传甚广的舞蹈作品改编而来。这一类型作品很快就取得了成功,而梅兰芳的声望则因他致力于女性解放而进一步大涨,梅兰芳收取了一些女徒弟以反抗阻碍女性成为演员的古老传统。就此,观众们开始怀着一种民族自豪感出入剧院。[②]

梅兰芳的名望吸引了许多文人雅士聚集在他周围,这些人支持在中国古老且丰富的传统文化基础上推动一场革新以促进戏剧新风格的发展。其中有一位名叫齐如山的作家成为梅兰芳的密友,他在 1911 年(辛亥)革命之前曾到访法国、德国、英国等地,其间以贴近中国古代戏剧的视角观看了大量的欧洲戏剧。他为梅兰芳编创了 20 余出剧目,担任他的艺术顾问,并陪同其进行了所有海外巡回演出。与齐如山的合作对梅兰芳来说是至关重要的,同时梅兰芳也不遗余力地支持他并推动了第一批中国戏剧的历史研究、成立相关协会(北平国剧学会)、建立传统戏剧博物馆(国剧学会陈列馆)。尽管二人的关系在 1948 年齐如山移居台湾后告一段落,但在梅兰芳的回忆录中却

---

① 中文资料普遍显示其上海首演是在 1913 年。——译者注

② A. C. Scott. Mei Lan-fang: The Life and Times of a Peking Actor[M]. Hong Kong: Hong Kong University Press, 1971(1959): 67.

不应像现在这样抹去这位顾问兼剧作家的身影。

梅兰芳的名望在他一系列的海外巡回演出后得以彻底稳固——1919年到访日本、1922年到访中国香港、1924年重访日本、1930年访问美国。在美期间他先后在纽约（连续5周）、芝加哥、旧金山与洛杉矶等地演出，所到之地无不引发热议。其中，有大量中国移民聚居的加州反响尤为热烈。美国巡演后，为了躲避日军在满洲的入侵，梅兰芳携全家移居上海。1934年，他接到了俄国巡演的官方邀请，在当时，苏联的外交政策是走在欧洲众多国家及美国之前的，它着力于与其他国家建立官方文化交流，并早已开展了一项优于电影、戏剧、音乐发展的计划。因此，1935年春，梅兰芳与有着20余人的演出团乘坐苏联政府提供的轮船到达符拉迪沃斯托克（Vladivostok），从那里他们一行乘坐火车前往莫斯科。

到达后，梅兰芳立即会见了一众俄国戏剧、电影界的重要人士，据当时的照片显示陪同人员有斯坦尼斯拉夫斯基（Konstantin S. Stanislavski, 1863—1938）、梅耶荷德（Vsevolod Mejerchol'd, 1874—1940）、塔伊洛夫（Alexander Tairov, 1885—1950）和爱森斯坦。为了向俄国观众介绍这位"中国来客"，爱森斯坦写就了一篇题为"梨园仙子"（"The Enchanter from the Pear Garden", 1936年）的文章，该文的开篇如下：

> 梅兰芳的名声已经远超中国疆域，不管是在旧金山的华裔知识分子家庭里，还是纽约唐人街的商店内，抑或柏林高雅的中餐馆里和尤卡坦半岛（位于墨西哥）的小酒馆中，只要是跳动着一颗满怀思乡之情的中国心的地方你都可以寻到他的照片或小像。梅兰芳闻名遐迩，到处都能看到他遵照中国传统戏剧在舞剧名段中塑造的雕像般姿态的照片。但梅兰芳并不仅仅享誉于华人中，他的伟大艺术同样俘获了其他国家有着不同传统文化的观众。查理·卓别林（Charlie Chaplin, 1889—1977）是第一个让我了解到这位中国伟大艺术家的杰作的人。[①]

---

① S. M. Eisenstein. The Enchanter from the Pear Garden[J]. Theatre Arts, 1936: 10.

爱森斯坦肯定了梅兰芳借助新元素来复兴传统这一想法的贡献,这与之前的日本市川(Ichikawa)歌舞伎相似。他同时表示,即使从梅兰芳这些与西方相距甚远、无法相比较的艺术中,我们也可以汲取养分。

在一系列中国戏曲演出圆满结束后,莫斯科的一些编舞者和舞蹈家组织了一场研讨会,来分析中国戏曲中的象征主义与表演技巧;众多俄国芭蕾舞大师们对梅兰芳的“戏剧性舞蹈”非常感兴趣,但从这些演出和技术讨论中收益颇多的却是那些导演和戏剧家。作为一位伟大艺术家,梅兰芳那谦逊及高度配合的态度值得称道,在艺术工作者协会(Associazione dei Lavoratori dell'Arte)总部举行的见面会中,他对讨论及随之而来的大量提问并未敷衍,且适时地即兴演示他的技巧。在场的德国戏剧家布莱希特就像叶芝(William Butler Yeats,1865—1939)面对伊藤道郎(1892—1961)时那样,立即意识到梅兰芳的艺术魅力并不源自他的戏服和装饰,也不源于所表演的故事,而主要是在于演员那经过反复训练、有着极强的自发性和准确性的身体动作:

> 哪一位守旧派的西方演员(喜剧演员除外)能够像中国戏曲演员梅兰芳那样,在一间没有特殊光照的房间内穿着普通西装,在四周全是业内专家的情况下展示他的戏剧艺术的片段呢? 譬如,表演李尔王分配遗产和奥赛罗发现手帕的段落。这就如同集市中的江湖艺人去解释他的戏法……与中国戏剧艺术相比,我们的艺术仍被虚伪的宗教性所桎梏着。[①]

与梅兰芳的会面使布莱希特萌生了对演员的“陌生化效果”(Verfremdungseffekt)理论的反思,这是构成他在1936年发表的著名文章[②]中所明确的戏剧理论的基石。在这篇文章中,布莱希特阐释了中国演员在塑造角色时不需担心“创造性的精神状态”,不需像斯坦尼斯拉夫斯基的方法论那样要求对于潜意识的训练,这种训练是无力的。中国演员背道而驰,

---

[①]　B. Brecht. Scritti teatrali. 3 vols[M]. Torino: Einaudi, 1975: 105.

[②]　该文章为《中国戏剧表演中的陌生化效果》("Verfremdungseffekte in der chinesischen Schauspielkunst",1936)。——译者注

他们拒绝将自己完全转化为正在塑造的角色,有控制地去表演,去重新创造人物,因此这些动作并不会激发出观众那身临其境的幻觉。总之,中国演员不像西方演员那样必须"每个傍晚再现自己的某种感情或情绪",而只需"表现出伴随这种情绪所应释放出的外部特征"①即可。很明显,陌生化效果并不意味着情感的缺位,相反,它无法在没有情感的情况下展开——情感是必须的,但想要表现"情绪的爆发"则不应像西方演员那样表现自身内心的情绪,而应像中国演员那样,通过"机械而外化"的方法,"如用手遮住脸并趁机将白色的化妆油彩涂在脸上来表现情绪变化"②。所以,中国演员不会置身于精神恍惚的状态中,他们可以在表演中被任意打断而不因此乱了头绪——他们不存在西方演员塑造角色时的那个"神秘时刻"。

正如一些学者所指出的那样,"陌生化"这一概念的出现并不是偶然的巧合,这一概念之前从未被布莱希特使用过,却在他逗留莫斯科一段时间之后成为其术语中的一部分——事实上,所有俄国先锋戏剧家,从梅耶荷德到塔伊洛夫,从爱森斯坦到马雅可夫斯基(Vladimir Mayakovsky,1893—1930)在1918年到1925年间,都重拾俄国形式主义学派的理论,他们从本质上分析"陌生化技巧"(priém ostrannenija)的问题。在这个概念的基础上,包括一些青年评论家如雅各布森(Roman Jakobson,1896—1982)和斯克罗夫斯基(Viktor Shklovsky,1893—1984)在内的形式主义拥护者开始借助形式化的手段来表现诗歌,作家也借此来强化作品本身。通过这种对于形式的建构达到一种与作品内容相疏离的效果,并给人造成一种仿佛从未见过或不认识的感觉。

布莱希特和更甚于他的皮斯卡托以及"政治煽动"(Agit-prop)戏剧运动在20世纪20年代柏林巡回演出期间跟随并效仿梅耶荷德、塔伊洛夫的经验,他们意识到"陌生化效果"可以运用于"戏剧化"的方向,打破观众们现实主义的幻想。而梅兰芳的表演使布莱希特联想到怎样准确地解释并阻止观众"富有感情"地带入角色身份,从而让他们意识到演员的所演与所说。然而,正如前文所提到的,与梅兰芳的演出相比,他在研讨会中的展示更大程

---

① B. Brecht. Scritti teatrali. 3 vols[M]. Torino: Einaudi, 1975: 106.

② Ibid.

度地启发了布莱希特——给予他灵感的不是华丽的戏服,不是音乐,不是惹人注目的脸谱,不是简单的舞台布景,也不是梅兰芳对女性角色的诠释(在布莱希特有关"陌生化"的这篇文章中并未提及这一中国戏剧中极为特殊的异域传统,他在别的文章中对此有所提及①),而是演员在展示角色时无须借助身体之外任何道具的能力,且是在一众专家围观,身着较为拘束的贴身晚礼服的情况下。

布莱希特对中国的文化、艺术总是展现出很大的兴趣(他在柏林的图书室有大量相关题材的藏书),他尤为喜爱墨子和孔子思想中展现古代哲学的格言警句。同时,布莱希特也很欣赏古代唐诗的简练语言,他甚至借助英译文翻译了一些白居易和毛泽东的诗。布莱希特与中国文化以及日本文化的渊源要追溯到 20 世纪 20 年代末,他在从奥格斯堡(Augsburg)移居至慕尼黑和柏林期间,丰富了自身学识,阅读了大量有关社会主义、工人运动的书籍并开始创作教育剧(I drammi didattici)——其中之一是在能剧 Taniko 基础上创作的《反对者》(Il dissenziente,1929—1930 年),以及借用中国故事题材创作的《措施》(La linea di condotta,1930 年)。直到 1929 年随着《马哈哥尼城的兴衰》(Ascesa e caduta della città di Mahagonny,1929 年)的问世,他的"史诗剧"(Teatro epico)理念才初步成型。布莱希特也曾承认,史诗剧的叙事形式并不是他的发明,而是一种在古代欧洲,特别是在古代亚洲戏剧中早已存在的形式。它看起来像是直接援用自中国传统表演"讲唱"(cantastorie)的形式,可以结合第一人称的方式讲述,表现多个角色,且即使是最复杂可笑的故事也可以完成。尽管在这一方面没有确切的证据,但在布氏的许多作品中——《伽利略传》(Galileo,1943 年)、《大胆妈妈》(Madre Coraggio,1939 年)、《彭蒂拉》(Puntila,1940 年)、《四川好人》(L'anima buona di Sichuan,1939—1941),正是让主角们充当讲唱人,运用讲唱中的技巧来完成不同场景的串联。

布莱希特与其他戏剧家不同的是,他并没有完全照搬中国戏剧,而是抓住其中某些主要原理并毫不犹豫地加以使用。他未陷入"东方陷阱"中,而

---

① B. Brecht. Scritti teatrali. 3 vols[M]. Torino: Einaudi, 1975: 106.

是将它的文化魅力作为实践时的灵感，并借此使西方戏剧中的矛盾显露出来。如此，除了"讲唱人"外，他还得到一些其他灵感，如《四川好人》中的东方故事，在中国元代著名剧作家李行道的作品基础上完成的《高加索灰阑记》[*Il cerchio di gesso del Caucaso*，1943—1945，该剧1925年曾被德国汉学家克拉邦德（Klabund，1890—1928）改编为同名剧]、《墨子》（*Me Ti*，1937年）、中国教育剧、未完成的《蜕小说》（*Romanzo dei Tui*）以及在这次与梅兰芳的会见中得到的陌生化理论实践的启发。①

　　布莱希特在1949年返回德国并成为柏林剧团（Berliner Ensemble）的管理者，我们就此进入了20世纪下半叶。

本文作者与导演赖声川在2013年的乌镇戏剧节上。照片由本文作者尼古拉·萨瓦莱赛（Nicola Savarese）教授提供

　　①　Tak-Wai, Wong, Antony Tatlow, eds. Brecht and the East Asian Theatre: The Proceedings of a Conference on Brecht in East Asian Theatre [Hong-Kong, 16-20 March 1981][M]. Hong Kong: Hong Kong University Press, 1982.

斯达克·扬谈梅兰芳(三则)^①

[美] 斯达克·扬 / 著

陈　璐^② / 译

译者按："梅兰芳访美"是 20 世纪中国戏曲海外传播的成功典范。美国现当代著名戏剧家、剧评人、小说家斯达克·扬(Stark Young, 1881—1963)发表了 4 篇对梅兰芳和京剧进行了深入的观察和研究的文章,这也可视为中国戏曲在海外接受的一种例证。其中《梅兰芳》一文已被我国当代著名翻译家、梅兰芳之子梅绍武(1928—2005)先生翻译并发表;其余三篇并不为国内读者所知,现由译者翻译、编辑为《斯达克·扬谈梅兰芳》(三则)。《梅兰芳和他的剧团的节目》("Mei Lan-Fang And His Company In Repertory")中,作者盛赞梅兰芳的艺术,阐述了自己对京剧艺术的理解;《梅兰芳的新剧目》("Mei Lan-Fang's New Program")中作者介绍了梅兰芳在美演出的新一轮剧目及作者的观感;《艺术使者》("Ambassador In Art")写于梅兰芳访美两年之后,作者回忆了梅兰芳演出的情况及梅兰芳团队在美留下的美好影响。此文的注释均为译者所加。

其一　梅兰芳和他的剧团的节目^③

通常来说,普通人的确领会不了多少艺术作品里的内涵;大家也都知道

---

① 本文系北京外国语大学 2020 年"双一流"建设重大标志性科研项目"中国戏曲海外传播:文献、翻译、研究"的阶段性成果(项目批准号:2020SYLZDXM036)。

② 陈璐,北京外国语大学国际中国文化研究院比较文学与跨文化研究专业2021 届硕士研究生。研究方向:中国戏曲海外传播,现供职于北京京剧院创作研究部。

③ 原文写于美国纽约 49 街剧院,1930 年 2 月 16 日;原载于美国《新共和》杂志 1930 年 3 月 5 日刊。

评论家们会说些做作俏皮的废话,往往是人云亦云或是评论者主观感受的产物,和理解艺术品本身无关。那么,对于梅兰芳先生的评论又有多大概率是张冠李戴、雾里看花或无稽之谈呢? 相较于对他人的评论,对梅先生的评论更容易成为评价者的自传罢了。

面对一门古老民族的传统艺术,面对他们国人公认的伟大艺术家,我们大部分观众都须心怀谦逊。在梅剧团来美演出时,我花了很多时间试着像学习一门语言一样去学习这门艺术。我们能从中看到自己可以做的,因而,我们必须感恩这样的启迪。在观赏梅兰芳的演出时,我已经充分意识到,对我来说这是本演出季的巅峰,也是继杜塞献演和莫斯科艺术剧院出品的契诃夫作品演出后的任何一季的巅峰。

言及京剧,我们首先注意到这是一种基于音乐的艺术,至少它是看上去音乐剧式的。同时,这是一门由音乐、道白、各种意义上的舞蹈组成的综合性艺术,这里的舞蹈包括舞蹈动作、体操技巧、哑剧、手势。尽管陌生的音阶和喻指使我难以理解大部分音乐,但我也惊喜地发现,这种音乐可以让一个不了解京剧的人了解到多么丰富且易于辨识的意义和主题。但最令我震惊的,是舞台上音乐与动作的融合,是音乐对手势令人叹服的强调,是音乐赋予表演节奏的模式,还有通过这一系列精致手法呈现出的舞台效果竟如此稳当。无论音乐或是梅兰芳的唱腔于我而言有多么陌生,通过那奇异的嘹亮和金属般的质感,我敢说,梅兰芳的嗓音是非凡的,而他诗意而完备的艺术源于时间、唱腔、情感节奏和身体控制的惊人结合。

其次,京剧板眼间皆有程式,其中一些程式是我们熟悉的,它们被广泛视作天真的恣意幽默;还有很多程式我们一无所知,它们如同字母表,构成了京剧的基础。那些脸谱,以黑色为主色的象征凶猛,蓝色的代表残忍,红色则代表英雄气概,不胜枚举;那些舞美道具,挪椅可能意味着场景更替,你只消弯弯腰便穿过了一扇不存在的门,来到了新场景;一柄马毛拂尘,暗示着神圣、英勇、圣洁;用鞭子代表马;水袖的运用;各种眼神、手势的使用;演员在上场时说的开场白,下场时念的对仗句;在京剧的舞台上,有着上述这般和无数其他的程式化符号。抓住这些符号做些无伤大雅的讨论,是进入这门陌生艺术的外国人最方便的出路。我们无法在此深究这些符号,但它们与我们的关系是值得思考的。它们都指向一个要素——不管我们是否知道它们的意义——象征性。这些程式有着单纯的象征作用，代表而不产生思想、行动、事物，正如话语本身只是声音一样。不过，在这些程式化符号和话语之间存在着这样的差异：美好寓意、人物、地点的象征往往由本身更美丽且配得上这种联系的事物担任，而一个词就是一个词，哪怕我们力图措辞优美。因此，这些程式本身无疑呈现出对完美的追求。

希腊和伊丽莎白时代的戏剧与京剧的相似之处值得一提，与伊丽莎白时代明显而细微相似的是戏剧结构，与希腊戏剧相似的特征则更为深远。与希腊戏剧的相似之处中，有一个是情境。这些戏剧情境在这一门戏剧艺术的反复发展中，分为以下几种类型：离别情境、相认情境、讽刺情境等。另一相似之处，也是希腊人在戏剧中时常使用的手法——一种基于我们生理特性的手法——我们会激越放歌——在我看来，这在戏剧的高潮是无法避免的——我指的是戏剧情节的含义和情感仿佛呼唤高歌。

还值得注意的是：京剧源远流长，大概可以追溯到 30 个世纪以前；它发展历程的持续性和创新性；它与中国精神的深层次联系；梅兰芳对它的发扬和创造。另外，值得注意的还有：中国人一生中总要时不时地观看这些戏剧，这意味着聆听和研习完美——就像那些听了无数遍的伟大音乐，每次听的感觉既不同，又相同——无论对于何种艺术来说，这都是优秀的标志，而且意味着这是一种发展到了很高水平而不是半野蛮状态的戏剧。

说到梅兰芳其人，他的确是中国最伟大的演员，是国民偶像，有着最高的声誉。他是"梨园魁首"，是精忠庙①的庙首。他 7 岁时就是一位成功的音乐家，12 岁时就在扮演女性角色上取得了成功，至于关于他的宅邸、收藏和在中国文化里的地位的那些事，我们可以在无数的地方读到。

演员的戏曲媒介作用，如乐器之于音乐家，颜料之于画家，以此标准来评价梅兰芳，我们能观察到梅兰芳中等个头，苗条身材，紧实肌肉，纤细手腕，坚实腰力——优美的姿势和动作就是从这里展现的——包括对颈部的得当

---

① 晚清时北京戏曲艺人的同人组织，清同治时设于东草市精忠庙内，故亦称"精忠庙"。民国后陆续更名为"正乐育化会""北京梨园公益会""北平梨园公会"，梅兰芳为北平梨园工会首任会长。

控制、脚踝动作的完美平衡和悬垂。他的脸型是典型的中国式鹅蛋脸，上有一双表现力高超的眼睛。他的妆容，那层层胭脂红与墨黑色的色调，是我在任何剧场里见过最美的。他吐字清晰且一向晓畅。梅兰芳那双著名的手，极其像波提切利①、西蒙·马丁尼②作品等15世纪的画中的那样。它们在形式上相当严谨，有着长长的手指，有着方形的指尖。这与其说是基于16世纪鲁本斯③和凡·戴克④作品而得出的手的理想形态，不如说是在中国演员在程式艺术和舞蹈艺术方面接受了不可思议的训练。并且，即使你对京剧一无所知，你也可以看到他如何完美地开启他的道白，如何延长话语来暗示乐队的音乐家开始演奏，如何放缓语气来让音乐停止。

然而，就我们的目的而言，在我看来，这与基本上涉及所有艺术的一点相比并不重要。我指的是，梅兰芳作为领域内最伟大的艺术家，他的艺术和现实的联系这一点。艺术与现实的关系问题，是与艺术有关的所有问题中最重大的问题。它好比——用最接近人类的话来说——灵魂和肉体的关系，或是把两者对调，匆匆的永恒、时兴的潦草与其流芳之间的关系。

在这个课题上，很多关于这门中国艺术和这个演员的文章都是有误导性的。我们会坚决支持梅兰芳。关于这位演员，我们被提醒要关注他对女性的模仿和他对各种情感的模拟。语言是脆弱和靠不住的东西，没有什么比它们更令人困惑的了。

首先，并不存在模仿女性的企图。在京剧中，女性角色是最为重要的；那么梅兰芳，在他所呈现的女性角色中，以其风韵、深邃的情感、刚与柔的调和，传达着女性特质的精髓。他以他既耀眼又稳妥的利落、不懈专注、优美细

---

① 桑德罗·波提切利（Sandro Botticelli，1446—1510）是15世纪末佛罗伦萨的著名画家，是意大利肖像画的先驱者，他的圣母子像最受赞誉。

② 西蒙·马丁尼（Simone Martini，1284—1344），意大利锡耶纳画派画家。他的作品以优美的线条、装饰性细节和珠宝般的明亮色彩为特点，如《通往十字架之路》和《报喜》。

③ 彼得·保罗·鲁本斯（Peter Paul Rubens，1577—1640），教名伯多禄·保禄·鲁宾斯，17世纪佛兰德斯画家，西班牙哈布斯堡王朝外交使节，是巴洛克画派早期的代表人物。

④ 安东尼·凡·戴克爵士（Sir Anthony van Dyck，1599—1641），法兰德斯巴洛克艺术家，成为英国领先的宫廷画家，后在意大利和佛兰德享受巨大的成功。

腻以及内化的音乐,将所有的素材提炼升华为内在的、理想的品质。这种呈现集脆弱与稳定于一体,堪称一种惊人的完美。

但对我们来说甚至更重要的——中国的评论家已经提醒我们要注意女性角色的问题——通常是他的现实主义问题。我自己在这方面印象最深的是明朝的那出戏[1],公主刺杀了毁掉她家族的将军,然后用他的剑自杀。在我看来,这比讲述丈夫归来的那出戏[2]更令人满意,因为戏的结局中,人们很容易看到这种远离了旧的、讲求高尚的风格变化。对梅兰芳艺术的写实性、抽象性和程式性,我们必须说的是,正如中国古典艺术一样,我们惊讶于其写实符号和演绎的精确性,并为它们在高度程式化且脱离现实的艺术世界中所占据的地位赞叹不已。梅兰芳的这些动作,他保持整个身体的充满生气的方式,即使是表演中最静止的时刻,当头部从颈部弹起时,会将这种持续的运动或振动注入头部;他的嗓音从纯粹的音调中超脱于现实;还有他精妙而富有诗意的眼神运用,那流露出恐惧、怜悯、凶杀的决心、绝望等情绪的面部表情;这些都不是通常意义上的模仿或写实。它们只在一个意义上是真实的,如同伟大的雕塑或画作因其在静谧中的暗涌而真实,因它们给人以震撼、短暂、美丽的定局的印象而真实。尽管十分罕见,但我们时不时地在表演中看到这样的事情发生:我是指,抓住某种情感本质的终极演绎,不含碰运气的成分,这种揭示真谛式的演绎坚定并放大了我们的真实感。但像梅兰芳那样能稳定反复如此表演的,我是头一回见。

其二　梅兰芳的新剧目[3]

梅兰芳新剧目中的第一出戏,讲的是一位宠妃来到了宫殿,却发现她的君王并不在那里,而是和另一个女人在一起。太监们劝她放心,说他一定很快就回来;他们给她酒;她和她的使女们跪下恭候他。最后,太监们被迫告

---

① 此为昆曲剧目《铁冠图》中《刺虎》一折。
② 此为京剧剧目《汾河湾》。
③ 原文载于美国《新共和》杂志 1930 年 3 月第 62 卷。

诉她真相；为了挽回局面,他们不停地劝妃子饮酒。她绝望地离开了。①

在那之后的一出戏中,讥笑被用以退敌。②接下来是梅兰芳和一个类似于影子搭档的人的舞蹈③；紧接着的戏是一名官员为了夺取一位渔夫和其女的奇珠而加害于二人的故事。当渔夫从公堂归家,身上被打得青一块紫一块；富有抗争精神的父女二人告别家园,动身刺杀官员。因渔夫女儿称要向官员展示珍珠,所以他答应接见二人,渔夫之女用藏在斗篷下的剑割断了他的喉咙；而后,侍卫动手,父女二人奋力自卫,逃离现场。④

梅兰芳本人没有参演的那出讽刺剧幽默、精准,其完整和凝练令人愉悦,就像一幅偏粗犷的中国古画。梅兰芳在他的戏码中再次展现了诗情画意和完美技艺。他的舞蹈动作流畅而准确,每一个转身都经过精心计算。最终呈现出的风雅和格调是一致的,由元素到艺术的升华也是一致的。这种艺术的张弛来自戏剧中所有媒介—— 音乐、演唱、道白、行文、舞蹈—— 的融合,这舞蹈是整体中的一部分。我必须加一句,在渔夫的那出戏里,戏服是我见过最漂亮的。

其三　艺术使者⑤

那天,我正看着丁托列托⑥在威尼斯圣洛克大会堂的《耶稣受难像》⑦,那幅画有着狂野的美,这美经有力构思、精湛技艺,以及精巧的抽象编排审视而稳定,艺术家的思想在作品中得到了充分的表达。画面下部 2/3 的大空间里挤满了人物,钉着耶稣的十字架压在画的竖轴上,耶稣的头顶着画的上沿。

---

① 此处描述应为京剧剧目《贵妃醉酒》。

② 此处描述应为京剧剧目《芦花荡》。

③ 此处描述应为京剧剧目《西施》中的"佾舞"。

④ 此处描述应为京剧剧目《打渔杀家》。

⑤ 原文载于美国《新共和》(*The New Republic*)杂志 1932 年 4 月。

⑥ 丁托列托(Tintoretto,1518—1594),16 世纪意大利威尼斯画派著名画家。

⑦ 圣洛克大会堂(Scuola Grande di San Rocco)位于意大利威尼斯,修建于1478 年,因位于圣洛克大教堂而得名。圣洛克大会堂内拥有众多绘于 16 世纪的壁画作品,丁托列托 1565 年创作的《耶稣受难像》是其中较为著名且颇具规模的一幅,17 英尺高、40 英尺宽,占据了整一面墙的空间。

耶稣下方描画了各种历史事件，还有两个钉着小偷的十字架竖起来的情形，细节栩栩如生，很有视觉冲击力。画面前景中心是金字塔形的群像，三角形的构图从十字架的底部开始，向外和向上延伸到画面边缘，以人或树作结。这幅画曾被比作希腊戏剧，这一度被认为是最卓越的类比，在画作评论中十分罕见。就像希腊戏剧里一样，现实主义的细节、人物、动作构成了基础，也留下了遗憾。画的主题被高高举起；十字架上的耶稣，背朝天空，把痛苦变成一种形而上学的辉煌，把单纯理性变成祷告者和解惑的谦卑。

这幅画中的力量、情感和思想似乎将我们带入了一种永恒，而永恒即这幅画；然而与此同时，在我们的目光中，它的整个生命都在重生和觉醒，一次——用那句"圣地"来说——又一次，就像时间一样永恒轮回；我们精神里现在和未来的某些东西在这伟大的艺术作品中涌动。

最后，我沿着街道走到了广场，在花神咖啡馆（Florian's）坐下来。就在这里，咖啡杯旁边的小桌子上，在春日的晴朗天空下，打开了我的《新共和国》；那页是，费利克斯·弗兰克弗尔先生（Mr. Felix Frankfurther）写的卡多佐[①]法官的书评，在一个令人愉悦的开头之后，我读到了引自大法官霍姆斯（Justice Holmes）的这句话：

> 法律当然不是艺术家或诗人的象牙塔。法律是思想家的使命。

霍姆斯以其学识而闻名，而他凭借历经数代不变的魅力和自由主义得来的名气，几乎和阿德丽娜·帕蒂[②]因拖长高音 C 而得的名气一样大！我记得乍读到这句话的感受，但几乎任何一丝鉴赏力都会告诉我们，如果就此止步，这种体会对我和霍姆斯法官来说都太个人化了。我就此起身，沿着拱廊朝总督府走去，来到了那里的小广场。我靠着一根柱子站着，望着对面的圣

---

① 本杰明·内森·卡多佐（Benjamin Nathan Cardozo，1870—1938），美国最高法院大法官（1932—1938），称号"律师的律师"。

② 阿德丽娜·帕蒂（Adelina Patti，1843—1919），意大利女高音歌唱家，在音域的宽广和音色纯净圆润方面，她的花腔女高音无出其右者。

马可图书馆。我望着桑索维诺^①杰作的正面,我以前也常盯着它看;我望着那些壁柱和圆柱,那柱子上方的窗格和雕带,还有那典雅,那创造,那卓绝蕴奥,那精巧。这里有多少文艺复兴时期的精神漠视,多少不竭心智!晨光中,图书馆正面的各式造型焕发出新的生机。我看到了这设计中智慧的和谐,素净的华丽,宽宏的自信:也确信它那些抓住了稍纵即逝的思想的光辉的造型。所有的现实都先被打破,在艺术家的头脑中物质的和意识上的元素又被重组,仿佛被一种爱重组,然后朝着新生命的诞生前进。

显然,伟大的艺术家们聚集在一起,以其创作欢畅除去不纯,创造出人类世世代代的实体;通过这些艺术作品,人们得以生存、发现自己,并向一种新的艺术进发,亟待自我表达的东西将在新的艺术中得到表达。在这个由人类组成的社会里,当然会有各式伟人不时涌现,但很难说法律的起草者们在可以思考的事物或社会出现之前就已经把这一切都想清楚了。就此而言,他们的命运至少和艺术家们一样,那些不假思索的人,纯感性者,他们必然最崇尚查士丁尼,因他诗人式的懦弱,他常允许他的法律受到他的心爱的妻子,一个舞女,或者说,一个前妓女的启发——当时舞女和妓女在法律上的区别并不像现在那么明显。

然而,此时此刻,站在桑索维诺面前,我的脑海中充满了但丁和塞万提斯的声音,霍姆斯法官先生的那句话似乎有些模糊了。我可以在很大程度上认为这是一种维多利亚时代资产阶级观念的残余,他们的文化包括被陈腐的清教主义的血腥和愤怒玷污的美学理论和真诚接受诺顿^②译本的但丁的艺术形象(艺术上,非常像一位有教养的英国女家庭教师在仆人们的屋子里解读莎士比亚),同时与那些画着雄峰柔情、水色奇幻的伪希腊的这些艺术家有着男子气的联系。然而,为了缓和这种论调,我应该说,虽然只有最不蠢的诗人才会像霍姆斯大法官所暗示的那样区别创造和思考,但最蠢的律师会立刻同意他的观点。

---

① 雅各布·桑索维诺(Jacopo Sansovino,1486—1570),意大利建筑家、雕刻家,创作了《圣母临产》和《圣雅各》等,他把文艺复兴盛期风格引进威尼斯。

② 查尔斯·艾略特·诺顿(Charles Eliot Norton,1827—1908),美国学者、文学家,一位理想主义者和改革家,在广泛的活动中表现出非凡的活力。

然而，我这些话的目的，在任何一行的伟大创作面前都显得如此卑微——诗人、画家、立法者、建筑师、音乐家、演员等等——也许对我来说，我相信，只是在夏日的悠闲时光中，在那有力而可爱的抽象艺术形式为身心提供养分的街道上，我的目的只是想介绍一个简单的主题，关于中国演员梅兰芳和他两个春天前的那次访美。这次冒险获得的巨大成功可谓家喻户晓：一家极大的剧院连续几周都挤满了观众，梅兰芳和他的同伴们给人留下了非同凡响的印象，引起了热议。众所周知，如今在纽约和纽约的媒体对中国的事件已经表达过多少同情。我想说的重点是，在目前的情况下，中国艺术家和绅士们的艺术、发行、品行和品质，可能会比我们想象中还要多地与大家的态度联系在一起。毫无疑问，其中涉及的经济因素与美国对中日两国之间的考量有很大关系，尽管这些经济因素究竟是什么，似乎存在着理论和事实的矛盾。虽说，我们不能忽视经济问题。哥伦布证明找到新贸易路线和带回金耳环是他的动机，因此他便有权穷尽余生创造关于他本人和他的内心世界的神话，一个在梦想、谎言和英雄主义中焕发荣光的神话。

我对梅先生以及同他一起的两位具有学者风度的绅士——张博士①、齐教授②非常了解。在当时我关注过、并且从那以后一直关注着人们对梅先生他们带来的中国戏剧的反响。其中的一些无疑是城里的势利眼或者跟风者，但其中的许多确实是对他们向我们展现得如此纯洁、美丽、高尚的艺术而感到由衷钦佩。就算抛开艺术这部分，仅是表演者专业度和技巧就令人钦佩。京剧成功背后还有另一个不容置疑的原因。这三个人出席了无数为梅先生办的招待会、晚宴、茶会，等等，在臃肿的社会中，这些活动有些是出自真心，有些是猎奇；他们很快就给人们留下了一种印象，他们有着完美的教养、愉悦的精神，还总是不知疲倦、兴致勃勃地解释着他们国家和艺术。显然，对每个人来说，这些人都是学者、绅士，是完全属于艺术的人，和他们在一起，就是一个融洽的纯粹的世界。由此产生的美好印象带入了京剧，这也成为观众的

---

① 指张彭春（1892—1957），中国教育家、早期话剧（新剧）活动家、导演、南开大学教授、外交官，在梅兰芳访美的组织、策划与筹备中，张彭春做出了大量关键性工作，并作为总导演全程参与了梅兰芳访美演出。

② 指齐如山。

好感和认知度与日俱增的一个真正因素。

我认为，各种形式都游刃有余的梅兰芳不仅是我在戏剧界中见过的最全面的艺术家，更是我在艺术界见过的最纯洁的灵魂，一个纯粹的艺术家、专业人士，有人情味儿的人，他热衷于他国可能存在的新艺术形式和风格，但未有一刻因它们而迷失方向；他、张博士和齐教授都以最深刻的直觉清楚地认识到：如果不按照中国的思维和传统创作，就没有什么可以在中国用得上，也就不会有任何进步——如果这本应是一种进步的话——不会有新的风格，什么都不会有。

梅兰芳已经习惯了一周只表演三场，但在这里他不得不演八场。他带来了45箱戏服和200出剧目；我记得后台有一排箱子，其中三个恰巧开着，这三个箱子装着为适应我们的状况而必须翻来覆去演的那一小部分剧目的戏服。他为承受这舞台几近力竭，就如他在北平家中平静生活后，承受作为诗人、音乐家、摔跤手、舞蹈演员、艺术收藏家、经典作品的学习者的无尽欢娱那样。在梅兰芳离美前，他和他的两个朋友累得脸都白了，不过我只听他们这么提过一次。我想指出，在美国一行中，梅先生和他的同伴们在很大程度上把自己看作是中国文化的使者，他们为之付出极大。你只需要看半分钟梅兰芳在《刺虎》中的段落，就是当凶意和恨意在面具般的脸上浮现的那一瞬，看到他对伟大的悲剧有着完全的认知，能把模糊的情感塑造成具体的形象，你就知道，这个人对生命的理解根本不可能源于无尽的大众交流。中美之间的交流就是另一番事情了。同时，大家越发关注他刚柔并济、文质彬彬的性格，讨论者俱增，时至今日不休。这些中国绅士的得体、教养、聪明才智和人文关怀，以及他们带来的高雅艺术的回忆，对他们的国家不会有坏处。

"圆明园研究"专栏

再论圆明五园之一春熙院

何　瑜 [①]

摘要：该文在《圆明五园之—— 春熙院遗址考辨及其他》的基础上，以新发掘的档案史料，进一步确认圆明五园之一的春熙院遗址就在今长春园北墙外。并根据御制诗文等资料，概述鲜为人知的春熙院的历史沿革、景观特点等。文章通过论述乾隆皇帝御制园额的思想，及其与园中仙鹤互动交流的故事，以警醒世人关注历史上的春熙院，并使其早日回归圆明园。

关键词：圆明园　春熙院　淑春园　乾隆帝

世人瞩目的圆明五园之一春熙院遗址，经多年拆迁腾退，历尽千辛万苦。很多人对春熙院的历史及其现实意义不甚了解。

春熙院是圆明五园，即圆明园、长春园、熙春园、绮春园、春熙院，统称圆明园的五园之一，且是最后一个进入圆明园这个大家庭的。大家知道，盛时的圆明园被称为"万园之园"，她不仅象征着我国古典园林艺术发展的顶峰，而且是中国传统文化在乾隆盛世时的一个重要标志。法国文学家雨果曾写道："圆明园是梦幻艺术的代表。它荟萃了一个民族的几乎是超人类的想象力所创作的全部成果。与帕特农不同的是，圆明园不但是一个绝无仅有、举世无双的杰作，而且堪称梦幻艺术的崇高典范—— 如果梦幻可以有典范的话。你可以去想象一个你无法用语言描绘的、仙境般的建筑，

① 何瑜，中国人民大学清史研究所教授、博士生导师。研究方向：清代政治史、清代边疆民族史、清代皇家园林史。

那就是圆明园。"①

虽然这座举世闻名的皇家园林及其数不尽的文物典藏,在 1860 年被英法联军野蛮地抢夺和焚毁。但作为今天中国最大的文化保护遗址和爱国主义教育基地的圆明园,她的历史和艺术的完整性,就如同金五星的一角,绝不能缺失。

春熙院到底在哪里?

最早提出春熙院位置的是史学家洪业,他在《和珅及淑春园史料札记》一文中,根据《钦定大清会典事例》1194 卷载:乾隆 "二十八年奏准,圆明园所交淑春园并北楼门外等处水田一顷二十三亩六分三厘,岁征租银三十九两一钱九分五厘有奇"。提出:此淑春园即后来乾隆帝赏给和珅的淑春园,该园位于燕京大学校园之北部。②

接着,洪业的学生著名史地学家侯仁之先生在其《燕园史话》中,根据《钦定大清会典事例》同卷中,乾隆三十一年(1765)的补充奏报:"圆明园所交北楼门外水田一亩七分九厘"。则认为:淑春园的 "北楼门外水田只一亩七分九厘,可见淑春园的主体在北楼门内。北楼门外面临万泉河东流之水,地段狭窄,而北楼门内以南地域开阔,有更多的土地可以开辟为稻田。实际上这就是(明珠)自怡园遗址所在。"③ "最初的自怡园,就是日后的淑春园,两者同是一地,只是前后的名称不同而已。"④ "到了乾隆四十七年(1782),又从淑春园中的北部、也就是靠近万泉河的南岸,划分出一个新的园林,名为春熙院。其位置正好和万泉河北岸绮春园中的正觉寺,隔河相望。大约也就是在这时候,与淑春园有重要关系的一件事发生了,这就是乾隆的宠臣和珅得以赐住淑春园,从而开始了在自怡园的旧址上重建新园的事。"①再次认定,圆明园春熙院在今北大校园北部。

其后,圆明园史专家张恩荫先生进一步指出:乾隆朝早期的淑春园,也就是后来的圆明五园之一春熙院,位居今北京大学校园北部,其范围大体上是今未名湖以北的镜春、朗润、鸣鹤三园一带。②园林专家焦雄在《北京西郊宅园记》中也提出:"鸣鹤园位于镜春园西部,最初叫春熙院,是圆明园附属园林之一"。③海淀史地专家张宝章先生除了不同意侯仁之关于大学士明珠的自怡园在今北大校园以外,其余的观点,如上述的"圆明园所交淑春园并北楼门外等处的水田",大部分在淑春园内,"淑春园园域广阔,园内水田就有一百二十多亩。"淑春园与绮春园只有一路之隔,位于万泉河南岸,原是大学士傅恒的宅园,后被内务府收回。乾隆四十五年将淑春园南部赐予和珅,更名"十笏园";园北部即原春和园,改为"春熙院",成为圆明园五园之一。④上述诸位,均为大家。于是,圆明五园之一的春熙院,就在今北京大学校园的北部,似乎已成为定论。

对于上述观点,笔者不能苟同。《清史研究》2017年第1期,曾刊发拙作《圆明五园之一春熙院遗址考辨及其他》。其后,我又发现新的档案资料,故不揣浅陋,再论及之。

首先,上述《清会典》中提到的"北楼门"到底在哪儿?从《燕园史话》附录三可知,今北大北部历史上的鸣鹤园、朗润园一带,既没有相关的楼,也没有朝北开的"北楼门"。(按,清时,面阔五间的楼门本身就是御园的标志,王公大臣的赐园或私园,是绝不敢逾制的)但我们可以看到,圆明园鱼跃鸢飞景区却有五间门楼的北楼门,亦称大北门。乾隆四十八年(1782)四月,公尚书福隆安奉旨:"铸炉处现造铜狮子一对,得时在万寿山东宫门外安设,换下

① 侯仁之.燕园史话:附录一[M].北京:北京大学出版社,2008:148.
② 张恩荫.三山五园史略[M].北京:同心出版社,2003:164.
③ 焦雄.北京西郊宅园记[M].北京:北京燕山出版社,1996:64.
④ 张宝章.京西名园寻踪[M].北京:中央文献出版社,2011:61.海淀区党史办.海淀史志[J].2018(1).

石狮子一对,在圆明园北楼门外安设。"① 而嘉庆六年(1801)三月,奏准的"圆明园内外出入规条"中载:园内举办宫市活动时,"各行买卖及厨役人等",以及 "园内养蚕蚕户、种水田农夫,俱点名后由北楼门出入。"②

其次,清廷档案记录,乾隆三十五年(1770)四月,福隆安等奏:圆明园天宇空明(按,位于圆明园东北隅)"大墙外,开挖稻地六十四池,旧稻地开宽二十六池,新堆土山等项,共用银一千四百九十七两六钱七分五厘。"③

其三,乾隆皇帝二十六年(1761)的御制诗"稻凉楼"(按,位于圆明园北部北远山村景区)云:

> 绿塍浑是水云乡,触目知耕复课桑。此处不须称避暑,北窗常引稻风凉。④

乾隆三十五年(1770)六月的御制诗"耕云堂"(按,位于圆明园北部若帆之阁景区)云:

> 山堂近北墙,俯视见墙外。墙外复何有,水田横一带。⑤

这种种田园景象与上述《清会典》所载,内容完全吻合。故《清会典事例》中所言的 "乾隆二十八年,奏准淑春园并北楼门外等处水田"的岁征租银事,所言及的北楼门无疑是在圆明园,而绝非在今北大校园北部。与之相关的淑春园亦不在后来的北京大学校园内,而是在长春园北墙外,其时为康熙廿四子允祕的赐园。⑥ 誠亲王允祕卒于乾隆三十八年(1773),后淑春园收

① 中国第一历史档案馆. 圆明园(下)[M]. 上海:上海古籍出版社,1991:1576.

② 同 ① (下):1046 .

③ 同 ① (上):139−140.

④ 故宫博物院. 清高宗御制诗:三集,卷 14 [M]. 海口:海南出版社,2000.

⑤ 清高宗御制诗:三集,卷 91[M]. 北京:中国人民大学出版社,1993.

⑥ 何瑜. 圆明五园之一春熙院遗址考辨及其他 [J]. 清史研究,2017(1).

归内务府。乾隆四十七年（1782）正月，上谕"淑春园改为春熙院"①。嘉庆七年（1802），遵旨："春熙院著赏给庄静固伦公主居住"②（按，中国第一历史档案馆编《圆明园》下，第990页载：庄静为庄敬，误。今更正）。庄静公主生于乾隆四十九年（1784）九月，嘉庆七年（1802）十一月下嫁博尔济吉特氏固山贝子玛尼巴达拉，嘉庆十六年（1811）五月卒。嘉庆十九年（1814）正月，该园又赏给了庄亲王绵课。③这在中国第一历史档案馆未刊档案中，有着明确的记载。绵课是康熙十六子允禄的孙子，历任都统、领侍卫内大臣、御前大臣。嘉庆十八年（1813）九月，天理教林清起事，部分教徒闯入紫禁城，绵课与绵宁（按，即后来道光帝）持枪射伤数人，得旨议叙。④很可能三个月后的赏赐春熙院，就是嘉庆皇帝对绵课的最大酬劳。

其四，国家图书馆编的《国家图书馆藏样式雷档·圆明园卷初编》收录有清同治年间的《圆明园河道图》，图中长春园北墙外，今二河开地方明确注有"春熙院"字样。⑤另外，张有信先生著有《寻找庄亲王园》一文，其中亦载有其从国家图书馆善本室临摹下来的清代《京城内外河道图》，图中也明确标注，长春园北墙外二河开以南地方为庄王爷园。⑥此时的庄亲王就是绵课。联系前述第一历史档案馆的未刊档案，绵课赐园春熙院的时间是嘉庆十九年正月，如果按"春熙院在北大说"，嘉庆十九年时，今日北大校园里的鸣鹤园、镜春园和朗润园，分别被乾隆十七子怡亲王永璇⑦、乾隆帝曾长孙贝子奕纯⑧、乾隆八子

---

① 中国第一历史档案馆. 圆明园（下）[M]. 上海：上海古籍出版社，1991: 1052.
② 同①（下）: 990.
③ 中国第一历史档案馆未刊上谕档，档号：05-13-002-000470-0008。
④ 清史稿: 卷219 [M]. 北京：中华书局，1977.
⑤ 国家图书馆. 国家图书馆藏样式雷图档·圆明园卷初编 [M] // 圆明园河道图. 北京：国家图书馆出版社，2016.
⑥ 海淀区党史办. 海淀史志 [J].2018(3).
⑦ 嘉庆四年（1799）二月，帝命怡亲王永璇迁出含晖园，住进原福长安园的中西部，即后来的鸣鹤园。见故宫博物院文献馆. 嘉庆诛灭和珅案 [J]. 史料旬刊，7。永璇卒于道光十二年（1832）八月。
⑧ 嘉庆四年二月，原福长安园的东部，即后来的镜春园，赐予贝子奕纯。见《嘉庆诛灭和珅案》。奕纯卒于嘉庆二十一（1816）年。

庆郡王永璘①所占据。怎么可能会一园赏赐二主呢?

其五,《钦定日下旧闻考》明确记载:圆明"园内为门十八,南曰大宫门,……正北曰北楼门"。②

鱼跃鸢飞盛时平面图③

综上所述,圆明五园之一的春熙院,毫无疑问就位于今长春园以北的二河开地方,它从来没有在北大校园内出现过。这一结论在嘉庆朝的《京城内外河道图》和同治朝样式雷的《圆明园河道图》中,均得到明确的印证。

---

① 嘉庆十四年(1809)正月,福康安子贝勒德麟将春和园,即后来的朗润园呈交。旋该园赏予庆郡王永璘。见中国第一历史档案馆未刊上谕档,档号:05-13-002-001912-0003。

② 于敏中等.钦定日下旧闻考:卷80,国朝苑囿·圆明园一[M].北京:古籍出版社,1988.

③ 圆明园管理处.圆明园百景图志[M].北京:中国大百科全书出版社,2010:169.

春熙院的历史沿革

春熙院的前身,据作者考证是康熙二十四子允祕的赐园,名曰"淑春园",[①]允祕是康熙帝最小的儿子,生于康熙五十五年(1716)五月,比乾隆帝还小五岁。史载:雍正十一年(1733)正月,上谕曰:"朕幼弟允祕,秉心忠厚,赋性和平,素为皇考所钟爱。数年以来,在宫中读书,学识亦见增长,朕心嘉悦,封为諴亲王。"[②]允祕首次封爵就封为亲王,他的赐园应在其封爵之后不久,也就是雍正十二年(1734)前后。乾隆继位后,与这个小叔叔关系极好,不仅授其正白旗满洲都统、管理宗人府、玉牒馆总裁等军政要职,命其于祭祀太庙时,"恭代行礼"。[③]而且经常携手同游,举杯共饮。如乾隆八年(1743)三月,乾隆有《春日同諴亲王和亲王游宴御园作》,其中有:

> 偶乘芳候遣几闲,乐事天伦礼法删。春半园葩开笑靥,雨余山翠濯烟鬟。[④]

允祕于乾隆三十八年(1773)十月病故。其后园子被内务府收回,由赐园变为了御园,乾隆四十五年,并奉旨设置春熙院八品苑副一人,专司该园管理。翌年,再添设七品苑丞、八品苑副及笔帖式各一人。[⑤]乾隆四十七年(1782年)正月,上谕"淑春园改为春熙院"。[⑥]春熙院命名后,乾隆帝首先命人修建春润堂宫门一座三间,两边朝房二座十间,[⑦]加固及油饰宫门内的三孔板桥。其次,修理园内各处殿宇、楼亭、游廊、房间、桥闸、牌楼等项工程,并增添园户头目等。[⑧]然后,不断地有粘修殿宇、补砌大墙、山石点景,以及捞堆坍塌的山

---

① 何瑜. 圆明五园之一春熙院遗址考辨及其他 [J]. 清史研究,2017(1).

② 清史稿:卷220,诸王六 [M]. 北京:中华书局:1977.

③ 清高宗实录:卷554[M]. 北京:中华书局:1985.

④ 清高宗御制诗:初集,卷13[M]. 北京:中国人民大学出版社,1993.

⑤ 钦定大清会典事例:卷1172,内务府,官制 [M]. 上海:上海古籍出版社,2003.

⑥ 中国第一历史档案馆. 圆明园(下)[M]. 上海:上海古籍出版社,1991: 1052.

⑦ 同 ⑥（上）:314.

⑧ 同 ⑥（上）:268,277,282,287,314.

石泊岸等岁修工程。① 在修建整个春熙院的过程中,乾隆帝除题写园额外,还为各殿宇书写自对、横批、字条等,并命如意馆画家挥毫作画,为春熙院增光添彩。

嘉庆亲政后,其御园建设的重心在绮春园,但为驻跸游览,他也曾命人对春熙院进行过小范围的修缮。② 到嘉庆七年(1802),上谕:"春熙院著赏给庄静固伦公主居住"。③ 庄静公主生于乾隆四十九年(1784)九月,嘉庆七年十一月下嫁博尔济吉特氏固山贝子玛尼巴达拉,嘉庆十六年(1811)五月,庄静公主卒,嘉庆帝亲临该园邸赐奠。④ 嘉庆十九年(1814)正月,该园又赏给了庄亲王绵课。⑤ 绵课是康熙十六子允禄的孙子,历任都统、领侍卫内大臣、御前大臣。嘉庆十八年(1813)九月,天理教林清起事,部分教徒闯入紫禁城,绵课与绵宁(按,即后来道光帝)持枪射伤数人,得旨议叙。⑥ 但绵课在春熙院没住几年,道光二年(1822)三月,因承修裕陵隆恩殿工程草率,被降为郡王、赐园缴出。旋又奉旨:"圆明园水湖住房赏庄郡王绵课。"⑦ 绵课迁出后,春熙院具体主人不详。

由上可知,作为御园的春熙院虽然仅仅存在了 23 年,但作为皇家园林的春熙院,其存世也将近百年。

御笔园额"春熙院"

乾隆非常崇拜他的祖父康熙皇帝,所以无论治国理政还是生活琐事,处处都仿效行之。如康熙帝先命名御园"畅春园",后为胤祉赐园题额"熙春

---

① 中国第一历史档案馆.圆明园(上)[M].上海:上海古籍出版社,1991: 324,326,361,363,365,370,380,381,403,404,409,410,417 等.

② 中国第一历史档案馆未刊上谕档,档号:05-08-006-000395-0039。

③ 同①(下):990.

④ 中国人民大学清史研究所.清史编年:第七卷(嘉庆朝)[M].北京:中国人民大学出版社,1991.

⑤ 中国第一历史档案馆未刊上谕档,档号:05-13-002-000470-0008。

⑥ 清史稿:卷219[M].北京:中华书局,1977.

⑦ 何瑜.清代三山五园史事编年(道光朝)[M].北京:中国大百科全书出版社,2015.

园"。乾隆也将大学士傅恒等缴出的春和园改称"绮春园"，后复将允祕的淑春园改名"春熙院"，其中都有"春"字，或"熙春"二字。像康熙帝命名畅春园的寓意一样，"非必其特宜于春日也"，系"先王体之以对时育物，使圆顶方趾之众，各得其所，跂行喙息之属，咸若其生。光天之下，熙熙焉，暤暤焉，八风罔或弗宣，六气罔或弗达，此其所以为畅春者也"。[①] 意即命名"畅春"，是为了胸怀天下，让世间万物都能享受到帝王的雨露春风。

所以我们看乾隆在两首《题春熙院》诗中，均对"春熙"二字，表达了同样的意愿。如第一首：

> 万物到春熙，何当院擅奇。由来一以贯，讵是此为私。
> 自舞花如笑，能言鸟亦怡。登台吾夙愿，可尽被民斯。[②]

第二首：

> 万物到春来，无不具熙意。此院独擅名，享帚因名字。
> 然吾此偶临，弗喜以愁对。向隅古有言，况向隅奚啻。
> 湖北及安徽，淮扬遭旱匮。清口倒灌黄，以致淤去岁。
> 虽亟力赈蠲，讵普蒙实惠。吾民岂尽熙，顾名厪弗置。[③]

这里的"登台"即登春台。《老子》中有"众人熙熙，如享太牢，如登春台"，熙熙，为温和欢乐的样子。已过古稀之年的乾隆帝在这里表达了愿天下百姓都能够登春台，免灾难，"普蒙实惠"。

春熙院位于圆明园长春园以北，即今清河南岸名为二河开的地方。院以西正对着圆明园北墙外，有大片大片的稻田；院东是镶白旗护军营；院北为河滩湿地，水草丰美，为众多禽鸟栖息觅食之所。从圆明园流出来的水从院门前流过，与长春园七孔闸出水相会，流入万泉河，然后东北与清河相

---

① 康熙.畅春园记 [M].圣祖仁皇帝御制文集：第二集，卷 33.
② 清高宗御制诗：四集，卷 87[M].北京：中国人民大学出版社，1993.
③ 清高宗御制诗：五集，卷 20[M].北京：中国人民大学出版社，1993.

汇。宫门为一座三间朝南,两边朝房二座,各五间。主殿为春润堂,园内东西各有一片湖泊,东湖岛上有楼三间,可俯瞰全园。另有跨溪楼台静香阁,面向西山的披霞榭,竹林掩映的静娟斋,绿树丛中的融绿堂,依山傍水的书房雅涵堂,以及凝芳轩、月宜室、真赏室等十余处景观,各随山形水态,巧为安排,秋冬春夏,景色万千。乾隆帝非常喜欢这座山水园林,每到春天常来此地游赏,并留下了很多美丽的诗篇。从四十七年(1782)正月,到五十三年(1788)春,七年之间乾隆帝咏春熙院及其各处景观的诗共二十首。[①]同时,在游玩中他也注意自省和告诫人们,"雅者文之宗,文者道之旨。优游得真诠,玩愒失正理。"[②]即适当的游览观赏,可以增加知识,但纵情玩乐,贪欲无度,则会适得其反。

乾隆帝与"白衣学士"

清代的圆明园里曾饲养很多珍禽异兽,其中乾隆最喜爱和关心的莫过于仙鹤了,他称其为"白衣学士"。春熙院内有一处景观名"鹤来轩",乾隆吟咏该园的第一首诗,即《戏题鹤来轩》:

> 名曰胎仙岂实胎,误因禹锡笑渊材。不笼无事放之去,傍砌有时招亦来。
>
> 刷羽悠然栖古柏,鸣阴戛尔觑春梅。孤山处士前年约,许汝翩投御苑陪。[③]

诗中的首联,给我们讲了一个典故,说北宋末年有个名彭几字渊材的儒生,其行为酸腐,好说大话。他家中养鹤,并相信鹤是胎生的,有一次他对客人夸口说:"此仙禽也,凡禽卵生,此禽胎生。"话没说完,一园丁即来通报说"鹤

① 何瑜.圆明园五朝御制诗文集:第四册[M].北京:中国大百科全书出版社,2020.

② 清高宗御制诗:四集,卷87[M].北京:中国人民大学出版社,1993.

③ 同②.

夜生一卵"，彭渊材呵斥道："敢谤鹤耶？"不久，鹤展颈伏地，复诞以卵。渊材叹曰"鹤亦败道，吾乃为刘禹锡《嘉话》所误"。诗中"名曰胎仙岂实胎，误因禹锡笑渊材。"就是讲述了这个故事。

　　颔联与颈联描述的是原来笼养在春熙院的仙鹤，被放归大自然后，仍游憩在周围而不愿离去，有人招呼便又回到园中，悠然地栖息在古柏上，一边梳理着羽毛，一边欢叫着欣赏春日的梅花。

　　尾联再言孤山处士也称梅妻鹤子的典故。北宋著名的政治家、科学家沈括在《梦溪笔谈》中讲了这么一个故事，他说："林逋隐居杭州孤山，常畜两鹤，纵之则飞入云霄，盘旋久之，复入笼中。逋常泛小艇游西湖诸寺，有客至逋所居，则一童子出应门，延客坐，为开笼纵鹤。良久，逋必棹小船而归，盖尝以鹤飞为验也。"后人以林逋德才兼备，隐居孤山，故称他为孤山处士。乾隆帝在这里以穿越时空的浪漫主义写法，写出了诗人与仙鹤之间的交流，给人以情景再现之感。

　　古代梅妻鹤子的故事，也是后来文人隐士所向往的超凡脱俗的生活意境。但作为太平天子的乾隆皇帝并不像旧时隐士或不得志的诗人墨客那样，以咏鹤来抒发自己的孤寂和郁闷，或渴望得到君主的赏识和重用。乾隆的咏鹤诗更多的则是表达帝王的治世观和他对鹤的一种情感。如当时园中养鹤是有鹤粮的，一些园吏便借机贪污鹤粮，同时为取悦帝后观赏，还往往用剪毁鹤翅的办法，以防止它们远飞不归。对此，乾隆皇帝非常气愤，曾多次明言禁止。乾隆二十七年（1762）八月，乾隆帝仿照历史上"支公放鹤"的故事。先是于承德避暑山庄，将御园笼养的仙鹤全部放飞，任其自由翱翔。并仿古人将放生之处改建为"放鹤亭"。其后，乾隆帝又命人将香山静宜园和圆明园的笼中之鹤，也全部放飞。

　　在另一首《戏题鹤来轩》诗中，乾隆帝咏道：

　　　　养鹤虽高致，恐去翦双羽。是乃拂其性，未惬鹤心所。
　　　　弗翦任自然，非图省粱黍。翼长旋能飞，碧空听盘翥。①

---

　　①　清高宗御制诗：四集，卷87[M]. 北京：中国人民大学出版社：1993.

在乾隆帝看来,御园里饲养仙鹤无非是宜人耳目,增加景观,他的开笼放鹤,并不是为节约那点粮食,而是为适应鹤的天性,让其能自由自在地翱翔天际。

乾隆帝在圆明园的咏鹤诗,从文学艺术的角度来看,也许没有更多的称道之处。但作为一个封建帝王,从他的"快哉得其安,漫议庭禽少""非关稻粱省,欲使翥翔欢"[1] "斋安鹤未安,鹤安斋亦安"[2](按,与春熙院一墙之隔的长春园里有一处景点名"鹤安斋")等质朴无华的诗文中,反复提倡的保护鸟类动物,提倡人与自然的生态和谐,这在"绿水青山就是金山银山"的今天,无疑是应该给予充分肯定的。

如果说盛时的圆明园已不可能重建,但保护好圆明五园的遗址,以教育中华民族的子孙后代,则是我们这一代不容推卸的历史责任。

---

[1] 清高宗御制诗:三集,卷86[M]. 北京:中国人民大学出版社,1993.

[2] 同①.

Research on the Chunxiyuan Garden, one of the Five Gardens in Yuanmingyuan

He Yu

Abstract: Based on the paper "Study on the Location Identification and Other Aspects of the Chunxiyuan Garden Site, one of the Five Gardens in Yuanmingyuan" and the research findings on newly gathered historical information, this paper further confirms that the Chunxiyuan Garden Site in history is located outside the north wall of today's Changchunyuan Garden, and summarizes its historical evolution and landscape characteristics according to the imperial poetry and other available historical literature. By expounding the spirit conveyed in the "Chuanxiyuan" plaques granted by Emperor Qianlong and the story of his interaction with cranes in the garden, this paper reminds people to pay attention to the garden in history and make it return to Yuanmingyuan as soon as possible.

Keywords: Yuanmingyuan, Xichuanyuan Garden, Shuchunyuan Garden, Emperor Qianlong

浅析样式雷在圆明园遗址保护中的作用

张孟增[①]

摘要: 样式雷以清代皇家建筑世家而闻名于世,在中国古建筑史上占有重要地位。圆明园是样式雷长期供职之地,样式雷不仅参与了圆明园的营建与重修,而且见证了圆明园的兴盛与衰落。新时代,利用好圆明园的"世界影响,历史背景,丰富遗址"三大法宝,发挥好样式雷及其遗产在圆明园遗址保护中的作用,值得学术界高度重视。

关键词: 圆明园 样式雷 遗址保护 遗址价值

样式雷,是对在清朝皇家建筑设计机构样式房供职的一个雷姓世家的荣誉性代称。作为被誉为"万园之园"的圆明园是样式雷设计营造的杰作代表,在 1860 年和 1900 年惨遭两次洗劫焚毁而被沦为废墟。随着清朝灭亡,样式雷技艺传承因脱离皇家建筑营生而逐渐走向衰落,但幸运的是,大量样式雷图档和烫样等样式雷遗产被样式雷后人留存。1930 年成立的中国营造学社发起收集和整理样式雷图档和烫样的倡议,使得作为样式雷遗产的样式雷图档和烫样得以流传下来。1976 年圆明园管理处成立,1988 年圆明园遗址被国务院公布为全国重点文物保护单位。新时代,如何利用好圆明园的"世界影响,历史背景,丰富遗址"三大法宝,充分发挥好样式雷圆明园图档在圆明园大遗址保护研究中的作用,推动圆明园文化遗产活起来。下面,笔者结合自己在圆明园的工作实践,谈谈自己的一些粗浅体会。

---

① 张孟增,圆明园管理处研究院副研究馆员。研究方向:圆明园文史研究。

一、样式雷在古建筑史上的地位

人们常说："一家样式雷,半部古建史。"雷发达,祖籍江西南康府建昌县人(今江西省永昌县),其祖孙七代长期担任清朝内务府专门负责皇家建筑设计和监督施工的"样式房"掌案,从事清代皇家建筑,如北京故宫、承德避暑山庄及周边庙宇、圆明园、颐和园、天坛、清代皇家陵寝,以及行宫、衙署、坛庙、御道、河堤、节日庆典等建筑的选址、勘探、规划设计、施工、装饰等工作,在长达二百余年时间里传承着劳动光荣、技能宝贵、创造伟大的大国工匠精神,为中华文化传承留下了大量建筑文化遗产和珍贵文献档案,在中国古建筑史上占有极为重要地位。梁思成先生在《中国建筑和中国建筑师》中指出:

> 在清朝二百六十余年间,北京皇室的建筑师成了世袭的职位。在十七世纪末年,一个南方匠人雷发达来北京参加营造宫殿的工作。因为技术高超,很快被提升担任设计工作。从他起一共七代直到清朝末年,主要的皇室建筑如宫殿、皇陵、圆明园、颐和园等都是雷氏负责的。这个世袭的建筑师家族被称为"样式雷"。①

样式雷为中国建筑赢得世界荣誉。中国有多处样式雷营建或参与营建的古建群被列入世界文化遗产名录,如北京的故宫、颐和园、天坛,河北承德的避暑山庄及周围寺庙、河北遵化市的清东陵、河北易县的清西陵等,这样的建筑世家在世界上也是罕见的。正如天津大学建筑学院教授王其亨所言:"我们国家已经列入世界文化遗产名录的单位,有五分之一是'样式雷'世家的作品。这在全世界找不出第二个。"②2007年,"中国清代样式雷建筑图档"被联合国教科文组织列入《世界记忆名录》,成为规模最大、内容最丰富的古代建筑设计图像资源,这也是世界对样式雷家族所绘制样式雷图档的明确

---

① 孙连娣."样式雷"世家与圆明园的春秋往事 [J]. 北京档案,2018(10):50.

② 王喜民,许燕,杨镇.朱启钤先生与国图所藏"样式雷"图档的文献价值 [J]. 四川图书馆学报,2013(4):85.

肯定。中国工程院院士、建筑历史学家傅熹年先生说：

> 这是中国古代建筑史中有待发掘的宝藏之一,跨学科对样式雷进行全面整理和深入研究,必将深化中国建筑史界对古代建筑成就和水平的认识,使世界建筑史界对中国古代建筑有更具体、深刻的认识。[①]

二、圆明园遗产价值分析

盛世圆明园作为清朝雍乾嘉道咸五帝长期园居理政之地,是清朝第二个政治中心,曾被誉为"万园之园""一切造园艺术的典范"。乾隆皇帝在《圆明园记》中这样描述圆明园:

> 规模之宏伟,丘壑之幽深,风土草木之清佳,高楼邃室之具备,亦可称观止。实天宝地灵之区,帝王豫游之地,无逾于此。

1860年和1900年圆明园惨遭两次劫难,后又历经沧桑,陆续遭受"石劫""土劫"等破坏、蚕食,一代名园最终沦为废园。就像杜甫诗云:"国破山河在,城春草木深。"道尽了国破园荒的悲凉景象。

圆明园遗址是我国一处宝贵的园林文化遗产。关于圆明园遗产价值,学术界一直未有定论。北京大学城市与环境学院阙维民教授将圆明园遗址遗存的遗产价值归纳为六个方面,即人类创造智慧的一项杰作、体现皇家园林建筑的中外交流、反映中国封建文明的独特证据、凝聚中外园林艺术的技术典范、展示人文自然环境的相互交融、承载震惊近代世界的重大事件。[②]中国人民大学清史所王道成教授认为,圆明园遗址的价值是由它的历史文化

---

① 张凤梧,王其亨.样式雷圆明园图档研究概述.国家自然科学基金重点项目50738003:47.

② 阙维民.圆明园遗址的遗产价值与申遗构想[J].北京大学学报(哲学社会科学报),2011,48(3):124-125.

内涵决定的,即圆明园是中华民族历史发展的又一高峰期的杰作、圆明园是中华民族灿烂文化的结晶、圆明园是中华民族近百年屈辱历史的见证[①]。北京交通大学建筑艺术学院张红卫副教授认为纪念性价值是当下圆明园遗址的核心文化价值,等等。

20世纪80年代以来,围绕圆明园遗址保护利用,出现过多次社会争论。新时代,圆明园遗址作为全国重点文物保护单位、全国100处大遗址之一、爱国主义教育基地、国家考古遗址公园、国家5A级旅游景区等,可以说,圆明园具有多重价值和多种身份,牵扯国人诸多情感因素。如今的圆明园,比文物不如故宫,比建筑完整性不如颐和园,但圆明园的"世界影响、历史背景、丰富遗址"这三大法宝,是其他单位所无法比拟的。基于此,笔者认为圆明园遗产价值主要体现在以下方面:

1. 圆明园遗产承载着中华文明传承的文化基因

圆明园作为清朝康雍乾盛世的政治中心,曾珍藏了无数各种式样的无价之宝、极为罕见的历史典籍和丰富珍贵的历史文物,堪称人类文化宝库。法国画家王致诚盛赞圆明园为"人间天堂"。法国大文豪雨果1861年在《致巴雷特大尉》的信中写道:"即使把我国所有教堂的全部宝物加在一起,也不能同这个规模宏大而又富丽堂皇的东方博物馆媲美。收藏在这个东方博物馆里的不仅有杰出的艺术品,而且还保存有琳琅满目的金银制品。"冯天瑜将"东方艺术幻想"圆明园列为八大中国文化的世界影响之一[②]。圆明园作为清朝的政治中心、皇家文化活动中心、对外交往的重要舞台、"万国来朝"的中心、重大改革见证地、观稼验农试验地,以及一些大典、大朝、大宴举办地等,是世界园林艺术的荟萃之地,是五千年中华文化的浓缩,承载着中华文化基因传承的重要载体。

习近平总书记指出,"让收藏在博物馆里的文物、陈列在广阔大地上的

---

① 王道成.清史学视野中的圆明园遗址 [J]// 中国圆明园学会.圆明园,2014(15):3-7.

② 冯天瑜.中国文化生成史 [M].武汉:武汉大学出版社,2013:692.

遗产、书写在古籍里的文字都活起来。"①国家文物局局长刘玉柱强调,让文物活起来的当代价值为:

> 对于一个国家来讲,让文物活起来可以增进文化认同,坚定文化自信,凝聚发展力量;对于一个城市来讲,让文物活起来可以找回老城记忆,体现城市精神,提升城市魅力;对于一个乡村来讲,让文物活起来可以感受地域风情,让居民望得见山、看得见水、记得住乡愁。北京作为中国首都,其丰富的历史文化遗产是中华文明源远流长的伟大见证。

圆明园作为北京城最大的一处皇家园林文化遗址,也是皇权社会家国天下文化思想的集中展示地,是有待深入挖掘的国家文化宝藏,具有丰富的文化内涵和鲜活的时代气息。保护好传承好圆明园遗产价值,对于传承城市历史文脉、讲好中国故事、推动首都文化中心和西山永定河文化带建设、建设国家级文物保护利用示范区、推进中华文化走出去,都是一个鲜活的载体。

2. 圆明园遗址是进行爱国主义教育的重要基地

1860 年 10 月,圆明园惨遭英法联军劫焚,其行径之野蛮,震撼朝野,惊骇世界,成为世界近代资本主义列强发展至帝国主义列强后所犯毁灭世界人类文明罪行的证据之一。一个半多世纪以来,残存的圆明园遗址,时刻倾诉着近代中国遭受帝国主义列强侵略的耻辱,成为中华儿女心中挥之不去的心灵隐痛与共同享有的历史记忆。

中华人民共和国成立之初,周恩来总理就圆明园遗址的爱国教育功能曾讲过一段著名的话:

> 圆明园这地方,总有一天会整理出来供国人参观的。国耻勿忘,圆明园遗址是侵略者给我们留下的课堂。②

---

① 2014 年 3 月 27 日,习近平主席在联合国教科文组织总部的演讲。

② http://www.yuanmingyuanpark.cn/ymsbn/jrym/201010/t20101015_4171862.html.

这是新中国领导人在建国之初对圆明园遗址所承载的爱国教育功能的定位。

中国人民大学历史学院院长黄兴涛先生在谈到圆明园遗址的内涵和价值时说：

> 圆明园不仅是爱国主义的教育基地，更是人类文明悲剧美的教育基地；不仅是中国人的国耻地，也是野蛮侵略者的耻辱地；是人类对自身人性贪婪、残暴、无耻一面的反省地，也是各民族消除隔阂、增进理解，促进全人类共同文明的文化圣地。

国强园兴，国衰园殇。圆明园的兴衰史是留给中华民族的一份宝贵精神财富，是对国人进行爱国主义教育的生动课堂。我们要保护好传承好中华民族文化遗产，讲好中国故事，知耻后勇，珍惜和平，使圆明园成为促进世界和平和中华民族伟大复兴的见证地。

3. 圆明园遗址是开展科学教育研究的重要载体

圆明园遗址是全国重点文物保护单位，综合性研究是保护利用圆明园遗址的前提。圆明园丰富的遗址、考古出土的文物、流散在国内外的珍贵文物、残存建筑等都具有重要的文物科考、历史和艺术研究价值。

圆明园丰富的文物遗存是开展科学研究的重要载体。文物承载着灿烂文明，它作为历史文化资源的承载者和传播者，是老祖宗留给我们的宝贵遗产。圆明园曾以其丰富的文化收藏而享誉于世，现存及史料记载的圆明园匾额、老照片、建筑构件、陈设器玩、书画图咏，以及流散于世界各国博物馆的圆明园文物等是一个巨大无比的文化宝库，蕴含着极其丰富的文化艺术内涵，需要通过深入研究来挖掘其价值。

圆明园丰富遗址是对国人进行社会教育的生动课堂。文化遗产不是远离百姓、没有生命的化石，而是直接关系民生幸福指数的文化大餐。圆明园内现存86处假山、叠石、夯土基台等地上可见遗存，可借助研究开发系列社会实践培训课程，可借助科技手段生动展示遗址，使遗址活起来，让观众读懂遗址,发挥遗址的社会价值。利用圆明园丰富遗址开展公众考古,向广大社会公众宣传考古成果,普及考古知识,使其成为提升国民教育的第二课堂,增强全民文化遗产保护意识、传承与弘扬中华优秀历史文化,满足人们对人类文明过往的好奇心和求知欲。开展文物研究修复,对破损的文物遗址、出土文物等进行修复,再现昔日的"万园之园"珍贵文物之美,让更多人了解和掌握历史文化的演变,知悉文物背后的历史故事,推进传统手艺传承。

圆明园残存建筑是传承古建修缮技艺的实物例证。正觉寺作为圆明三园中保存至今唯一幸免于难的古建筑群,是唯一依据 2000 年《圆明园遗址公园规划》完整修复的古建筑群,其基本完整的山门、文殊亭、西五佛殿、西转角房、鼓楼,以及天王殿台基基础、三圣殿大殿台基等,反映了清代皇家园林宗教建筑院落布局、建筑构造及特征,为研究清代皇家园林宗教建筑构造及做法提供了珍贵的经验借鉴,具有重要的文物科考、历史和艺术研究价值。

三、样式雷在圆明园遗产保护中的作用

样式雷不仅为圆明园、颐和园等皇家园林的营建做出了历史性贡献,而且也为中国乃至世界古建筑事业传承发展留下了大量样式雷图档等宝贵文化遗产。国家图书馆副研究员白鸿叶说,样式雷遗留的图文档案是一笔宝贵的文化财富,它不仅是关于某些具体建筑的档案,而且是中国古代建筑师活动的真实记录。图纸绘制均如实反映现状面貌或设计的方案形式[①]。所以,样式雷及其遗留图文档案对于圆明园遗址保护仍具有巨大价值,在笔者看来其作用有:

1. 有利于弥补圆明园文献匮乏

圆明园曾两度遭战火洗劫焚毁,不仅圆明园建筑被焚毁,而且大量文献史料随之被毁,幸存下来的除《圆明园四十景图咏》《西洋楼铜版画》《圆明园匠作则例》、中国第一历史档案馆整理出版的《圆明园》(上下)文献史

---

① 白鸿叶. 国家图书馆藏圆明园样式雷图档述略 [J]. 北京科技大学学报》(社会科学版),2016,32(5):41.

料等外,世上所见圆明园文献图片史料都是零散的,今人难以想象圆明园的盛世辉煌。而清朝宫廷文献存放制度又为圆明园文献完整性保存造成诸多困难。

> 例如:道光二十四年(1844年)二月内务府奏准:圆明园存收稿件历年既久,积聚亦多,应一律清查,分别存留、销毁,此后每届二年,由各处自行查收,呈明本管大臣,将无用之件送交内务府汇总,运出城外一并销毁。[①]

目前已知的 3000 余件样式雷圆明园图档分藏于国家图书馆、故宫、中国第一历史档案馆、清华大学建筑学院图书馆、北京大学图书馆等机构,在某种程度上可以弥补圆明园文献的不足。2016 年 3 月,《国家图书馆藏样式雷图档·圆明园卷初编》(全十函)出版,其中收录有道光、咸丰、同治朝所绘的圆明园全图及正大光明、勤政亲贤、茹今涵古、坦坦荡荡等景区新建、修缮、改建、内檐装修、河道疏浚、山体切削、绿化植被、室内室外陈设等工程方面的图档约 1000 件,其中既有景点规划设计图、踏勘草图、建筑平面图、建筑立面图,又有室内室外装修图。2017 年 11 月,《国家图书馆藏样式雷图档·圆明园卷续编》(全十二函)出版,其中收录有圆明园的九州清晏、长春园、万春园三部分新建、修缮、改建、内檐装修、河道疏浚、山体切削、绿化植被、室内室外陈设等工程方面的图档 800 余件,其中既有景点规划设计图、踏勘草图、建筑平面图、建筑立面图,又有室内室外装修图。《样式雷图档·圆明园卷》的出版,无疑可以弥补长久以来圆明园档案文献挖掘整理工作的缺环,为深入研究圆明园的造园艺术、设计理念等提供强有力的文献支撑。

2. 有利于圆明园考古修缮展示

样式雷圆明园图档涉及现状勘察、修缮、改建、新建等工程类型,项目内容包括建筑、桥梁、陈设、装修、河道、植物、山体等,几乎囊括各种园林要

[①] 中国第一历史档案馆. 圆明园 [M]. 上海:上海古籍出版社,1991:1054.

素,遍及园内所有景区。圆明园遗址保护、展示、利用等诸多工作都要坚持考古先行、研究先行。在考古挖掘中,样式雷圆明园图档可为确定建筑遗址位置、建筑形制等提供重要参考。圆明三园建筑面积达 20 万平方米,园林建筑群的建筑形制、体量、数量诸多,如圆明园有 1000 座宫殿、140 余座亭子、近 200 座桥梁、数 10 座寺庙、10 余座戏台、9 所船坞、2 处习武马道、超过 11 千米长的外围大墙和 30 余座园门等,这些在样式雷图档中或多或少留有文献记载。

此外,样式雷烫样包括单体建筑烫样和群体建筑烫样。单体建筑烫样主要反映建筑的形式、色彩、材料和各类尺寸数据。烫样屋顶贴有表示建筑各部尺寸的标签,其他部位也有标签,注明各构件的名称及其详细尺寸。打开烫样屋顶可以看到建筑物内部,如梁架结构、内檐彩画、室内装修式样等。群体建筑烫样一般以一个景区或院落为单位,除表现单体建筑外还完整地反映出建筑组群布局和周围环境布局。主要建筑物周围的地势地貌、河流湖泊、道路树木、盆景位置等一目了然,建筑关系一清二楚。① 按照 2000 年《圆明园遗址公园规划》规定,圆明园允许恢复古建筑遗址面积的 10% 以内。圆明园已开展的修缮保护工程,如鉴碧亭、长春园宫门、正觉寺等,样式雷图档都发挥了重要作用。随着圆明园遗址考古、保护、展示等工作的逐渐展开,样式雷圆明园图档和烫样还将为圆明园遗址保护修缮工程发挥更大作用。

3. 有利于推进圆明园基础研究

目前,圆明园实物已经无存。已出版的样式雷圆明园图档以其直观的图像画样和翔实的文字记录,为深入研究圆明园的造园艺术、设计理念等可提供充实的佐证。例如,样式雷图档中所呈现的嘉庆年间绮春园的经营格局,可以帮助揭示嘉庆皇帝造园构思的重要依据。咸丰年间丰富翔实的慎德堂整修图样,也可以成为揭示咸丰帝对建筑内檐独特设计构思的有力佐证。

---

① 朱庆征. 方寸之间的宫廷建筑: 烫样的制作与价值 [J]. 紫禁城,2019 (289): 35–38.

4. 有利于考证圆明园景点变迁

从圆明园样式雷图档中，通过比对可以清楚地了解到圆明园多处风景群的园林布局变迁情况。其中，九洲清晏的园林建筑在嘉庆、道光、咸丰三朝曾先后有过多次较大规模的布局改变，是三园变化最为频繁的。根据天津大学建筑学院副教授张凤梧考证，"九州清晏"的更迭几乎贯穿于整个圆明园的兴建历程，在康熙末年创建之初被称为"南所"，雍正继承大统，正式题名为"九州清晏"，此后历代皇帝都将此作为寝居的主要场所。样式雷圆明园图档中相关内容达 487 件，占圆明园总数的一半。再比如，"圆明园四十景"中的上下天光、杏花春馆、长春仙馆、武陵春色、映水兰香、北远山村、四宜书屋、平湖秋月、涵虚朗鉴、接秀山房、别有洞天、夹镜鸣琴、澡身浴德、廓然大公和洞天深处等，在乾隆朝中后期或嘉庆、道光时期，均有过明显改建或增建；长春园中的茜园、淳化轩（含经堂）、泽兰堂、丛芳榭等景，在嘉庆、道光时期有过局部改建；绮春园中的敷春堂、四宜书屋、清夏斋等景，在道光、咸丰时期也有过局部改建。同治年间，在慈禧的授意下，曾试图重修圆明园，当时拟修建范围主要集中在圆明园的前朝区、后湖区和西部、北部一带，以及万春园宫门区、敷春堂、清夏堂等 20 余处，共计 3000 多间殿宇。但由于财力枯竭，开工不到十个月就被迫停修，此后也仍未完全放弃修复圆明园，直至光绪二十二至二十四年（1896—1898），还曾修葺过圆明园双鹤斋、课农轩等景群。

On the role of "Yang Shi Lei Archives" in the Protection of Yuanmingyuan Sites

Zhang Mengzeng

Abstract: "Yang Shi Lei" is famous for its royal family of architecture in the Qing Dynasty, and plays an important role in the history of ancient Chinese architecture. Yuanmingyuan is the place where "Yang Shi Lei" has been working for a long time. "Yang Shi Lei" not only participated in the construction and renovation of Yuanmingyuan, but also witnessed the prosperity and decline of Yuanmingyuan. In the new era, making good use of the three magic weapons of "world influence, historical background, and site enrichment" of the Yuanmingyuan, and giving full play to the role of "Yang Shi Lei Archives" in the protection of the Yuanmingyuan site deserve great attention from the academic community.

Keywords: Yuanmingyuan, "Yang Shi Lei", Yang Shi Lei Archives, site protection, site value

西人的反思　百年的追问

——《自由主义者的野蛮行为:欧洲人如何毁灭圆明园》述评[①]

赵　婷[②]

摘要: 1860 年圆明园大劫难是中华儿女心中的伤痛,但在西方一直被有意识地遗忘和回避,瑞典学者林瑞谷的英文专著从西人的角度反思历史,追问欧洲自由主义者野蛮行为的动机和影响。本文以林瑞谷的专著为线索,在其观点的基础上梳理和分析欧洲人毁灭圆明园的起因、根本冲突、导火索和实质,并引发圆明园大劫难的当代思考。

关键词: 圆明园　大劫难　自由主义　野蛮主义

圆明园之毁灭是中华儿女心头永久的伤疤,160 年前,宣扬自由主义的欧洲列强以野蛮的方式闯入这座原本平静的皇家园林,做出震惊中外的残暴行径。21 世纪,西方学者林瑞谷(Erik Ringmar,1960—　)再次揭开这层伤疤,以西人的角度反思并追问:来自文明国家的欧洲人究竟为何以如此野蛮的方式捣毁人类文化瑰宝圆明园? 自由主义与野蛮主义在历史的背景下是否存在深层的内在关系?

一、西方文献中被“遗忘”的历史

翻阅英国皇家档案发现,英法联军摧毁圆明园的事件被一笔带过,而欧

---

①　本文系“海外圆明园相关文献的整理与翻译科研项目”(圆服字 [2018] 第 266 号)的阶段性成果。
②　赵婷,北京外国语大学国际中国文化研究院比较文学与跨文化研究专业博士研究生。研究方向:海外中国戏剧研究。

洲的历史教科书中几乎从不提及 1860 年华北战役造成的劫难。自诩文明和自由的欧洲人不愿相信和承认远征中国的自由主义者们做出摧毁人类文明的野蛮行径,他们宁愿相信这应该归咎于联军队伍中少数文明程度较低的"害群之马"。尽管如《自由主义者的野蛮行为》中所指出,事实远非如此,但在官方说辞和指挥官们的书信和证词中都矢口否认罪行,士兵们在自述中也否认或只承认轻微的罪行,如捡起他人掉在地上的东西。[①] 显然,欧洲人洗劫焚毁圆明园的历史被有意识地"遗忘"了。

然而,在表面的"遗忘"之下,西方世界隐藏着大量鲜活的战争史料佐证着历史的真相。英法联军的战争亲历者们留下诸多战争纪要、回忆录、日记、书信、札记等,从不同的侧面记录这一事件,这或可弥补国内史料之不足。[②] 这些实录中,有时甚至存在各方说辞不同的矛盾之处,而这恰恰反映出问题的敏感之处,为国内的相关研究提供辩证的研究角度。

纵观西方学界,大部分学者对这一事件的研究有所回避。在英语世界中,以圆明园为主题的专著有:汪荣祖(Young-tsu Wong)的专著 *A Paradise Lost: The Imperial Garden Yuanming Yuan* 以英文详细书写了圆明园的建筑、功能和兴衰,但未涉及圆明园劫难的学术讨论[③];何伟亚(James L. Hevia)的专著 *English Lessons: The Pedagogy of Imperialism in Nineteenth-Century China*[④] 在第四章中对圆明园遭洗劫和焚毁的始末进行了章节性叙述;路易丝·泰萨科特(Louise Tythacott)编辑的专著 *Collecting and displaying China's "Summer Palace" in the West: the Yuanmingyuan in Britain and France*[⑤] 主要介

① Armand Lucy. Souvenirs de Voyages: Lettres intimes sur la campagne de Chine[M]. Marseille: Jules Barile, 1861: 104−106. Maurice d'Hérisson. Journal d'un interprète en Chine[M]. Paris: Paul Ollendorf, 1886: 346.

② 《圆明园劫难记忆译丛》(上海:中西书局,2013)28 册译介了多种西方原始史料。

③ Young−tsu Wong. A Paradise Lost: The Imperial Garden Yuanming Yuan[M]. Hawaii: University of Hawaii Press, 2001.

④ James L. Hevia. English Lessons: The Pedagogy of Imperialism in Nineteenth−Century China[M]. Durham: Duke University Press, 2003.

⑤ Louise Tythacott ed. Collecting and displaying China's "Summer Palace" in the West: the Yuanmingyuan in Britain and France[M]. New York; London: Routledge, Taylor & Francis Group, 2018.

绍了流散在英国和法国的圆明园藏品。可见，圆明园被毁事件在英文著作中的讨论非常有限，缺乏专论，大部分书籍在涉及这段历史的时候一笔带过，甚至欧洲与清代中国关系史的知名史学家在提到这一事件时也语焉不详。

在法语世界中，邱治平（Che Bing Chiu）的专著 *Yuanming Yuan: le jardin de la clarté parfaite*[1] 提供了圆明园的精美资料；伯纳·布立赛（Barnard Brizay）的专著《1860：圆明园大劫难》[2] 在研读西方史料和实地考察的基础上再现了英法联军抢劫并焚毁圆明园的历史过程，在西方圆明园研究领域取得了一大进步。伯纳·布立赛回忆写作之初时，曾向巴黎两大与中国相关的书店询问关于圆明园的资料，却除了一本小册子外一无所获，因此下决心撰写一部关于圆明园劫难的专著，[3] 由此可见法语学界在圆明园研究方面尴尬的空白。

瑞典学者林瑞谷教授的英文专著《自由主义者的野蛮行为：欧洲人如何毁灭圆明园》[4] 出版于 2013 年，是英语世界中第一部专论圆明园劫难的专著，具有突破性的学术意义。作者基于大量西方文史资料追忆圆明园大劫难，再现 19 世纪世界格局的碰撞与演变、帝国主义的野心与恐惧、自由主义的主张与悖论，以一个欧洲人的身份反思并追问欧洲自由主义者毁灭圆明园的深层动因及其影响。在结构上，全书共有十个章节：第一章和第二章作为总述介绍了西方人眼中的圆明园，引出作者关于国际体系和表演理论的主要观点；第三章至第五章基于西方史料还原 1860 年华北战役英法联军侵略、洗劫和焚毁圆明园的始末；第六章至第九章阐述欧洲自由主义和国际惯例的由来及其在中国的遭遇，从表演理论的角度解读自由主义者罪行的另一层动因；第十章是作者观点的总结和引申。

---

① Che Bing Chiu. assisté de Gilles Baud Berthier, Yuanming Yuan: le jardin de la clarté parfaite[M]. Paris: Editions de l'Imprimeur, 2000.

② Barnard Brizay. Le sac du Palais d'été: l'expédition anglo-française de Chine en 1860, troisième Guerre de l'opium[M]. Monaco: Rocher, 2003.

③ 伯纳·布立赛.1860：圆明园大劫难 [M]. 高发明，丽泉，李鸿飞，译. 浙江：浙江古籍出版社,2005:10.

④ Erik Ringmar. Liberal Barbarism the European Destruction of the Palace of the Emperor of China[M]. New York: Palgrave Macmillan, 2013.

西人的反思　百年的追问

二、想象的中国和有"墙"的中国

18世纪以来,圆明园在西方人的记述中带有典型的东方梦幻色彩,是遥不可及、难以捉摸的美好存在,体现为不可描述性、叙事性、理想化和主题性。法军翻译官莫里斯·埃里松(Maurice d'Hérisson,1839—1893)说:"要想描绘它,须把世上所有的宝石融化成金子水,用承载着东方诗人幻想的钻石羽毛作画。"① 在那封著名的雨果致巴特雷上尉的信中,雨果指控英法联军是"强盗""窃贼",他说:"艺术有两个原则: 理念和梦幻。理念产生了西方艺术,梦幻产生了东方艺术。如同巴黛农是理念艺术的代表一样,圆明园是梦幻艺术的代表。它荟集了一个民族的几乎是超人类的想象力所创作的全部成果。"② 雨果描述的圆明园其实是对东方的幻想。不同于西方古典园林秩序性和几何形的布局模式,圆明园蜿蜒迂回、参差错落,无法一窥全貌,显得"不可描述"。③ 在西方人眼中,圆明园是"叙事性"的,④ 描述它的唯一方法是参观者回顾自己在其中走过的路线、经历的旅程,由于每个人的路线不同,讲述的故事也各有差别。圆明园是天子专属的理想世界和精神家园,所有建筑和草木依照天子的意愿而修建,满足着皇帝的美好幻想,也反映着他的世界观。圆明园有着不同主题的园林,为皇帝提供不同审美风格的娱乐享受。颇具讽刺意味的是,在清朝皇帝的世界观中,欧洲只是他统治下的这个美好世界角落中一处供玩乐的欧式主题园而已。

这种对神秘东方的美好幻想带来了18世纪欧洲的"中国热",通过王致诚(Jean Denis Attiret,1702—1768)等欧洲传教士的记述,以圆明园为代表的中国园林对英国园林的审美风格造成了重要影响,使得英国园林从古典主义的理性和秩序转向风景画式的浪漫和随性,形成了一种新的园林风格——英华园庭(le jardin anglo-chinois)。不仅如此,工业革命后的英国亟须开拓新的市场,对东方的幻想变成了利润的驱动、对庞大市场的渴求,两个原

---

① 　Maurice d'Hérisson. Journal d'un interprète en Chine[M]. Paris: Paul Ollendorf, 1886: 306.

② 　维克多·雨果. 致巴特雷上尉的信 [J]. 学会,1995-04-15:4.

③ 　Erik Ringmar. Liberal Barbarism the European Destruction of the Palace of the Emperor of China[M]. New York: Palgrave Macmillan, 2013: 3.

④ 　Ibid., 44.

本并不相干的国家由此建立联系,也产生了冲突。

如果说,促使英法联军侵入中国并造成圆明园劫难的最初动机是由利润驱动的,那么,英国人试图与中国建立外交与贸易往来而来到中国已经历了多次失败的尝试。1793年马戛尔尼(Lord George Macartney,1737—1806)使团和1816年阿美士德(William Amherst,1773—1857)使团为争取贸易特权而来,却因礼仪冲突无功而返,《乾隆皇帝致英王乔治三世敕书》中说:"其实天朝德威无被,万国来王,种种贵重之物,梯航毕集,无所不有。然从不贵奇巧,并无更需尔国制办物件。"①工业革命后,新一代英国商人更加痴迷于庞大中国市场的美梦,东方巨大的财富被重重"城墙"阻隔,在鸦片倾销遭到抵制后,英国发动侵华战争。1842年《南京条约》签订后,英国人并没有获得预期中的巨大财富和庞大新兴市场,英国人在不解之余将责任归咎于清政府没有有效执行条约的重要内容。之后,《天津条约》的签订几经波折。1859年5月,联军北上换约进犯大沽口,被僧格林沁率领的清军击溃。1860年,他们愤怒地再次卷土重来。

三、自由主义的主张、手段和悖论

在《自由主义者的野蛮行为》一书中,林瑞谷提出了关于中国和欧洲两个不同的世界体系的观点,这是当时中国和以英国为主的欧洲国家冲突的根本所在。东西方学界对于"两个中心"早有讨论,具有代表性的有费正清(John King Fairbank,1907—1991)对于朝贡体系和中西关系的研究,柯文(Paul A. Cohen,1934—)提出的"中国中心观",林瑞谷对于该学说的演进在于明确提出了外交官体制和朝贡体制作为"两个中心"在对外关系上的不同体现。以欧洲为中心的世界体系主要体现为主权国家在官方上地位平等,成员国需符合一定的准入条件并遵守一致的国际惯例,在外交上实行外交官制,外交官待遇等同于所属国的国王,从仪表辞令到优先秩序都有特定的外交仪式和惯例。其缺点和问题是整体上混乱无序,权力分散,难以摆脱战争

---

① 中国第一历史档案馆.英使马戛尔尼访华档案史料汇编[M].北京:国际文化出版公司,1996:84.

的威胁。而以中国为中心的世界体系是等级化的,以中国天子为中心聚集和组织其成员,体现为朝贡。不过,皇权中心对边缘等级的控制是松散的,其关系并非主权的占有而是等级的认可。成员国没有准入资格一说,前来朝贡的国家越多越凸显中心的地位,前来朝贡的使者不会像欧洲外交官一样被视为平等主权国家的代表。由此来看,以中国和以欧洲为中心的世界体系有着截然不同的价值观、组织方式和话语系统,具有难以找到对等语汇的"不可通约性"。两大体系之前并未正面交锋因而相安无事,冲突只发生在体系之内、关乎实际问题,但是在19世纪两大体系发生了正面碰撞与冲突,连体系本身的意义都受到了质疑和挑战而面临崩溃。

那么,以中国和欧洲为中心的世界体系为何在19世纪中叶发生正面对决? 又如何引发了1860年圆明园大劫难? 这里涉及自由主义的主张、手段和悖论等问题。欧洲自由主义发源于英国,形成于17世纪,到了19世纪成为欧洲最具影响力的思想和最显著的特征。19世纪中叶,自由主义者对外要求自由贸易,推崇商品、人员和思想的自由流通所创造的价值。利润驱使着资产阶级在全球各地"到处落户,到处开发,到处建立联系",无情地摧毁了所到之处旧有的关系,使得人与人之间只剩下"赤裸裸的利害关系"和"冷酷无情的'现金交易'"。① 自由主义者憎恨阻隔交流的"墙",为了推倒中国的城墙,他们悍然发动了两次鸦片战争,签订了不平等条约,却发现中国人心中的"墙"屹立不倒,他们气急败坏,失去了耐心。

在1860年秋季的谈判中,双方争议的一个重要事项是关于进京问题。事实上,《天津条约》已于1858年签订,修约的事项清政府也表示同意,双方无法达成一致的是换约地点。英法联军坚持在北京交换批准条约,而清政府则要求在北京以外的地方如天津进行,在谈判破裂联军强行北上的情况下,清政府依然一再劝阻并对进京的规模和礼节提出要求。对于英国人来说,公使进驻北京的权利至关重要,《天津条约》也批准了英国的这一要求。在以欧洲为中心的世界体系中,互派常驻大使是外交惯例的核心操作之一,英国政府要求"英国和法国大使必须到达北京,并且被有尊严地以礼

---

① 马克思,恩格斯 . 共产党宣言 [M]. 北京:人民出版社,2018:30,31.

相待"①。但在以中国为中心的世界体系中，外交惯例体现为朝贡，朝贡者从人员规模、居所交通到仪式规则都需服从朝廷的安排。英国自马戛尔尼使团第一次访华就拒绝服从这种礼节，英国寻求的不仅是自由贸易，还希望改变中国的世界观。额尔金（James Bruce, 7th Earl of Elgin, 1811—1863）说："清政府顽固地拒绝与其他国家建立平等的关系，这是我们相处困难的根本。"②事实上，在整个谈判过程中，双方不仅是语言不通，在外交和谈判的诸多方面在对方的体系中都找不到对等的概念和惯例。两个体系无法说服彼此，英国人不明白中国人为何顽固不化，清政府不明白为什么已经同意所有的要求并做出妥协，联军还是执意要进入北京。

英军火烧圆明园被称为一次"报复行动"，③其导火索是在联军计划前往通州时，清政府扣押了39名英国和法国人质，最终18人生还。39人中除了士兵还有平民，包括翻译官巴夏礼（Harry Parkes, 1828—1885）、额尔金的秘书洛奇（Henry Loch, 1827—1900）、《泰晤士报》记者托马斯·鲍尔比（Thomas Bowlby, 1818—1860）以及法国科学考察队成员斯坦尼斯拉斯·埃斯凯拉克·洛图尔（Stanislas d'Escayrac de Lauture, 1826—1868）。联军当即要求清政府释放人质，坚持这些人不是战犯，而是在执行和平任务过程中被错误逮捕的公民，清政府则要求联军止步。联军认为清政府劫持人质的行为是对和平谈判的背叛，是对英国和法国的羞辱，是对文明战争法和人性的亵渎。自19世纪中叶起，欧洲国家逐渐确立了关于文明战争的规定，包括区分军事和非军事目标、军人作战不攻击平民、不摧毁民间基础设施、不扣押和虐待军人、不毁坏文化遗产等。中国被欧洲人视为"文明国家"之外的"野蛮社会"，野蛮人不

---

① Lord J. Russell to the Earl of Elgin, Foreign Office, April 17, 1860[M]// House of Parliament. Correspondence Respecting Affairs in China, 1859–1860. London: Houses of Parliament, 1861: 29.

② The Earl of Elgin to the Earl of Clarendon, Hong Kong, July 9, 1857[M]// House of Commons. Correspondence Relative to Earl of Elgin's Special Missions to China and Japan, 1857–1859. London: Houses of Parliament, 1859: 21.

③ Garnet Wolseley. Narrative of the War with China in 1860: To Which Is Added the Account of a Short Residence with the Tai–Ping Rebels at Nankin and a Voyage from Thence to Hankow[M]. London: Longman, Green, Longman, and Roberts, 1862: 280.

懂得国际法、不区分军人和平民、残忍地虐待俘虏,欧洲人要做出报复。英国首相帕默斯顿(Palmerston,1784—1865)在战后的致辞中说:"我相信通过这些事件可以教会他们,在与欧洲大国打交道时必须遵守文明国家制定的国际法则。"[1] 很显然,他们对付中国用的是"野蛮手段",而且振振有词。

四、文明国家"合法"的野蛮手段

然而,欧洲人并不像他们声称的那么"文明"。欧洲人在制定战争和贸易的新国际法时,将人类社会划分为文明、野蛮和原始三个等级,[2] 由文明国家组成的国际社会成员仅限于欧洲国家,只有欧洲国家能享受由此带来的权利,同时要履行义务,原始国家被视为不享有主权权利。[3] 林瑞谷指出,"'原始'和'野蛮'社会的分类纯粹是欧洲人从自身利益出发创造出来的","这种划分不仅不能说明之前存在的差异,反而制造了一种差异,成为欧洲人后来殖民行动的基础"。[4] 欧洲所谓"文明国家"制定的战争法只适用于欧洲人在欧洲范围内作战,在欧洲以外的地区,他们往往以极其狡诈的手段和野蛮的方式烧杀抢掠,甚至毁灭文化遗迹。究其原因,即使强盛如当时占领世界近四分之一领土的"日不落"大英帝国,在世界另一端发动战争以及管理殖民地也面临着巨大的尴尬。殖民地的欧洲人与当地人在人数的比例上微乎其微,运送人员、装备、物资的远距离运输成本高昂,本国纳税人不愿为战争买单——"大英帝国好像一棵种在花盆中的橡树",[5] 令英国人感到焦虑而非自信。鉴于这种困境,欧洲人认定与"野蛮人"作战是一种"特殊的战争",要采用野蛮的手段才能实现目的。根据1832年的《战争手册》(*Ordonnance*

　　① 　Third Viscount Palmerston. Operations in China: Vote of Thanks to the Naval and Military Forces[J]. Hansard 161, House of Commons, 1861-02-14: 404-405.

　　② 　James Lorimer. The Institutes of the Law of Nations: A Treatise of the Jural Relations of Separate Political Communities, Vol. 2[M]. Edinburgh: Blackwood, 1884, Vol. 2: 109.

　　③ 　William Edward Hall. International Law[M]. Oxford: Clarendon Press, 1880: 34.

　　④ 　Erik Ringmar. Liberal Barbarism the European Destruction of the Palace of the Emperor of China[M]. New York: Palgrave Macmillan, 2013: 102.

　　⑤ 　Charles William Pasley. Essay on the Military Policy and Institutions of the British Empire[M]. London: Edmund Lloyd, 1810: 54.

de l'armée），法国士兵在圆明园的抢掠行为属于"非常规部队"的行为，被认定为是合法的。同样，英国在印度殖民地和法国在阿尔及利亚殖民地都用极其残忍的方式荼毒生灵。在"自由主义与野蛮主义的关系"这个关键问题上，林瑞谷指出："每当开放和自由交易的信条遭遇另一个不希望开放和自由的国家的抵抗时，自由主义的野蛮行为成了英国政府心照不宣的官方政策。"① 自由主义和野蛮主义是自由主义者的两端，一个只是另一个的面具。毁灭圆明园只是欧洲人在非欧洲国家犯下的种种残暴罪行之一。

圆明园是如何被捣毁的？林瑞谷基于大量西方原始史料，鲜活地还原了联军捣毁圆明园放纵而混乱的场面，此外还罗列出联军自 1860 年 8 月登陆中国到离开期间犯下的种种罪行。林瑞谷清晰地指出捣毁圆明园的责任问题：法军应为洗劫圆明园负责，其指挥官纵容了士兵的洗劫，英军则应为火烧圆明园负责。1860 年 10 月 7 日，法军刚刚踏入圆明园时心中充满着虔诚的敬畏，不敢触碰任何物品。② 然而，随着蒙托邦将军下令允许每个人拿一样东西作为纪念，纪律被打破，贪欲被唤起。转眼间，库房被撬开、上等丝绸用来拴马、文渊阁古籍用来点火点烟，士兵们"披着搜罗来的奇装异服"，开始"疯狂地洗劫"，"疯狂的渴望"使他们陷入失心疯，③ 不同品级的士兵把手伸进同一个首饰盒，试图恢复纪律的集合号无人响应，④ 法军军营变成了"东方大集市"。拿不走的，士兵们便用棍子和枪砸碎；镜子中一个个发红的、狂热的面孔令他们感到陌生，于是他们把镜子砸碎。林瑞谷在书中还揭示出英法联军的内部矛盾，尽管表面融洽，但两国其实互不信任，英国士兵抱怨法国士兵散漫、落后，法国士兵抱怨英国士兵攻击性强、傲慢敏感，两国士兵一直

---

① Erik Ringmar. Liberal Barbarism the European Destruction of the Palace of the Emperor of China[M]. New York: Palgrave Macmillan, 2013: 17−18.

② Léopold Pallu de la Barrière. Relation de l'expédition de Chine en 1860[M]. Paris: Imprimerie Impériale, 1863: 162.

③ Garnet Wolseley. Narrative of the War with China in 1860: To Which Is Added the Account of a Short Residence with the Tai−Ping Rebels at Nankin and a Voyage from Thence to Hankow[M]. London: Longman, Green, Longman, and Roberts, 1862: 226−227.

④ Robert Swinhoe. Narrative of the North China Campaign of 1860: Containing Personal Experiences of Chinese Character, and of the Moral and Social Condition of the Country; Together with a Description of the Interior of Pekin[M]. London: Smith, Elder, 1861: 299.

在夺取标志性胜利而造成人员伤亡,整支队伍混杂着各色人等,"不同宗教、语言、习惯的人在利益的驱使下联合在一起。"①

五、林瑞谷援引"表演理论"的研究方法

联军为何疯狂洗劫和捣毁圆明园?人类天性和贪欲是重要因素。然而这并不能解释洗劫中的蓄意破坏和狂欢般的气氛,如果查看联军军官们的履历,他们大多受过良好的教育,不应该做出如此举动。而英军指挥官额尔金下令火烧圆明园这样令人发指的决定并非一时冲动,也并不是单纯意义上的报复行动。林瑞谷认为,毁灭圆明园是英法联军为平息欧洲舆论、为震慑中国人、为以非常规方式扭转困局而上演的一场表演。

林瑞谷提出的表演理论,从新的角度对欧洲人毁灭圆明园的原因和影响做出了阐释。表演不仅是舞台上的再现,也存在于人类社会和政治生活。人类表演学奠基人谢克纳(Richard Schechner)认为表演的四个考察因素是"存在(being),行动(doing),展示行动(showing doing),对展示行动的解释(explaining showing doing)",表演是有意识地展示自己的行动。②表演理论可以从两个方面揭示火烧圆明园事件的实质性:"展示行动"的目的不在于所做的事,而是在于让他人看到做某事,从而传递感官、情感和信息;媒体使"展示行动"的效果扩大化,在"对展示行动的解释上"发挥独特作用,可以引导、煽动甚至误导舆论,深谙其道的政治家往往懂得利用媒体定位受众、传达立场。额尔金下令火烧圆明园的表演有两个观众:一个是演给欧洲舆论,一个是演给中国人。

欧洲人在海外殖民的过程中经常遭到当地人的反抗,发生被掠夺人质的情况。为显示保护本国公民的能力,帕默斯顿曾仿效罗马时代"我是罗马人"(拉丁语: Civis Romanus sum)的说法,承诺"英国公民不管在哪儿都应

① Dr. Muir. Medical History of the War in China[J]. The British Medical Journal, 1862(99): 539–540.

② 理查·谢克纳.什么是人类表演学——理查·谢克纳在上海戏剧学院的讲演 [J].孙慧柱,译.戏剧艺术,2004(5):4.

该感到自信,因为英格兰无所不在的眼睛和强大的武装力量将保护他免于任何不公正对待。"①英国在阿富汗、印度都发生过类似事件,经过报道引起英国民众的极大关注。"俘虏的叙述"在当时成为一种文学类型、一种吸引眼球的轰动新闻,事件往往以英帝国凶残的复仇作为结局。在被劫走的人质中,《泰晤士报》的记者托马斯·鲍尔比未能生还,"如果我不为死去的记者报仇,《泰晤士报》将会怎么报道我呢?"额尔金说,"除非用一种让中国政府刻骨铭心的方式来表达我们对其违反国际法的野蛮行为的反对,不然英国民众不会满意。"②在谈到做出火烧圆明园的决定时,额尔金说:"我尽可能地做出最佳判断,权衡各方面利弊,最后得出结论:毁掉圆明园是几种可供选择的方案中最能接受的。"③当时指挥官们讨论的方案包括赔款、惩罚施虐者、建造用多语言讲述人质遭遇的纪念碑,额尔金火烧圆明园是为了向欧洲人彰显大英帝国的能力,并且足够震慑中国人。

英国从1793年第一次出使中国起,就试图改变中国的世界观,以平等主权国家的身份与中国建立外交和经贸往来,为了引起中国人的敬畏之心,英国在半个多世纪的尝试中经历了多次失败。从马戛尔尼使团试图用先进的科学仪器震撼中国人却被当作儿戏,到1860年英军带着沉重的最新武器阿姆斯特朗大炮远渡重洋,英国人经历了贸易失败、外交失败,甚至战争取得胜利和签订不平等条约也无法真正征服中国人,"恐怕我们一离开北直隶海峡,这份付出高昂代价换来的条约将变成一纸空文"。④而联军面临着缺少冬衣、弹药不足的现实问题,需要快速而有效的办法扭转困局,"我们经不起每隔

①　Third Viscount Palmerston. Speech on Affairs in Greece[R]. Hansard 112, House of Commons, 1850-06-25: 380-444.

②　"Letter from Hope Grant to Montauban, October 18, 1860," quoted in James Hope Grant. Incidents in the China War of 1860: Compiled from the Private Journals of General Sir Hope Grant[M]. ed. Henry Knollys. Edinburgh: W. Blackwood & Sons, 1875: 203, 221-222.

③　Theodore Walrond. Letters and Journals of James, Eighth Earl of Elgin[M]. London: John Murray, 1872: 366.

④　John Hart Dunne. From Calcutta to Pekin: Being Notes Taken from the Journal of an Officer Between Those Places[M]. London: Sampson Low, Son, 1861: 148.

一年打一次仗,这次必须真正持久地解决问题。"①英国的整体霸权地位和海外局部劣势的尴尬要求英国需要"前所未有的大胆行动"②"残暴的恐吓""猛烈的示威","除非用巨大的非常事件恐吓他们",③否则中国人永远不会改变主意。圆明园是皇帝的理想世界和精神家园,摧毁它是给皇帝的致命一击,英国依靠的不是实际的军事优势,而是对付弱者的恐怖主义武器。当年奕䜣望着京城西北部上空的浓烟泪流满面,圆明园的逝去成为中华儿女心头的痛,我们控诉欧洲列强:怎能如此野蛮地摧毁圆明园这样的人类文化宝藏?事实上,正是圆明园的独一无二才能使欧洲自由主义者的表演达到震慑人心的效果,从而实现其狼子野心。额尔金在政府报告中说,毁灭圆明园"是一场精心谋划的行动,他对皇帝造成的打击和对中国人的影响远远超过其他局外人的想象"。④林瑞谷指出,火烧圆明园事件究其实质是"一场由国家支持的恐怖主义行为的表演"。⑤他的结论无疑是西方学者有关研究中最为尖锐和最具反思意义的。

联军火烧圆明园后,《天津条约》和《北京条约》在北京签订,第二年,咸丰皇帝在承德病逝,1873 年朝贡外国使节不再行叩头礼。随着总理衙门的设立、《万国公法》的译介,以华夏为中心的朝贡体系最终瓦解,西方外交体制逐渐统领世界。

综上所述,林瑞谷教授在《自由主义的野蛮行为:欧洲人如何毁灭圆明园》一书中以西方人的角度进行历史的反思和百年的追问,揭示出欧洲自由主义与野蛮主义的内在联系,从表演理论的角度指出欧洲人毁灭圆明园的实质,其观点具有超越前人的创新性。作者没有因为身为欧洲人而有所偏

① C. C. Bowlby, ed. An Account of the Last Mission and Death of Thomas William Bowlby: Compiled from Records Collected by His Son[M]. London: Privately Printed, 1906: 393.

② Armand Lucy. Souvenirs de Voyages: Lettres intimes sur la campagne de Chine[M]. Marseille: Jules Barile, 1861: 111.

③ Paul Varin. Expédition de Chine[M]. Paris: Michel Levy, 1862: 267.

④ The Peace with China[J]. The Morning Chronicle, 1860-12-29.

⑤ Erik Ringmar. Liberal Barbarism the European Destruction of the Palace of the Emperor of China[M]. New York: Palgrave Macmillan, 2013: 33.

祖,其基于大量西方文史资料的历史还原和评判是客观公允的,为国内研究提供了不同的视野。不过需要指出的是,作者的论述全部基于西文文史资料,无法摆脱作为西方人在站位上的局限性。林瑞谷形容额尔金好像《旧约》中严苛的上帝一样,将清朝天子从天真的幻想中驱逐,而作者将圆明园比作亚当和夏娃被驱逐的伊甸园、比作让欧洲骑士着迷中邪的花园,这又何尝不是一种虚无缥缈的"上帝视角"? 如同"道德随着经度和纬度变化"①所谓"道德东方化转变"的虚假说法一样,它们只是试图掩盖欧洲自由主义者野蛮性的一个借口。

六、圆明园劫难的当代思考

欧洲野蛮主义的起源远远早于 1860 年,而在 21 世纪依然在续写新的篇章。如今的世界已然是如马克思所说的"互相往来、互相依存"的世界,当年欧洲自由主义者的渴望已成现实,但在开放自由的全球化时代,野蛮主义又以新的形式出现,表现为以美国为首的西方国家在对外事务上霸道地奉行双重标准,当自由经济有利于本国时就讲自由市场,当触及本国利益时就以国家安全、公正平等为借口进行经济封锁和外交威胁。19 世纪英国自由主义者通过野蛮的方式试图将世界上最遥远和封闭的地区纳入自由市场,但自由并不代表每个市场参与者拥有相同的权利和对等的地位。林瑞谷指出,19 世纪英国自由主义者想要创造的是类似于边沁提出的"圆形监狱"一样的市场结构——处于中央塔楼的英国可以监视和控制四周的一切,所有资源在中央集中,而处于边缘位置的则只有被监视和被操控。"二战"后,世界格局发生剧烈变化,以欧美为中心的世界体系转向"两极对立""一超多强",如今的世界仍在多极化发展的不断变化中,美国以己优先的单边主义和霸权主义做法只是依然将自己置于高高在上的中央塔楼,违背现实发展规律,试图操纵一切。此外,自由主义在缺少约束的情况下很容易走向野蛮主义。19 世纪,欧洲自由主义者在海外推行自由主义政策遭遇抵触时,自由主义则

---

① Antoine Fauchery. Golfe de Petcheli, à bord du Rhône, 16 novembre, 1860[J]. Le Moniteur, 1861-01-29.

演变为坚船利炮、打砸抢烧的野蛮主义行为,而纵观21世纪20年代的今天,香港暴徒暴力乱港,席卷美国的示威游行演变为打砸抢烧的暴乱,不禁令人思考:19世纪欧洲自由主义者用野蛮行为打开了封建社会的大门、装满了自己的钱袋,而当下本属于国家内部范畴的暴乱行为屡屡发生,名义上的自由主义与野蛮和暴力模糊了界限,受益者又是谁呢?

以史为鉴,当下的迷局总能在历史中找到依据。历史上,自由主义者不仅反墙、反花园,还反对隔离。欧洲14世纪鼠疫蔓延后建立了隔离区和防疫封锁线,自由主义者认为这种做法是缺乏科学依据的专制主义,其实他们最关心的是对自由贸易的影响,在1851年召开的旨在确立欧洲医疗标准的大会上,帕默斯顿指示要尽量缩短隔离时间、降低强制性。这就不难解释在2020年在应对新冠肺炎疫情的问题上,英国是第一个提出"群体免疫"的国家,东西方各国在应对疫情的措施上呈现不同的主张和效果。为阻断流行病蔓延进行有效的隔离是否具有科学依据,当代各国科学家已给出肯定的答案。毕竟病毒不以人类社会的主观意志为转移,最终战胜疫情靠的是科学、团结、有力的管控和人类的智慧。

而舞台之外的表演在当今的社会生活中则更加屡见不鲜,通过更加快速、多样的媒体和舆论平台,表演者更加精准地定位受众,表演的效果被更加夸张化和扩大化。在如今全球的疫情时代,以美国为首的西方国家的部分政客利用媒体煽动舆论战、散播阴谋论,掩耳盗铃地进行扭曲事实的报道,何不是西方个别政客带有表演性质的编排? 而2020年美国大选中拿中国说事儿,共和党将社会主义意识形态作为攻击对象,这种以中国问题作为筹码、利用媒体制造和引导公众舆论的表演在西方选举的历史上并不新鲜。在英国1857年大选中,帕默斯顿利用媒体对中国大肆抨击,摆出国家荣誉捍卫者的姿态假装为人民发声,"制造人为的社会舆论",[①]获得了被煽动的贫困工人选区的支持,而反对派理查德·科布登(Richard Cobden,1804—1865)则因批评对中国的侵略政策被描述成以牺牲国家荣誉为代价、屈从于野蛮人而落选,理由是捍卫其他国家的发声,不管多么正义也不能排在英国本国利益前

---

① John A. Hobson. Richard Cobden: The International Man[M]. London: T. Fisher Unwin, 1919: 202, 213−214.

面。毕竟在当时,中国太容易被诋毁,而英国太容易被当作美德的典范。

然而,今日的中国已不是百年前的中国,今日的世界在科技水平、军事规模和全球化程度上也与百年前有天壤之别。圆明园的毁灭仿佛绝代佳人的英年早逝,逝去的美好因遥不可及而显得格外引人遐想。它代表的不仅是一座宫殿或文化遗产的损失,而且是中国近代史上具有转折性意义的大事件,带给中华儿女内心永远的伤痛,然后在伤痛中被迫艰难地爬起,逐渐开创新的时代。如今圆明园公园中见证百年沧桑的断壁残垣安静地讲述着一切,而中华民族的时代强音正在到来。

Reflection on the Destruction of Yuanming Yuan in 1860 from Multicultural Perspective on Basis of *Liberal Barbarism*

Zhao Ting

Abstract: The destruction of Yuanming Yuan by Europeans in 1860 was a painful memory to the Chinese but consciously forgotten and avoided in the West. Erik Ringmar's monograph discusses this historical event from the perspective of a European and studies motion of European liberal barbarism and its influence. This article analyses the origin, fundamental conflict, trigger and nature of Yuanming Yuan destruction on basis of *Liberal Barbarism* and reflects on Yuanming Yuan's modern value on contemporary society.

Keywords: Yuanmingyuan, destruction, liberalism, barbarism, performance

毕业生学位论文选登

黄粱梦故事在日本中世时期的演变

高语莎 [①]

摘要： 黄粱梦故事母题由唐传奇《枕中记》确立。随着中日文化的交流互动，黄粱梦故事东传日本，历经了传播、接受和再创作的过程，日本中世时期出现了取材于黄粱梦故事的军记物语和谣曲，呈现出黄粱梦故事的新面貌。本文通过对《枕中记》及日本中世时期黄粱梦故事作品的比较研究，讨论日本黄粱梦故事作品的创作来源和嬗变特点，考察黄粱梦故事在日本中世时期的演变情况。

关键词： 枕中记　黄粱梦　中日比较文学

引言

黄粱梦故事的雏形来源于六朝时期的志怪小说集《幽明录》中的故事"焦湖庙祝"，后录于《太平广记》，又题为《杨林》。[②] 而唐传奇《枕中记》标志着黄粱梦故事母题真正意义上的确立。《枕中记》讲述了唐代开元年间邯郸青年卢生渴求功名，却在一梦之间历经荣衰，醒后尽知人生之理的故事。这一故事母题在海内经历了长久的流播和演变，逐渐成为家喻户晓的典故，也成为各个时期文学创作者的灵感来源，马致远、汤显祖等名家都进行了以黄粱梦故事为素材的创作。黄粱梦故事随着中日文化交流传入日本，在日本中世时期经历了传播和接受，成为日本文人的描摹对象和用典来源，进而产生了日本的黄粱梦故事作品。本文以《枕中记》及日本中世时期的黄粱梦故事

---

① 高语莎，北京外国语大学国际中国文化研究院 2020 届硕士毕业生，现为日本立命馆大学博士研究生。研究方向：日本文学。

② 李昉，等. 太平广记：第六册 [M]. 北京：中华书局，1961:2254.

作品为研究对象,考察日本黄粱梦故事作品的创作来源和嬗变特点,探讨黄粱梦故事在日本的流变。

一、日本中世的黄粱梦故事作品

随着中日两国的文化交流,黄粱梦故事进入了日本的文学传统。日本较早出现的黄粱梦故事作品出现在日本中世时期的军记物语[①]《太平记》和谣曲[②]《邯郸》中。《太平记》成书于 14 世纪 70 年代,讲述日本南北朝时期的战争故事,在情节的推进之中嵌入了诸多中国故事素材,黄粱梦故事在《太平记》卷二十五[③]的《自伊势进宝剑事付黄粱梦事》(以下简称《黄粱梦事》)一节登场。谣曲《邯郸》的创作推测为 15 世纪上半叶,时为日本的室町时期。

《黄粱梦事》严格来说是《自伊势进宝剑事付黄粱梦事》后半部分的一段短文。《自伊势进宝剑事付黄粱梦事》讲述了僧人献上宝剑,神官以权贵之人的梦来测试宝剑真伪的故事,大纳言坊城经显批判此事,并讲述中国故事《黄粱梦事》作为其说理的论据。《黄粱梦事》是根据黄粱梦故事的素材虚构而成的,故可见许多不符合史实之处,内容简述如下。[④]

汉朝时一个渴望富贵之客听闻楚国之君正在求贤,于是前往楚国。途中在邯郸的客栈休憩时,一位名为吕洞宾的擅操仙术之人出现,借给他一个可以做富贵之梦的枕头。梦里,他被楚王的敕使所召,成为楚王的宠臣,最终升至将相之位。过了 30 年,他与楚国的第一公主成婚,并有了可以继承王位的太子。太子 3 岁时在洞庭举办了盛大的游船庆祝活动。然而就在这时,夫人和太子不慎同时落水,群臣惊叫。他从梦中惊醒,发觉梦中 50 年的岁月,不过"午炊一黄粱"的时间。他由此开悟,放弃赴楚,决定过上避世的生活。文末引用"扬龟山"诗:"少年力学志须张,得失由来一梦长。试问邯郸欹枕

---

① 指以战争为题材创作的日本文学作品,代表作品有《平家物语》《保元物语》《平治物语》等。

② 本文"谣曲"一词均指日本古典戏剧能剧的台本,属于日本古典文学的范畴。

③ 《太平记》存在多种传本,西源院本《太平记》中本节内容位于卷二十六。

④ 後藤丹治,釜田喜三郎. 日本古典文学大系 35 太平記二 [M]. 東京:岩波書店,1961:453-464.

客,人间几度熟黄粱。"①

从上述梗概可以看出,《黄粱梦事》虽然以黄粱梦故事为母题,还以用典黄粱梦故事的宋诗作结,但与唐传奇《枕中记》相比故事背景和情节内容都有了很大的变化。

日本中世时期另一部重要的黄粱梦故事作品为谣曲《邯郸》。《邯郸》作为戏剧作品,艺术特色历经数百年的岁月历久弥新,至今仍然上演,其梗概如下文所述。②

蜀国人卢生打算前往楚国的羊飞山,向高僧求教人生的意义。途中在邯郸下榻客栈时,客栈女主人将有开悟功效的枕头给予卢生,便去烹煮粟饭了。卢生正有意获得"梦告"③,于是就着"邯郸枕"进入梦乡。在梦中,楚国的敕使来相告,楚王将把王位禅让给卢生。于是卢生成为楚国的国王,荣华富贵,如临仙境,度过了50年的岁月,这时忽然被女主人叫醒用餐。卢生醒来,发觉50年的荣华之梦不过如烹煮一餐粟饭的光阴般短暂,因此悟到人生若梦,视此枕为高僧,心满意足而归。

通过情节梗概可以看到,《邯郸》的主要登场人物很少,只有卢生、客栈女主人和楚国的敕使。情节构造也非常简单,卢生憧憬佛道,在邯郸做了自己成为楚王的梦而得悟。在如此简单的故事构成中,梦不仅占有相当大的比例,而且发挥着重要作用。

日本中世时期的创作者选取黄粱梦故事作为创作题材,反映了其时代背景中黄粱梦故事的传播和接受状况。事实上,中日两国在13、14世纪迎来了以禅宗僧侣为主导的交流热潮,日本的入宋、入元、入明僧和宋元的赴日僧在传习佛法之外也将宋元时期的文化带入日本。黄粱梦故事的母题随唐传奇《枕中记》的写作而确立,时至宋元时期,这一主题相关的记载和创作已经

---

① 後藤丹治,釜田喜三郎.日本古典文学大系35 太平記二[M].東京:岩波書店,1961:464.本诗题为《勉谢自明》,作者杨时(1053—1135),号龟山,宋代儒学者。

② 小山弘志,佐藤喜久雄佐藤健一郎.日本古典文学全集34 謡曲集二[M].東京:小学館,1975:122-134.

③ 原文为"夢の告げ",日文中也作"夢告",原意为神佛在梦中的启示。为行文之便,本文使用"梦告"一词来论述相关内容。

见于诗歌、诗注、笔记、话本小说、杂剧等不同类型的文本。黄粱梦故事相关文本传入日本的时间上限未能确定,最迟 14 世纪上半叶,日本禅僧开始用典黄粱梦故事创作汉诗文。这些诗文的作者不乏雪村友梅(1290—1347)、别源圆旨(1294—1364)、绝海中津(1336—1405)等曾经渡海入元、入明参学修行的禅僧。考虑到当时中日两国禅僧交流的密切程度,未前往中国的禅僧也能够通过舶来书籍或人际交往等途径吸收学习宋元的学问。宋元时期的黄粱梦故事作品很可能是在这样的背景下进入日本的,随后成为日本创作者青睐的故事题材。

二、中日黄粱梦故事作品的影响关系

本节对《枕中记》《黄粱梦事》《邯郸》三部作品进行比较分析,旨在厘清三个文本之间的关系。《枕中记》《黄粱梦事》《邯郸》分别在中国唐代、日本南北朝和室町时期创作而成,具有不同的时代背景,作品体裁也不尽相同,但《黄粱梦事》《邯郸》一定程度上因袭了《枕中记》的核心内容。例如,主人公对现实感到不满,为了实现愿望而选择进入梦境,从梦中醒来以后,主人公的人生态度发生了变化。入梦的地点是邯郸,衡量入梦时间的是饭食的烹制。与此同时,《黄粱梦事》《邯郸》较《枕中记》也发生了一定的变异,分析这些相异点能够为梳理几部作品间的影响关系提供有益的依据。

首先考察《枕中记》与《黄粱梦事》的关系,本节试通过以下两点展开讨论。第一,《枕中记》中的时代设定为唐朝开元年间,主人公没有出行计划,而《黄粱梦事》的时代设为汉朝,主人公出行目的地为楚国,并且成为楚王的臣下。增田欣指出,在早于《太平记》的多部军记物语作品中已有楚汉相争故事的敷衍,且发生了一定程度的变异,《太平记》的作者承袭了先行日本文学作品中富于故事性的楚汉相争历史素材,全篇贯穿着对楚汉相争故事的化用,以章节为单位统计,《太平记》中与楚汉相争有关的人物多达 75 名,项羽和汉高祖的登场分别为 22 次和 15 次。[①] 除用典楚汉相争故事以外,《太平

---

① 增田欣. 太平記における漢楚の故事：史記との比較文学的考察 [J]. 国文学攷, 1959(22).

记》也多次提及"汉""汉朝"。至于楚王，与楚王有关的传说早在平安时期就已经为日本文人熟知。不论是《高唐赋》中的巫山传说还是《风赋》中的楚襄王游于兰台之宫的故事，在如《源氏物语》《荣花物语》《枕草子》《和汉朗咏集》等多种日本古典文学作品中可见对上述典故的引用和再创作。楚王是中国古代对诸侯王或地方政权君主的称呼，并不限定于某一特定人物。根据上下文的判断，《太平记》中多次出现的楚王也并非同一人物，其中包括项羽、干将莫邪传说中的楚王、战国时期的楚怀王等。考虑到上述情形，《黄粱梦事》中设置"汉朝的楚国之君"的角色，似乎只是出于行文之便。总而言之，《黄粱梦事》从黄粱梦故事中摄取了有限的基本要素，将其置入全新的舞台背景，以适应《太平记》全书的文脉，并且对中国叙述的准确性不作追究。

其次，《黄粱梦事》保留了《枕中记》的"吕翁度脱卢生"的情节模式，却将吕翁作吕洞宾。吕洞宾的生存年代应为晚唐，与故事中的汉朝背景相违。吕洞宾的传说起于北宋，在宋元时期愈加兴盛，[①] 其人其事在日本中世已经有所传播，例如赴日禅僧无学祖元（1226—1286）语录《佛光国师语录》中收录有关于吕洞宾的赞语两则，[②] 又如日本禅僧仲芳圆伊（1354—1413）别集《懒室漫稿》中可见题为《吕洞宾》的诗文。《太平记》卷三十九也有吕洞宾的登场。然而，《黄粱梦事》中从吕翁到吕洞宾的变异并不是作者的创新之举。早在南宋时期，吴曾在《能改斋漫录》中已经对吕翁和吕洞宾进行了区分："唐异闻集，载沈既济作枕中记云，'开元中，道者吕翁，经邯郸道上邸舍中，以囊中枕借卢生睡事。'此之吕翁，非洞宾也。"[③] 这意味着黄粱梦故事中吕翁和吕洞宾的混同或许在北宋末期就已经发生了。[④]《黄粱梦事》之所以有吕洞宾登场，是北宋以降吕洞宾传说与黄粱梦故事结合之后东传至日本的结果。因此，《黄粱梦事》的作者或许并非直接参考《枕中记》来进行创作，而是受到北宋以后的黄粱梦故事相关文本的影响。文末引用宋人杨时的《勉

① 党芳莉. 论宋元之际吕洞宾传说的兴盛 [M]// 王水照. 新宋学 第一辑. 上海：上海辞书出版社，2001:291.

② 江静. 赴日宋僧无学祖元研究 [D]. 杭州：浙江大学，2009:264.

③ 吴曾. 能改斋漫录 下 [M]. 上海：上海古籍出版社，1979:503.

④ 党芳莉. 吕洞宾黄粱梦传说考论 [J]. 西北大学学报（哲学社会科学版），2000,30(1).

谢自明》也意味着《黄粱梦事》的作者对黄粱梦故事主题宋诗有所认知。

那么,南北朝时期写就的《黄粱梦事》和室町时期创作的《邯郸》又是否存在影响关系呢?《太平记》于 14 世纪 70 年代完成,成书不久后便在日本广为流传。[①]《邯郸》的作者以《黄粱梦事》为基础进行创作理论上是可能的。《邯郸》继承了《黄粱梦事》的背景设定,安排了主人公前往楚国的情节,设置了楚王和敕使的出场,并且在描绘梦中宫殿的光景时使用了"喜见城"这一表示帝释天住所的词语。此外,《邯郸》中卢生前往楚国的最终目的地是"羊飞山",而《黄粱梦事》的文末引用了一首汉诗,作者署名为"扬龟山"。不少《邯郸》的注释书指出,"羊飞山"并非实际存在的地名,而是《邯郸》作者对《黄粱梦事》文末出现的人名"扬龟山"的转用。[②]结合两作品的种种共通点,不难做出《邯郸》以《黄粱梦事》为创作来源的推测。然而需要指出的是,《黄粱梦事》中没有出现主人公的姓名,而《邯郸》的主人公名为卢生,与《枕中记》相一致,这说明《邯郸》的作者势必对《黄粱梦事》以外的黄粱梦故事作品有所了解。

综上所述,《黄粱梦事》和《邯郸》都是取材于黄粱梦故事母题的作品。《黄粱梦事》这一创作于日本的黄粱梦故事几乎脱离了《枕中记》的原型,这是因为黄粱梦故事首先在中国发生了演变,传入日本后又进一步呈现出新的面貌。《邯郸》基本承袭了《黄粱梦事》的核心要素,同时又展现了诸多异于《黄粱梦事》的独特之处,反映了室町时期社会背景对黄粱梦故事嬗变的影响。下文将探讨黄粱梦故事在日本中世的演变情形。

三、"黄粱一梦"的意涵在日本中世的演变

《枕中记》《黄粱梦事》《邯郸》是不同时代和社会背景的产物,在情节内

---

① 後藤丹治,釜田喜三郎.日本古典文学大系 35 太平記二 [M].東京:岩波書店,1961:25.

② 小山弘志,佐藤喜久雄,佐藤健一郎.日本古典文学全集 34 謡曲集二 [M].東京:小学館,1975:124.表章,横道万里雄.日本古典文学大系 41 謡曲集 [M].東京:岩波書店,1963:393.西野春雄.新日本古典文学大系 57 謡曲百番 [M].東京:岩波書店,1998:34.

容、思想内涵等方面展现不同的特色,这种差异在三部作品中"梦"发挥的作用表现显著,尤能反映黄粱梦故事作品与其创作背景的关联。本节考察作品主人公"入梦前""在梦中""梦醒后"三个阶段的行动和心境,讨论"黄粱一梦"意涵在日本中世的演变。

表1 《邯郸》《黄粱梦事》《枕中记》的比较——以主人公的梦为中心

比较内容 / 作品		《枕中记》	《黄粱梦事》	《邯郸》
入梦前	人生态度	–	–	迷茫于浮世
	愿望	出将入相	富贵	开悟
	出行原因	–	楚国国君谋求贤才	向高僧求教人生真谛
	对枕头的态度	–	–	从枕头获得"梦告"
在梦中	身份变化	经历多次晋升和左迁,最终重登高位	在楚国高升将相之位,娶公主为妻,其子将继承王位	成为楚王
	结局	因病去世	举行游船庆祝活动时,妻儿跌入水底	宫中的生活到达荣华富贵的顶点
梦醒后	感想、行动	尽知荣辱、得失、生死之理,拜谢吕翁而去	悟到人生如梦,放弃前往楚国,舍身避世	放弃去楚国寻找高僧,实现开悟的愿望而归去

如表1所示,三部作品的主人公在"入梦前""在梦中""梦醒后"三个阶段的行动和境遇是有所不同的。梦在黄粱梦故事中占据着重要的位置,梦的构造和内容上的变化也会给主人公的心境、行动以及故事情节的展开带来关键性的影响。在《枕中记》中,主人公卢生渴望出人头地,于是在梦中获得了功名利禄。虽然梦中的为官经历也经历了坎坷,但最终卢生洗冤,重登高位,享尽荣华,因病而故,不能不说也是一种圆满。梦醒后,卢生悟到,梦里波澜壮阔的人生不过黄粱蒸熟的时间,从而尽知人世之理。在《黄粱梦事》中,主人公本是追求富贵之客,他在梦中来到楚国,得到楚王的恩宠,一帆风顺地升至将相之位,达到荣华富贵的极点,但又在梦境即将结束时遭遇了妻儿落水的惨事,在群臣的悲鸣中惊醒。醒后他获得了对人生的体悟,放弃前往楚国。从梦的作用来看,《枕中记》和《黄粱梦事》有以下共同之处。首先,二者的梦都忠实地反映了做梦者的志向,并在梦境中使做梦者的愿望得到实现。其次,做梦者醒来后,都舍弃了入梦前一直怀抱的愿望,人生态度也发生了逆转。换言之,在这两部作品中,做梦者都在梦中实现了自己的心愿,梦

醒后却对自己的愿望产生了怀疑和否定,本来为实现愿望所计划采取的行动也随即消除。

　　与《枕中记》《黄粱梦事》相比,《邯郸》具有几处个性鲜明的情节。第一,主人公卢生对人生感到迷茫,为领悟人生真谛而决定前往楚国拜访高僧,踏上了求道的旅程,其出行的目的异于前文所见的求取功名、出人头地。这一"求道之旅"的设定是《邯郸》的新创。第二,卢生途经邯郸,当客栈女主人把枕头借给卢生时,卢生发出了这样的感慨:"这就是久已闻名的邯郸枕吗? 凭它可知前途后事,正是此行用意所在,不妨一试梦告,真乃天赐良机也。"① 这意味着卢生此前对"邯郸枕"的效力有所耳闻,在见到"邯郸枕"时就已经抱着尝试的心态,期待通过入梦而取得"梦告"。与其说卢生是被"邯郸枕"引导而入梦,不如说是他主动地、有意识地选择使用"邯郸枕"入梦。第三,荣华的美梦结束后,卢生又感慨"此枕是吾师"②,暗示卢生的确凭借"邯郸枕"而获得了某种开示,故将"邯郸枕"看作教诲自己人生真谛的高僧。第四,"邯郸一梦醒,世事寸心知。求道愿已偿,喜唱归来辞。"③ 交代了卢生的结局,卢生得悟人生真谛,实现了心愿,满足而归。卢生从一开始就抱有求道的心愿,在梦中当上楚王,过上荣华富贵的生活,并不意味着他的愿望成真了。毋宁说,从充满欢愉的梦中醒来,卢生领悟到人生如梦的道理时,他的心愿才算真正达成。

　　比较三部作品中"黄粱一梦"的作用,《枕中记》的梦是唐代仕途中的荣华和风雨的缩影,教给做梦者人生如梦之理,促进其思想意识的转变。《黄粱梦事》的梦基本上发挥了同样的作用。经显以渴望富贵之客的黄粱梦故事作为依据,说明梦的无效性,进而批判了战乱不断的当世现实。④ 在《邯郸》中,卢生为求道而出行,为了获得"梦告"而凭借"邯郸枕"入梦,醒来后在获

---

① 　日本谣曲狂言选 [M]. 申非,译. 北京:人民文学出版社,1985:129. 笔者有改动,原译文为"凭它可知前途后事,正是此行用意所在,不妨用来一试,真乃天赐良机也",没有体现出"梦告"这一关键词。

② 　同①:134.

③ 　同①:134,135.

④ 　邱鸣.“太平記”における中国故事説話の方法—黄粱夢説話についての考察を中心に—[J]. 都大論究,1991(28).

得"梦告"的同时，求道的愿望也实现了。《邯郸》的梦充当了帮助卢生通晓人生真理的智者，这是对《枕中记》和《黄粱梦事》的"黄粱一梦"的超越。

四、《邯郸》与日本中世的"梦告"

《邯郸》与《枕中记》《黄粱梦事》同样遵循"一炊之梦"的情节展开，但主人公卢生面对"邯郸枕"时内心想法是"不妨一试梦告，真乃天赐良机也"，试图利用"邯郸枕"这一道具来获得"梦告"，果真由梦开悟，满意而归。在这个过程中，卢生将梦的体验看作"梦告"，对其内容深信不疑，全权接受，最终得悟。《邯郸》的作者预设了卢生笃信"梦告"的前提条件，又安排了卢生凭借"邯郸枕"入梦开悟的后续情节。这样的内容是黄粱梦故事在日本发生嬗变的结果，也是使《邯郸》的题旨发生变异的重要因素，与日本中世时期的"梦告"现象或有一定联系。先行研究中，小田幸子[1]和冈野守也[2]曾言及日本中世的"梦告"与《邯郸》的联系，但没有展开论述。

对"梦告"的信仰不是日本中世时期独有的现象，但在这个时期有十分显著的流行迹象。池见隆澄认为日本的梦信仰可以分为两大系统，一是平安中期以后与阴阳道结合而具有占卜吉凶机能的梦信仰，二是与佛教结合成为以"见佛"为本的梦体验，法然（1133—1212）、亲鸾（1173—1262）、一遍（1239—1289）等中世佛教者的梦信仰属于第二个系统。[3]做梦是修行的手段之一，河合隼雄认为梦的体验即为宗教体验，人们从梦中获得启示，或者对"梦告"现象表现出信任的态度。[4]并且，对于日本中世的人们来说"梦告"是贴近生活的，每个人都可以通过"梦告"来指导自己的行动。[5]获得"梦告"的其中一种方式称为"参笼"。"参笼"是指在神社或寺院进行一段时间的闭居祈愿。在"参笼"的最后一天，会得到"神托"或"梦告"。[6]实际上，"梦告"

① 小田幸子."邯鄲"演出とその歴史 [J]. 観世,2001,68(3).

② 岡野守也. 能と唯識 [M]. 東京：青土社,1994:18.

③ 池見澄隆. 中世の精神世界 [M]. 京都：人文書院,2012:221,222,241.

④ 河合隼雄,明惠 夢を生きる [M]. 京都：松柏社,1987:16.

⑤ 酒井紀美. 夢の日本史 [M]. 東京：勉誠出版,2017:16,17.

⑥ 横井清. 中世日本文化史論考 [M]. 東京：平凡社,2001:72.

在中世进入了美术和文学创作的范畴,被不同艺术形式所表现,甚至催生了
新的文艺类型。在理解《邯郸》中"黄粱一梦"的嬗变时,这样的文化背景不
可忽略。

　　首先,日本中世有很多将"梦告"图像化的实例。日本绘卷的制作从
平安时期开始盛行,到室町时期依然持续着,许多佳作传承至今,其中与
室町幕府将军家联系密切的几部绘卷中不乏对"梦告"的描绘。如制作于
14 世纪初年的《春日权现验记绘卷》中可见多处与梦有关的画面,如登场
人物躺倒入梦,在梦里接受神明启示,甚至有人把"梦告"内容写在告示上
并立在春日大社的鸟居前等等,可以说这部绘卷中贯穿着种种"梦告"的
场景。① 据研究,伏见宫贞成(1372—1456)在《看闻日记》永享十年(1438
年)二月二十七日条回顾,足利义满(1358—1408)在北山第举行赛画活动
时,曾经以此作品参赛。② 另外,高岸辉认为室町幕府第六代将军足利义教
(1394—1441)有可能也像父亲足利义满一样企划了这样的赛画活动,作为
重要参赛作品的是绘卷《玄奘三藏绘》。③《玄奘三藏绘》制作于 14 世纪,描
绘了唐僧玄奘法师西行取经的事迹。在绘卷中,玄奘梦到自己跟随莲花座
的引导而登上了须弥山。决心前往印度的玄奘将这个梦看作吉兆,十分欣
喜。④ 此外室町幕府出于追荐父祖的目的,策划过多次对《融通念佛缘起绘
卷》的摹写。⑤《融通念佛缘起绘卷》中包括诸多表现"梦告"的场景,如良忍
在梦中接受阿弥陀如来的教导,成为融通念佛宗祖的良忍出现在僧人觉严
的梦中并给予其启示等。⑥

　　另一种和"梦告"联系密切的文艺类型是连歌。连歌本是长句、短句连

---

　　① 　小松茂美.続日本絵巻大成 4—5　春日權現験記絵 [M].東京:中央公論社,
1982.

　　② 　高岸輝.室町絵巻の魔力 [M].東京:吉川弘文館,2008:8,9,25.

　　③ 　同 ②:71,72.

　　④ 　小松茂美.続日本絵巻大成 7—9　玄奘三蔵絵 [M].東京:中央公論社,
1981-1982.

　　⑤ 　同 ②:68.

　　⑥ 　小松茂美.続日本絵巻大成 11　融通念仏縁起 [M].東京:中央公論社,
1983.

续唱和而形成的韵文，通常由两人以上共同参与创作，在日本南北朝、室町时期迎来兴盛期，二条良基（1320—1388）和救济（1263—1376）等人物为这一时期具有代表性的连歌师。室町时期出现了一种称为"梦想连歌"①的连歌类型，即把梦中神佛赐予的、或是在梦中感悟到的句子作为发句②，在此基础上进行后续的创作。梦中出现神佛吟咏的发句会成为举办梦想连歌会的契机，不过由于所有的梦都被看作是神佛的启示，所以从梦中感悟的句子即使不是由神佛咏出，也可以成为梦想连歌会的起点。③室町时期的文献记载中可见多处对梦想连歌进行记述的史料。公卿万里小路时房（1394—1457）的日记《建内记》正长元年（1428年）五月十三日条记载："仙洞有御连歌，诸神发句·胁等梦想之连哥，世上之风也云々"④。根据这条记录可知，后小松上皇（1377—1433）在仙洞御所举办了连歌会，这种发句、胁句⑤均由诸神启示的连歌，在日记中被评价为"世上之风"。由此可见，梦想连歌在室町时期应该说曾经风靡一时。⑥参加梦想连歌会的人们感受到神明若有似无的存在，由此被引入幽玄的境界。⑦

谣曲《邯郸》为能剧的台本，室町时期能剧的观众以将军、公卿等身份显赫的人物为主体，这一时期能剧的发展与权力者的支持和庇护息息相关，谣曲的创作恐怕并非完全由作者的灵感所驱，而是在充分考虑观众的观赏要求下完成的。因此，《邯郸》以"梦告"为导向将黄粱梦故事改编成能剧，亦是一种对当世权贵倾于"梦告"的投射。

---

① 日文为"夢想連歌"，以下省略引号。
② 日文为"発句"，指连歌的第一句，由五·七·五十七个音节组成。
③ 酒井紀美.夢の日本史[M].東京:勉誠出版,2017:122.
④ "建内記"正長元年5月13日条,京大学史料編纂所古記録フルテキストデータベース[EB/OL].[2019-07-11].https://wwwap.hi.u-tokyo.ac.jp/ships/shipscontroller.
⑤ 日文为"脇句"，为连歌中次于发句的一句，由七·七十四个音节组成。
⑥ 同③:123.
⑦ 桜井英治.日本の歴史11 室町人の精神[M].東京:講談社,2001:225.

结语

本文关注黄粱梦故事在日本的演变,以确立黄粱梦故事母题的唐传奇《枕中记》和日本早期的黄粱梦故事作品《黄粱梦事》《邯郸》为研究对象,通过对三者的比较研究,发现日本军记物语中的《黄粱梦事》的创作可能基于宋代以后的黄粱梦故事作品,在吸收黄粱梦故事母题核心要素的同时,在登场人物、故事背景上都进行了大幅变动。谣曲《邯郸》则基本延续了《黄粱梦事》的框架,又根据当世的社会风习对故事情节进行了改写,使之具备了不同于前两部作品的思想题旨,呈现出更加本土化的特色。相较于为说理而撰写的《黄粱梦事》,《邯郸》的内容围绕凭借"梦告"得悟的核心情节展开,似乎更符合能剧观众的观赏要求,这是《邯郸》的情节较《黄粱梦事》出现进一步嬗变的重要原因。从这个过程可以看出,黄粱梦故事进入日本以后受到日本本地思想习俗和艺术形式的影响,逐渐自成一支谱系。

脱胎于唐传奇《枕中记》的黄粱梦故事在日本中世保持着旺盛的生命力,其影响延续至近世、近代乃至今时今日。这是中国文化在日本流播衍变的结果,更是中日两国之间可贵的"文化的共有"。

The Evolution of the tale of Golden Millet Dream in Medieval Japan

Gao Yusha

Abstract: The tale of *Golden Millet Dream*, originated from *A Story in a Pillow*, was assimilated into Japanese culture as a result of the Sino-Japanese cultural exchanges. This allowed the emergence of literary works and performing arts with the same theme, such as the novel *Taiheiki* and the Noh masterpiece *Kantan*. This article aims at conducting a comparative analysis between *A Story in a Pillow* and the two Japanese texts, in an effort to provide a better understanding of the evolution of the tale of *Golden Millet Dream* in medieval Japan.

Keywords: *A Story in a Pillow, Golden Millet Dream*, Sino-Japanese Comparative Literature

中国瓷器在美国的传布研究（1784—1844）

侯一菲 ①

摘要：本文以中美关系早期（1784—1844）中国瓷器在美国的传布为研究对象，以"中国皇后号"为例，挖掘"一口通商"制度下，中美瓷器往来的具体实现方式；聚焦美国市场作用下的定制瓷器，讨论其纹饰、器型特征及美国文化内涵，认为其在本质上有美国文化的精神内核，是中美文化相互交融的典型见证；同时，从考古、财产清单和广告三个方面考证了中国瓷器在美国的区域性分布情况，以期对中美早期文化交流史研究做出贡献。

关键词：瓷器　中美关系　中国文化　海外传播

瓷器是社会文化的直观物质体现，它的纹饰、器型都体现着当时的社会风尚和审美情趣。早在 16 世纪，瓷器经欧洲殖民者之手传入美国。美国独立后的 1784 年，"中国皇后号"（The Empress of China）来华，正式拉开了中美两国瓷器直接贸易的序幕，中美关系就此进入早期阶段，两国直接贸易开启了两国文化交流的新篇章。彼时的中国清政府为防"奸牙勾串渔利"②，于 1757 年（乾隆二十二年）谕旨"广州规定为夷人贸易唯一之商埠"③，从此实行粤海关"一口通商"制度，并在口岸实行"公行制度"，因此，美国商人来华进

---

①　侯一菲，北京外国语大学国际中国文化研究院 2020 届硕士毕业生，现为深圳市福田区福民小学教师。研究方向：国际中国文化研究。

②　梁廷枏. 粤海关志 [M]. 广州：广东人民出版社，2002:159."向来洋船俱由广东收口，经粤海关稽察征税，其浙省之宁波，不过偶然一至。近年奸牙勾串渔利，洋船至宁波者颇多，将来番船云集，……是以更定章程，视粤稍重，则洋商无所利而不来，以示限制，意不在增税也。"

③　同 ②：12.

行贸易必须通过清政府所准许的唯一机构——广州十三行,并聘请保商[1]、买办[2]、通事[3]等来办理相关事务。早期来华美国商船遵循中国"公行制度"的严谨程序,使得传入美国的华瓷更具"中国色彩"。

一、"一口通商"制度下的瓷器贸易流程
——以"中国皇后号"为例

从时间上看,"中国皇后号"是第一艘来华的美国商船,也是第一艘严格按照中国商贸制度开展对华贸易的商船,在瓷器交易过程中遵循具体而周密的步骤,为中美两国瓷器往来及早期贸易奠定了良好的基础。"中国皇后号"由印度洋驶入澳门后,经粤海关澳门关部行台的海关管理官员上船勘验货物,取得盖着官印的"部票"(海关船牌,即入港许可证),获准进入珠江,随后雇用一名中国领航员(引水员)及三名助手负责引领船只沿珠江而上,经虎门口岸缴税放行后,到达供西方商船停泊的黄埔港。经粤海关官员上船丈量征税之后,商船大班山茂召(Samuel Shaw,1754—1794)等人根据"公行制度"的规定,为商船聘请了一位他们信得过的保商——"同文行"潘启官,并雇用了买办和通事。在海关官员丈量船位之后,担保商人为他们提供卸货许可证书,十三行便将货物转运到接驳船上,进而沿江运往广州。

货物到达广州有专门负责的商人进行检验货物、称重、衡量价值、列明账目,之后可入市贩卖。就这样,"中国皇后号"所载的棉花、胡椒、皮货、人参等物,经中国行商之手很快销售一空。同时,行商帮"中国皇后号"采买置办了回程货物:"红茶 2460 担、瓷器 962 担、绿茶 562 担、棉布 864 担、丝织品

---

[1] 每个来华贸易的国家都会有一个专门负责帮助他们进行买卖交易,同时监督他们行为的公行商人,即保商,来担保船只应缴税款、商人和船上人员行动、进出口货物价格的确定和分销等各项事宜。

[2] 商船需雇用一名买办,与其签订报酬合同,买办负责供给商船粮食等其他必需品。

[3] 由于海关设在城内,外国人不得入内,因此还需要雇用一名通事,来协助处理与海关的全部商务。

490 担、肉桂 21 担,以及缎带、羊羔皮、糖、漆器、茶叶罐、漆茶盘、托盘等。"① 瓷器本身质量重,运输破损率高,因此回程货物中瓷器数量并不是最大宗,但也仅次于红茶,这从侧面说明,在中美间接贸易阶段,瓷器在美国有着较高的欢迎和接受度,具备广阔的市场。

"中国皇后号"的船员们在完成贸易任务后购买了各式中物品带回美国,其中不乏瓷器。例如,船长约翰·格林（John Green）购买一件绘有船只图案的瓷质酒碗,上面绘有"中国皇后号指挥官约翰·格林"字样②;工匠约翰（John）购买了瓷瓶和瓷碗,由于其在回程中不幸去世,这些瓷器最终由其他船员交给了他的父亲③;山茂召也特地为美国军官组织辛辛那提协会（The Society of the Cincinnati）定制了一批印有该州协会标志的瓷器,他对这批定制瓷器非常满意,称赞中国人艺术模仿和制瓷工艺技艺高超,吸引了此后美国商人大量定制华瓷。

格林船长所购瓷碗④

约翰所购瓷瓶⑤

辛辛那提协会定制瓷盘⑥

1784 年 12 月 28 日,"中国皇后号"完成离港手续返航美国。1785 年 5 月 11 日,满载中国货物的"中国皇后号"到达纽约港,胜利完成首次直接远

① 马士.东印度公司对华贸易编年史（1653—1843）[M].区宗华,译.广州:中山大学出版社,1991:第二卷 95.

② 菲利普·查德威克·福斯特·史密斯.中国皇后号 [M].《广州日报》国际新闻部、法律室,译.广州:广州出版社,2007:222-225.

③ 同 ②:216-217.

④ Philip Chadwick Foster Smith. The Empress of China[M]. Philadelphia: Philadelphia Maritime Museum, 1984: 216.

⑤ Ibid., 222.

⑥ 纽约大都会艺术博物馆官方网站.[2020-1-8]. https://images.metmuseum.org/CRDImages/ad/original/DT5519.jpg.

赴中国进行贸易的任务。"中国皇后号"所载的东方货物很快销售一空,共盈利30727美元,利润率超过25%[1],茶叶、丝绸、瓷器等深受美国民众的喜爱,尤其是瓷器。华盛顿总统一次性购买了"中国皇后号"上的近三百件瓷器,更是对其中一只绘有中国龙图案的茶壶爱不释手;现今这只茶壶已成为博物馆的珍藏品。在"中国皇后号"于1786年第二次远航中国时,华盛顿总统还特地发来订单,为其夫人采购"白色大瓷盘"和"白色小瓷碗"[2],足以说明总统一家对中国瓷器的喜爱,也反映出中国瓷器在当时美国上层社会中有着较高的接受度。

"中国皇后号"的首航成功,在美国社会各阶层引起了广泛注意,美国国会赞称:"国会对美国公民首次对华通商贸易成功感到特别满意。"[3]纽约的报纸还为其发表了长篇报道,纽约街头贴满了推销包括瓷器在内的中国商品的广告,中国商品上的各式花纹图案得到了美国人的喜爱,每一个家庭都以拥有一件中国艺术品为荣。于是在美国政府的支持下和民众巨大的市场需求下,来自各个城市的众多商船开始络绎不绝地前往中国广州进行贸易,掀起了一股"中国热",也把越来越多的中国瓷器带到了美国。

数据显示,到1790年,美国对华贸易总额已经占据其全部对外贸易额的1/7。[4]《东印度公司对华贸易编年史》详细记载了历年抵达广州的各国商船数,美国对华贸易的增长情况可由其来华商船数量得以体现。据记载,美国商船在1784—1833年抵达中国广州的数量总体呈上升趋势,1800年后每年基本在20艘以上,多个年份可达到30~40艘,据估计"一艘船平均运载瓷器200~250箱,约150~200担"[5]。此外,我们需要注意的是,美国对华贸易受到本国政权波动的影响。例如,1808年赴华贸易商船数量陡然下降,究其原因,

① 梁碧莹.美国商船"中国皇后"号首航广州的历史背景及其影响[J].学术研究,1985(2):76-80.

② 李怡然.中美最早的商业贸易[J].历史档案,2009(114):133-134.

③ 菲利普·查德威克·福斯特·史密斯.中国皇后号[M].《广州日报》国际新闻部、法律室,译.广州:广州出版社,2007:235.

④ 吴建雍.清代外销瓷与早期中美贸易[J].北京社会科学,1987(1):89-93.

⑤ Jean McClure Mudge. Chinese Export Porcelain for the American Trade: 1785-1835[M]. London and Toronto: Associated University Press, Inc., 1981: 93.

是美英两国发生"船员被强征入伍"事件的冲突,为维护和平稳定,国会颁布"禁运法",禁止美国船只离开合众国前往世界上任何一个外国港口。[1]1813年前后来华船只大幅减少,是受到1812—1815年英美战争的影响。除这些特殊年份外,自1799年开始,美国商船抵达广州的数量超过了英国东印度公司,在各国来华船只数中位居第一。

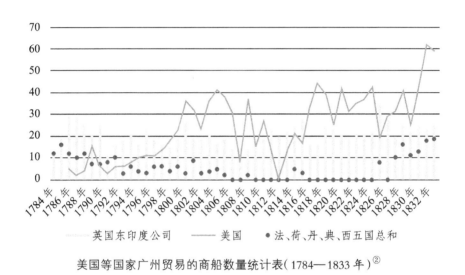

美国等国家广州贸易的商船数量统计表(1784—1833年)[2]

  尽管美国商船从广州运回的瓷器数量和金额占比并没有准确的数据统计记录,但我们仍可以从个别年份的记录中窥得美国进口中国瓷器的大致面貌。例如,"中国皇后号"于1786年第二次赴华运回大量瓷器,包括瓷塑观音、瓷器宝塔、青花瓷等;同年,一艘单桅帆船"试验号"(Experiment)将78担瓷器运回美国[3];1792年,美国共有6艘商船到达广州,其中4艘将1492担瓷器运回美国;1798年和1799年,共有31艘美国商船抵达广州,其中从1798年10月到1799年6月期间的5艘商船从中国运回美国的瓷器数量分别是:"海王星号"(Neptune)150担,"托马斯·罗素号"(Thomas Russell)400担,"吉恩号"

---

  ① 艾伦·布林克利. 美国史[M]. 邵旭东,译. 海口:海南出版社,2014:206.

  ② 马士. 东印度公司对华贸易编年史(1653—1843)[M]. 区宗华,译. 广州:中山大学出版社,1991:第二至四卷.

  ③ 同②:第一卷440.

（Jean）100 担，"雅典娜号"（Pallas）177 担，"希望号"（Hope）350 担[①]；在 1809 年抵达广州的美国商船中，运回瓷器最多的是"三叉戟号"（Trident），数量多达 5800 担，重达 385 吨，最少的是"密涅瓦号"（Minerva），仅有 2 担；此外还有"太平洋号"（Pacific）527 担，"爱尔兰号"（Hibernia）321 担，"萨斯奎哈纳号"（Susquebanna）291 担，"猎人号"（Hunter）165 担，"特拉华号"（Delaware）5 担。[②]

在商船正规大宗贸易之外，同"中国皇后号"的格林船长一样，很多船长、船员利用在广州停留的期间，以个人名义购买了很多中国瓷器。如 1787 年由广州返回美国的"大土耳其号"（Grand Turk）载有 75 箱瓷器，其中包括船主艾利亚斯·哈斯科特·德比（Elias Hasket Derby）为自己定制的带有其铭言和名字缩写的瓷器，还有 171 件餐具和 101 件茶具。[③] 商人安德鲁（Andrew E. van Braam）曾为总统夫人购买绘有美国州名和夫人姓名首字母缩写"MW"的定制瓷器。[④]

总的来说，自"中国皇后号"赴华贸易大获成功之后，抵达广州的美国商船络绎不绝，它们为美国带去了大量包括中国传统瓷器和定制瓷器在内的中国货物，美国人由此对远方神秘的中国有了更多了解，为各阶层民众提供了新鲜的生活方式和生活情调，同时，贩卖中国瓷器所获得的巨大利润也为这个年轻的国家积累了丰富的资本。

二、美国来华定制瓷器及其文化内涵

向美国市场出口的中国瓷器主要分为两大类，一是承载着中国文化、从

---

① Jean McClure Mudge. Chinese Export Porcelain for the American Trade: 1785–1835[M]. London and Toronto: Associated University Press, Inc., 1981: 93.

② Jean McClure Mudge. Chinese Export Porcelain for the American Trade: 1785–1835[M]. London and Toronto: Associated University Press, Inc., 1981: 93.

③ Ibid., 107.

④ 包乐史. 看得见的城市：东亚三商港的盛衰沉浮录 [M]. 赖钰匀，彭昉，译. 杭州：浙江大学出版社，2010:100–102. 转引自：刘淼，胡舒扬. 沉船、瓷器与海上丝绸之路 [M]. 北京：社会科学文献出版社，2016:263。

内到外"中国制造"的传统瓷器；另一类是由美国商人根据其国内市场对瓷器的需求，携带图样专门在中国定制的瓷器。前一类传统瓷器有大批量生产的成品供应，无须特别定制，以绘有中国风景和典型意象的青花瓷等瓷器为主，将中国传统瓷文化带到美国。本节主要研究后一类根据美国市场订单要求专门定制的瓷器，认为定制瓷是在中国瓷器的内部注入了美国文化的灵魂，其纹饰具有典型的美国特色，器型也依据民众生活需要进行设计制作，反映出这个年轻的资本主义国家所崇尚的文化与精神。这类定制瓷器从生产到销售的过程中，涉及专门商人在接单、定制、宣传等多方面的经营配合，最终成为中美两国文化交相辉映的见证者。

1. 定制瓷器的重要中介人

清朝的中外贸易由政府指定官商"广州十三行"所垄断，茶叶、丝绸等大宗出口商品，行外商人一律不得参与贸易，唯有瓷器一项例外。1720 年（康熙五十九年）广州十三行成立之时便规定，在向公行缴纳 30% 的税款后，瓷器可以任人自由经营[①]。因此，经营瓷器出口贸易的广州商人，既有公行行商，也有行外的散商。

对美贸易的大部分瓷器由被称为"浩官"的公行商人伍秉鉴负责。[②] 同时，十三行外的散商在中美定制瓷器贸易中的地位也不容小觑。18 世纪末，中外贸易下的定制瓷生产延续多年，瓷工们的定制纹饰绘制技艺十分娴熟，如果外商在上百家出售瓷器的商铺中，仍然无法定制到满意的瓷器，就可以委托散商到景德镇等地代购瓷器。

据记载，自明代晚期起，外商来华定制的瓷器生产就有一套完备的机制，外商只需在广东与粤商打交道，若需到景德镇定制瓷器，由粤商持样至景德镇即可。在分工流水的生产方式下，明代中期以后，景德镇的瓷窑就有窑

---

① 马士. 东印度公司对华贸易编年史（1653—1843）：第一卷 [M]. 区宗华，译. 广州：中山大学出版社，1991：162.

② Jean McClure Mudge. Chinese Export Porcelain for the American Trade: 1785–1835[M]. London and Toronto: Associated University Press, Inc., 1981: 118.

户、坯户等细致分工①，外商订单一般由牙行②经手，持样来到景德镇的粤商极大可能是与牙行和窑户联系，最终获取所需瓷器。不得不说，相比行商，这些行外粤商在提供定制瓷器的服务上发挥着更重要的作用。

能够考据到的与美国商人进行瓷器贸易往来的散商有 Echong、Hopyuk、Souchinchiouqua、Synchong（鑫行）、Exching、Sonyeck、Fouchong、Yam Shinqua（亚兴官）等。③其中 Synchong 最为著名，他由于信誉良好，所售瓷器物美价廉，被称为瓷商中的"浩官"，是散商中的领袖，许多美国商人也对他称赞不已。1809 年，一位美国商人称，Synchong 是瓷商之首，瓷器物美价廉并且包装精美完好，所接订单合同必能圆满完成，美国商人们都乐意与他做交易。④此外，Yam Shinqua 也值得注意，1804 年 5 月，他曾将广告打到了大洋彼岸的美国⑤，可见当时广州的瓷器贸易规模相当可观，经营模式也趋向成熟。

在美国方面，负责经营瓷器进口的最大商行是纽约的苏瑞记公司，其每年的销售额可达到约 10 万美元。⑥还有康斯特布尔公司、约书亚·施佩公司、巴纳斯·利文斯顿公司等在美国售卖来自中国的精美茶具餐具等瓷器。

2. 定制瓷器及其文化内涵

美国定制华瓷在器型和纹饰上都体现着两国文化的交融。其中，定制瓷的器型与美国人的生活习惯和餐饮习俗有关，如长桌分餐式的饮食习惯决定了美国来华定制的餐具大多成套；美国人热衷于在茶中加入牛奶、蔗糖等进行调饮的饮茶文化使得美国定制的瓷质茶具出现了茶匙、茶罐、残茶

---

① 《江西通志》第 49 卷《萧近高参内监疏》。转引自王光尧. 对中国古代输出瓷器的一些认识 [J]. 故宫博物院院刊，2011(3):35-53,158. 窑户负责组织生产。

② 牙行，市场中为买卖双方介绍交易、评定商品质量、价格的中间商。

③ 吴建雍. 清代外销瓷与早期中美贸易 [J]. 北京社会科学，1987(1):88-93.

④ Jean McClure Mudge. Chinese Export Porcelain for the American Trade: 1785-1835[M]. London and Toronto: Associated University Press, Inc., 1981: 56.

⑤ 《东方罗斯托夫特的昨天和今天》，转引自①: 88-93。

⑥ 《清朝续文献参考》第 39 卷。转引自翁舒韵. 明清广东瓷器外销研究（1511—1842）[D]. 广州：暨南大学，2002:35.

碗、杯托、壶托、奶壶、糖罐等新器型；咖啡风尚影响下的定制咖啡具有咖啡壶、杯、托碟、奶壶、糖罐等器型，其中，壶和杯的形状与茶具相似，但高度有所增加，口径进行了缩小，侧边加有把手；此外，美国独特的饮酒文化也催生了华瓷新器型，如潘趣酒碗、甜酒壶、冰酒碗等。

而美国定制华瓷的纹饰风格受市场主导，图案更加形象直接地反映出美国社会文化特色，对研究以瓷器为载体的中美文化交流提供重要参考。

殖民地时期，传入美国的定制瓷器很大程度受欧洲市场的影响，多为带有欧洲风格、流行于欧洲市场的纹饰瓷器，例如，费茨休纹（Fitzhugh），又被称为"花卉杂宝纹"和"花卉走夔龙纹"，图案四周绘有四组中国传统风格的团簇花卉，花卉中夹杂些许茅草、翎毛、箭袋或画轴等图案，四组花卉将一圆形或椭圆形图案围绕在正中央，圆形图案中绘有团花、瓜果或欧洲风格的动物图案，有时也会出现徽章、标志等图案，边缘有一圈细密的格状花纹装饰，由石榴、蝴蝶等图案混合而成。美国定制的费茨休纹瓷器中央圆形图案部分根据美国民众的民族情绪和喜好，有时更换成雄鹰或奖章等图案，与东方诗意完美融合。

费茨休纹瓷盘① 费茨休鹰纹瓷壶② 费茨休鹰纹瓷盘③

① 明尼阿波利斯艺术博物馆官方网站.[2020-1-8]. https://collections.artsmia.org/art/1294/soup-bowl-china.

② 《东西之间——中国出口西方瓷器浅谈》.(2017-5-2)[2020-1-8]. https://www.douban.com/note/618513246/.

③ 明尼阿波利斯艺术博物馆官方网站.[2020-1-8]. https://collections.artsmia.org/art/15911/tureen-stand-with-initials-a-f-for-the-american-market-china.

风靡18世纪欧洲的中国风瓷器纹饰，还有"南京船货"（Nanking Cargo），后来成为英国"柳树样式"（Willow Pattern）[①]的原型。美国新兴瓷器市场出现后，"柳树样式"逐渐转变为另一种青花山水亭台纹，被称为"广东样式"（Canton Pattern）。其纹饰主要将普遍置于右下角亭台楼阁前方的树木和走廊置换在左下角，楼阁和柳树与水相邻，河流上点缀有帆船，天空中的飞鸟元素减少甚至消失，边缘绘有蓝色交叉的十字纹。也有将中国风格的亭台楼阁改成欧式建筑，但四周依然环绕中式山水的瓷器纹饰，恰好体现了东西方文化和谐交融的景色。

南京船货[②]　　　　　柳树样式[③]　　　　　广东样式[④]

随着中美两国之间贸易的繁荣，美国对于定制瓷纹饰的要求开始推陈出新，出现了雄鹰、美国商船、各类纹章标志、重大事件场景、伟人肖像等图案，充分说明美国人崇尚权威、重视科技和商业的精神特色，为中国瓷器注入了新的内涵，受到了美国市场的欢迎。

1782年，鹰被定为美国国鸟，并设计成为国徽的主体图案，成为美国精神的代表。美国商人在中国定制的杯子、碟、盘、瓶等瓷器上也有大量雄鹰纹

---

① "柳树样式"瓷器多产自清代景德镇，是英国将中国山水亭台纹青花瓷改造后生产的一种外销青花瓷，主要纹饰元素以柳树为代表，辅以亭台楼阁、篱笆、小桥行人、河流叶舟、孤岛、空中飞鸟等图案。

② 《明清出口瓷器的种类和样式》.(2017-8-21)[2020-1-8]. http://www.360doc.com/content/17/0821/20/17788473_681057060.shtml.

③ 同上。

④ 纽约大都会艺术博物馆官方网站.[2020-1-8]. https://images.metmuseum.org/CRDImages/ad/original/ADA2990.jpg.

饰。瓷器上的鹰纹饰原图一般来自广州外贸市场上流通的美国铸币主体纹饰,或广州商行与美国贸易往来的信函标志:一只衔有丝带的鹰,以光芒四射的太阳为背景。到了 19 世纪早期,鹰身主体的盾牌多用蓝色横纹或字母的交织进行填充,下部有红白相间的竖纹,象征美国国旗,鹰的头部是蓝色天空中的 13 颗星,打造出光芒万丈的光感效果,四周环绕云朵,鹰身一般为棕褐色,右爪紧抓象征和平的橄榄枝,左爪则是象征武力与防卫的 13 支利箭[①],嘴部衔有一条丝带,上书拉丁文格言"合众为一"(E Pluribus Unum)。

鹰纹潘趣酒碗[②]　　　　鹰纹杯盘[③]　　　　纹咖啡壶[④]

　　远航抵华的美国船员们出于对本国造船技术的自豪感和纪念航行经历的浓厚情绪,商船纹饰应运而生。这种纹饰以航行的商船外观图为主体,船只桅杆高耸,运用西方绘画中的透视技法,呈现较强的立体效果。一般会将美国国旗一并绘入其中,有的还会写明商船名称、船长姓名、航行时间等信息,还有描绘海上航行、抵达码头和水手离别的画面。如前文提及的,"中国皇后号"格林船长带回的广彩大碗瓷器,碗底绘有"中国皇后号"船身和一条飘带,飘带上记录着"中国皇后号指挥官约翰·格林"。[⑤]在 1786 年,还有一—

　①　13 颗星和 13 支利箭象征 1777 年加入美国联邦的 13 个州。

　②　Henry Trubner, William Jay Rathbun, Yin-wah Ashton. China's Influence on American Culture in the 18th and 19th Centuries[M]. New York: China Institute in America, China House Gallery, 1976: 42.

　③　纽约大都会艺术博物馆官方网站 .[2020-1-8]. https://images.metmuseum. org/CRDImages/ad/original/142737.jpg.

　④　纽约大都会艺术博物馆官方网站 .[2020-1-8]. https://images.metmuseum. org/CRDImages/ad/original/129669.jpg.

　⑤　菲利普·查德威克·福斯特·史密斯 . 中国皇后号 [M].《广州日报》国际新闻部、法律室,译 . 广州:广州出版社,2007:217.

件以美国商船为纹饰主题的瓷器，上有"1786年 Grand Turk 在广州"的文字绘制，是中国行商送给船长的礼物。①

商船纹饰瓷碗②

商船纹饰茶托③

　　纹章瓷是明清外销定制瓷中的一种重要瓷器，纹饰以贵族、组织、军队等代表性的标志徽章为主体，意在象征属于这一团体或家族的权威和精神。美国在华定制纹章瓷的主要类型有城市徽章、机构徽章和家族徽章。纽约曾在中国定制城市徽章，而美国最早定制的纹章瓷是1785年辛辛那提协会在广州定制的套装餐具，绘有协会徽章，属机构徽章。以在瓷器上绘有特殊图案为荣耀最先流行于美国上层社会，一些家族在广州专门定制绘有其家族特殊符号和象征尊贵身份的徽章，用以体现其家族荣耀和社会地位，也有很多家族选用源于欧洲贵族的纹饰再加上自己的姓氏来充当家族纹章。一赴华商船投资人本杰明·富勒（Benjamin Fuller）的夫人除了要求定制两件纹章潘趣碗④之外，还要对她定制的餐具、茶杯、咖啡杯等瓷器上绘制其个人纹章，专门强调无论器型大小都要绘制，南京样式的青花瓷还必须用金彩工艺进行装饰。⑤

---

　　① Michel Beurdeley, Porcelain of the East India Companies, p. 130. 转引自《明清广东瓷器外销研究（1511—1842）》。

　　② 明尼阿波利斯艺术博物馆官方网站.[2020-1-8]. https://collections.artsmia.org/art/15911/tureen-stand-with-initials-a-f-for-the-american-market-china.

　　③ 纽约大都会艺术博物馆官方网站.[2020-1-8]. https://images.metmuseum.org/CRDImages/ad/original/DP264250.jpg.

　　④ 潘趣碗，一种饮酒器具。

　　⑤ Jean McClure Mudge. Chinese Export Porcelain for the American Trade: 1785-1835[M]. London and Toronto: Associated University Press, Inc., 1981: 121.

纽约市徽纹章瓷盘① 　　辛辛那提协会瓷盘② 　　Townley 家族瓷盘③

此外，来自美国的瓷器定制订单很少有欧洲流行的宗教或神话题材的要求，他们更喜欢反映历史与现实题材的纹饰，如重大事件、英雄人物、城市建筑、贸易景象等，典型纹饰有"独立宣言图"、华盛顿肖像、广州十三行场景④ 等。

独立宣言瓷盘瓷杯⑤ 　　　华盛顿肖像酒壶⑥

---

① 　Thomas V. Litzenburg. Jr. Chinese export porcelain in the Reeves center Collection at Washington and Lee University[M]. London: Third Millennium Publishing Limited, 2003: 145.

② 　纽约大都会艺术博物馆官方网站 .[2020-1-8]. https://images.metmuseum. org/CRDImages/ad/original/ADA4203.jpg.

③ 　纽约大都会艺术博物馆官方网站 .[2020-1-8]. https://images.metmuseum. org/CRDImages/ad/original/DP258515.jpg.

④ 　绘有广州港口和十三行建筑的瓷碗即"行碗"（Hong Bowl），将广州贸易场景绘于瓷碗外壁一圈作为装饰，一直延续到 18 世纪末。

⑤ 　纽约大都会艺术博物馆官方网站 .[2020-1-8]. https://images.metmuseum. org/CRDImages/ad/original/ADA2664.jpg.

⑥ 　《东西之间—— 中国出口西方瓷器浅谈》. (2017-5-2)[2020-1-8]. https:// www.douban.com/note/618513246/.

欧洲定制行碗（无美国国旗）① 美国定制行碗（有美国国旗）②

定制瓷纹饰在一定程度上记录了这个新生资本主义国家在独立后几十年间的社会变化。这些定制瓷器的纹饰，由受欧洲风俗及审美影响的费茨休纹、"柳树样式"到摆脱欧洲影响，逐渐拥有自己国家独特的符号标记与文化内涵的"广东样式"、鹰旗图、商船图、纹章图等，体现了美国民众在这一阶段的爱国热情，反映了他们追求独立、自由、民主的观念，也彰显出美国人重视科技和商业、崇尚权威、求真求实的文化特色，可以说，这类特殊纹饰是两国早期文化交流的重要媒介。

可以说，定制瓷的纹饰、器型都以中国瓷文化为底本，将美国文化巧妙融合其中，有着实用性、商品性和艺术性兼备的优势，使两国之间的文化交流顺利从"器"到达"道"的层面，在两国间和世界范围内进行了跨文化的碰撞和融合。

三、中国瓷器在美国的区域性分布

早期的中美瓷器贸易主要经由西班牙、英等殖民国家在中国购买瓷器转手到美国销售，这一阶段中国瓷器在美国的分布情况主要通过殖民地城市的考古挖掘资料和成果来体现。瓷器实用性与艺术性兼备，在美国成为商货店主的宠儿，大量销售瓷器的广告出现各地报纸上。还有一部分数量可观的中国瓷器被资产雄厚的个人购置，或日常使用，或作为艺术品收藏，均在

---

① 纽约大都会艺术博物馆官方网站.[2020-1-8]. https://images.metmuseum.org/CRDImages/es/original/DP-14759-043.jpg.

② 纽约大都会艺术博物馆官方网站.[2020-1-8]. https://images.metmuseum.org/CRDImages/ad/original/DT221539.jpg.

其财产清单中得以体现。通过整理考古发掘、财产清单和广告等三个方面的现有资料，结合历史与地理因素，我们可以初步得出结论：早期中国瓷器在美国主要分布在殖民地和沿海地带。

1. 考古出土的中国瓷器

美国独立前的中美瓷器贸易主要由欧洲各殖民宗主国转手销售到美国，贸易和交易地点多在美国各大港口。因此，这一时期经考古挖掘出的中国瓷器也大多分布在殖民地城市和沿海地带，出土地点主要有纽约州哈德逊河流域、弗吉尼亚州詹姆斯河流域、南卡罗来纳州、旧金山德雷克湾附近等，多地曾为英国殖民地。

纽约州哈德逊河附近的菲利普斯庄园（Philipes Manor）出土了 2 件 17 世纪 30 到 70 年代的釉下青花瓷碗，据现有资料，这两件瓷器是目前在纽约州发现的最早和最完整的瓷器。[①] 纽约斯凯乐公寓（Schuyler Flats）遗址发掘出万历至雍正时期的青花瓷碎片，器型主要是餐具。[②] 旧金山德雷克湾（Drake Bay）附近，出土了大约 235 件瓷器的 1000 多块中国晚明时期的青花瓷片。[③] 弗吉尼亚州的詹姆斯河流域附近出土了器型为酒杯的瓷器和蓝地白花瓷盘，经考证，被认为来自弗吉尼亚州的詹姆斯镇（James town），这个镇曾在 1607 年成为美国第一个英属殖民地。[④] 位于南卡罗来纳州的"圣埃伦娜"（Santa Elena）遗址附近曾在 1566 年到 1587 年间被西班牙占领，并且设为佛罗里达州的西班牙殖民地首府，在那里发掘出了来自漳州窑的瓷器碎

---

① 吴平贞. 纽约早期进口中国陶瓷研究 [J]. 中国港口博物馆馆刊特辑, 2018（增刊 2）: 5-13.

② David Sanctary Howard. New York and the China Trade[M]. New York: the New York historical society, 1984: 61.

③ 李旻:《早期全球贸易与福建陶瓷考古：太平洋航线上的漳州窑陶瓷》，栗建安编:《考古学视野中的闽南》，中华书局，2010 年，第 68-99 页。"圣迭戈号"在吕宋岛西南海域被打捞，出水有 500 余件明代万历年间的青花瓷，主要器型有碗、碟、瓶、罐、盘、盒，品种有"克拉克瓷"和"汕头器"。

④ William R. Sargent. Treasures of Chinese Export Ceramics from the Peabody Essex Museum[M]. Salem: Peabody Essex Museum, 2012: 9.

片。① 此外,佛罗里达州塔拉哈希市(Tallahassee, Florida)附近的西班牙传教区、圣约翰斯和附近的印第安人贸易站旧址处、弗吉尼亚的英国移民居住区和佐治亚州沿海的圣西门岛(Saint-Simon Island)等地也有中国瓷器碎片被发掘。据考证,这些瓷器碎片多为晚明时期的青花瓷。②

出土地	出土地性质	出土瓷器
纽约州	曾为英国殖民地	2 件 17 世纪 30 到 70 年代明末清初的釉下青花瓷碗,绘有中国瓷器的传统纹饰麒麟纹和叶纹
		16 件中国瓷器碎片,约为万历至乾隆时期的瓷器。
		万历至雍正时期的青花瓷碎片。
		17 世纪 30 年代到 19 世纪早期青花瓷碎片。
弗吉尼亚州		瓷质酒杯和中国漳州窑烧制的蓝地白花瓷盘。
南卡罗来纳州		中国漳州窑的瓷器碎片。
旧金山德雷克湾	西海岸沿海城市	约 235 件瓷器的 1000 多块中国晚明时期的青花瓷片。
佛罗里达州塔拉哈希市	东海岸沿海城市	中国瓷器碎片。
佐治亚州沿海圣西门岛	曾为英国殖民地	

现有资料中美国出土中国瓷器的区域分布

以上考古发掘出的瓷器年代多在 17 世纪 30 年代到 19 世纪早期之间,即明崇祯年间到清嘉庆年间,瓷器器型多种多样,但以碗、盘等餐具为主,多为青花瓷,也有少量代表当时欧洲风格的中国定制瓷。再一次佐证了在美国殖民地时期,已经有中国瓷器输入,同时说明了最早见到并使用中国瓷器的地域多分布在沿海和殖民地地区。

2. 个人财产清单和广告中的中国瓷器

美国殖民地时期,民众使用的瓷器主要来源于欧洲,这些瓷器首先流行于新英格兰③的富人阶层,据波士顿贵妇玛莎·科特摩尔(Martha Coteymore)

---

① 甘淑美. 西班牙的漳州窑贸易 [J]. 福建文博,2010(4):58-66.

② 吴建雍. 清代外销瓷与早期中美贸易 [J]. 北京社会科学,1987(1):88-93.

③ 新英格兰,位于美国本土东北部,包括缅因州、佛特蒙州、马萨诸塞州、新罕布什尔州、罗得岛州、康涅狄格州 6 个州。

在 1647 年所列的财产清单显示,她拥有一个特殊的包裹:"中国的盘子和茶托,价值 1 英镑。"[①]凯瑟琳·科特摩尔(Katherine Coteymore)有"3 箱来自东印度公司的瓷盘,价值 3 英镑。"[②]波士顿人艾萨克·卡洛威尔(Isaac Caillowell)1718 年的财产清单中记录着"5 件瓷盘、12 个瓷碟、2 个杯子、2 个瓷碗、1 个茶壶、4 套茶杯、茶托和 1 个汤盘。"[③]1729 年去世的伯纳州长(Governor Burnet)拥有 300 多件瓷器。纽约富人科尼利厄斯·施蒂韦尔克(Cornelius Stienwerck)的一份财产清单上也显示有:"10 件中国瓷器,价值 4 英镑。"[④]此外,1732 年约翰·杰基尔(John Jekyll)的财产清单中也记录有多个种类的中国瓷器:"2 个中国瓷碗,价值 2 英镑,6 个巧克力碗,价值 2 英镑,1 个用银饰装饰的瓷质烛台,价值 4 英镑,12 个带有把手的咖啡杯,价值 1 英镑。"[⑤]

地区 / 城市	时间	姓名	清单内容
（新英格兰）马萨诸塞州陵士顿	1647 年	玛莎·科特摩尔	中国的盘子和茶托,价值 1 英镑
		凯瑟琳·科特摩尔	3 箱来自东印度公司的瓷盘,价值 3 英镑
	1718 年	艾萨克·卡洛威尔	5 件瓷盘、12 个瓷碟、2 个杯子、2 个瓷碗、1 个茶壶、4 套茶杯、茶托和 1 个汤盘。
	1729 年	伯纳州长	300 多件瓷器。
纽约州纽约		科尼利厄斯·施蒂韦尔克	10 件中国瓷器,价值 4 英镑。
	1732 年	约翰·杰基尔	2 个中国瓷碗,价值 2 英镑,6 个巧克力碗,价值 2 英镑,1 个用银饰装饰的瓷质烛台,价值 4 英镑,12 个带有把手的咖啡杯,价值 1 英镑。

个人财产清单中的瓷器

① Alice Morse Earle. China Collecting In America[M]. New York: Charles Scribner's Sons, 1892: 56.

② Ibid., 56.

③ G. A. Golden. Oriental. Export Market Porcelain and its influence on European Wares[M] London Toronto Sydney New York: Granada, 1979: 22.

④ 同②: 59.

⑤ 同②: 59.

商品售卖最得力的助销方式是进行广告宣传，瓷器也不例外。《新英格兰风俗》（New England Customs）一书中提到了较早日期的瓷器销售通知：1728 年 4 月 15 日，《新英格兰周刊》（New England Weekly Journal）为波士顿的太阳酒店（Sun Tavern）做广告，以便顺利出售中国制造的瓷质碗、餐具、杯子、茶托、茶壶等。6 月 17 日该报又一次刊登广告，出售瓷质杯子和茶托。①1729 年，波士顿商人威廉·韦尔斯蒂德（William Welsteed）放出消息说其有大量的瓷盘可供出售。1730 年，约翰·布宁（John Buining）和汉娜·威尔逊夫人（Mrs. Hannah Wilson）都在《波士顿新闻报》（Boston News Letter）上刊登广告，说他们"出售几种瓷器"。"甩卖"的倾销方式也有出现，一位波士顿店主也在《波士顿新闻报》宣布将其一切商品以"最低价格"（bottom price）出售，包括中国瓷。②1748 年 8 月，《纽约周报》（New York Weekly Journal）第一次刊登了出售瓷器的公告："一批刚刚进口的上等中国瓷器，以批发的方式出售。"③1737 年 4 月 19 日《新英格兰周刊》（New England Weekly Journal）第一次刊发了整套瓷器的销售广告："出售一套精美的双层烧制瓷器，请向印刷商询问。"④在此之前，这些珍贵的瓷器都以单独或批发出售的方式售卖。

随着海上贸易的繁荣和瓷器制造工艺的不断发展，流入美国的瓷器纹饰也越来越繁复精致。1749 年 2 月，《波士顿独立广告商》（Boston Independent Advertiser）上刊登着这样一则广告，有商家希望以"一打 11 镑或者半打 6 镑的价格出售一批质量上乘的青花瓷和绗缝工艺⑤的瓷盘（quilted china plates）"。⑥

1785 年"中国皇后号"返航不久，《纽约公报》（New York Gazette）和《国家日报》（National Journal）就先后刊登了售卖瓷器的广告："'中国皇后号'带

---

① Alice Morse Earle. China Collecting In America[M]. New York: Charles Scribner's Sons, 1892: 57.

② Ibid., 558.

③ Ibid., 61.

④ Ibid., 59.

⑤ 绗缝制造工艺多用在棉布等衣物制作上，表现为直线压线式的网格以固定含有夹层的纺织物。用绗缝工艺制作的瓷器，则以这种网格作为纹饰进行装点。

⑥ 同 ①：59.

来的广州瓷器,有完整餐具和茶具,不同尺寸的青花和半釉的瓷碗、茶托和日常杯碟。"① 同年,纽约《巴尔的摩广告商》(*Baltimore Advertiser*)上也刊登着一则瓷器广告:"出售一套上好的南京船货青花瓷……辛辛那提协会定制的带有徽章的青花瓷,一套质量上乘的中国青花瓷碗,青花瓷鞋塑,一套中国瓷杯,用于洗手的长颈瓶。"② 甚至中国商人直接把广告打到了大洋彼岸的美国,如前文提到的瓷商"亚兴官"(Yam Shiqua)就在 1804 年 5 月 12 日的《普罗维斯顿公报》(*Providence Gazette*)上刊登了广告:"中国广州瓷商亚兴官敬告美国商人、船长、大班,此处可定制各类精细徽章标识、符号和其他纹饰瓷器,可按要求定做,价格合理,订单完成迅速。1804 年 1 月 8 日广州。"③

时间	广告平台	广告内容
1728 年	《新英格兰周刊》	波士顿太阳酒店(Sun Tavern)出售中国制造瓷质碗、餐具、杯子、茶托、茶壶。
1729 年	威廉·韦尔斯蒂德	大量的瓷盘可供出售。
1730 年	《波士顿新闻报》	出售几种瓷器。
	《波士顿新闻报》	一切商品以"最低价格"(bottom price)出售,包括中国瓷器。
1748 年	《纽约周报》	一批刚刚进口的上等中国瓷器,以批发的方式出售。
1737 年	《新英格兰周刊》	出售一套精美的双层烧制瓷器,请向印刷商询问。
1749 年	《波士顿独立广告商》	一打 11 磅或者半打 6 磅的价格出售一批质量上乘的青花瓷和绗缝工艺的瓷盘。
1785 年	《纽约公报》	"中国皇后号"带来的广州瓷器,有完整餐具和茶具,不同尺寸的青花和半釉的瓷碗、茶托和日常杯碟。
1785 年	《巴尔的摩广告商》	出售一套上好的南京船货青花瓷……辛辛那提协会定制的带有徽章的青花瓷,一套质量上乘的中国青花瓷碗,青花瓷鞋塑,一套中国瓷杯,用于洗手的长颈瓶。
1804 年	《普罗维斯顿公报》	"亚兴官"(Yam Shiqua)刊登瓷器广告

广告中的瓷器

① Rita S. Gottesman. The Arts and Crafts in New York: 1777−1799[N]. Advertisements and News Items from New York City Newspapers, 1954:101. 转引自 Jean McClure Mudge. Chinese Export Porcelain for the American Trade: 1785−1835[M]. London and Toronto: Associated University Press, Inc., 1981: 119。

② David Sanctary Howard. New York and the China Trade[M]. New York: the New York historical society, 1984: 74.

③ Jean McClure Mudge. Chinese Export Porcelain for the American Trade: 1785−1835[M]. London and Toronto: Associated University Press, Inc., 1981: 56.

　　考古发掘、个人清单及广告等资料显示,中美早期贸易时期,由于被殖民历史和沿海地理区位优势等因素,中国瓷器在美国多分布在殖民地和沿海地区。在19世纪三四十年代,美国逐渐发展起自己的制瓷工业,进口华瓷数量减少甚至消失,中国瓷器又一次成为异国文化珍品。由于中国瓷器承载着浓郁的瓷文化和中国传统风格,它的实用性逐渐转变为艺术性和收藏性,为美国大众接受和鉴赏。经过百余年的汇集和个人收藏家的捐赠,在美国的东海岸到西海岸,几乎全国范围内的博物馆均有数量可观的中国瓷器陈列,这说明中国瓷器已经通过收藏的方式分布在全美各地,成为最亮眼瞩目的中国文化代表,永久见证着中国文化漂洋过海传入美国的历史。

　　总的来说,在"一口通商"制度下的中美早期贸易中,瓷器作为对美出口商品中具有文化韵味的特殊代表,是重要的文化载体和传播媒介,不仅将中国文化带到美国,一些定制华瓷也将美国文化的精神内核传递给中国本土,对两国的社会文化都产生了重大影响。而入美华瓷在美国的分布呈现出鲜明特色,多分布在殖民地和沿海地带,这与美国的殖民地历史与地理区位息息相关。大量中国瓷器传入美国,在饮食文化、社会审美等方面的交流中居于核心位置,为我们了解和研究中美历史社会形态、文化交流情况提供了典型的、有价值的实物材料。作为真正具有世界性身份的中国文化代表,从中西瓷器贸易的全球化语境来看,瓷器将中国文化带到了世界,推动了世界对中国文化的认同与接受,也为世界各国了解中国形象架构了桥梁。

A Study on the Spread and Distribution of Chinese Porcelain in the United States (1784-1844)

Hou Yifei

Abstract: This paper mainly discusses the appearance and process of Chinese porcelain that used trade as the main communication channel in the early years of Sino-US relations from 1784 to 1844, and the regional distribution characteristics in the continental United States. "The Empress of China" is taken as an example to focus on the specific realization of the Sino-US porcelain exchanges under China's "Canton System", restoring the history of early Sino-US porcelain trade. It focuses on custom porcelain, discusses the patterns and features of it, explores the American cultural connotation and reasons of custom porcelain, and argues that custom Chinese porcelain carries in essence the core of the American cultural spirit and is a historical witness of the blend of Chinese and American culture. And then studies the distribution of Chinese porcelain in the United States from three aspects of Chinese porcelain unearthed in archaeology, Chinese porcelain in advertisements and personal property lists, based on city and geographical distribution.

Key words: porcelain, Sino-US relations, Chinese culture, overseas communication

后 记

　　《国际中国文化研究（第二辑）》就要出版了。

　　展卷细读，不难发现，这 20 篇文章凝聚了我们研究院（北京外国语大学国际中国文化研究院）全体同仁的初心：为有志于学术的青年学者、学子搭建一方展现才华的舞台。这批作者、译者以前辈海外汉学研究的雄厚传统为依托，在文学、历史、宗教、哲学、文化、艺术多个方面，有所发现、有所突破，有所进取、有所建树；这些论文、译文彰显出北外青年一代在学术上的勃勃生机与活力。

　　较之第一辑，《国际中国文化研究（第二辑）》的编委会又有新的扩充，除了研究院全体科研人员，还有院外不同语种、不同领域的资深教授，从研究的深度和视野的广度，都为国际中国文化研究提供了质量保证。

　　在栏目设置上，第二辑不仅保持海外汉学、中国学、经典翻译等重要学术园地，还发挥出大学服务社会、服务国家的作用——"圆明园研究"专栏的成果说明了这一点。

　　作为大学的一个科研机构，我们还有一项重要的任务就是育人。园丁的最大欣慰就在于他的苗圃长势喜人，不论他曾经付出什么和付出多少。这或许可以表达我们这一群笔耕之人的心情吧！

梁 蓝

2021 年 12 月 31 日

《国际中国文化研究》征稿启事

《国际中国文化研究》（*International Journal of Chinese Studies*，主编：梁燕）于 2020 年正式创设，现已由国际文化出版公司出版第一、二辑。本系列旨在体现国际中国文化研究领域的前沿成果，诚向学界同好与同道、校内外师生同仁征稿，来稿形式包括论文、译文和学术书评等，也会选登本校、本院部分新课题的阶段性研究成果。本系列设有"特稿""海外中国戏曲、话剧研究""域外汉学、中国学研究""中国文化研究""经典翻译"五个常设子集，也会根据学术热点与来稿内容增设专集。

本系列论文来稿实行学术期刊通行的匿名评审制度，评审专家将在本刊编委会及其他相关领域资深专家中选择。为保证本系列的学术与编辑质量，选稿与编辑流程均实行严格的三审制。

本系列每年出版一辑，开本为国际标准大 32 开，每辑篇幅约 25 万字。论文、译文请控制在一万字以内，书评控制在 5000 字左右。现为本刊第三辑征稿，即日起至 2021 年 12 月 31 日截止。来稿请发至专用邮箱：journal_iics@163.com，文件名格式为"《国际中国文化研究》投稿 + 作者姓名"。文稿内请提供个人简介和联系方式。

《国际中国文化研究》编委会

2021 年 6 月 1 日